船舶液压设备原理及维修技术

陈海泉　刘　东　编著

孙玉清　主审

大连海事大学出版社

DALIAN MARITIME UNIVERSITY PRESS

图书在版编目(CIP)数据

船舶液压设备原理及维修技术 / 陈海泉，刘东编著.
2 版. -- 大连 : 大连海事大学出版社，2024. 12.
ISBN 978-7-5632-4668-7

Ⅰ. U664.5

中国国家版本馆 CIP 数据核字第 2025MY7886 号

大连海事大学出版社出版

地址: 大连市黄浦路523号　邮编: 116026　电话: 0411-84729665(营销部)　84729480(总编室)
http:// press. dlmu. edu. cn　E-mail: dmupress@ dlmu. edu. cn

大连日升彩色印刷有限公司印装　　　　　　　　大连海事大学出版社发行

2016 年 4 月第 1 版　　2024 年 12 月第 2 版	2024 年 12 月第 1 次印刷
幅面尺寸: 184 mm×260 mm	印张: 13
字数: 316 千	印数: 1~1000 册

出版人: 刘明凯

责任编辑: 陈青丽　　　　　　　　　　　　　　责任校对: 王琴　史云霞
封面设计: 张爱妮　　　　　　　　　　　　　　版式设计: 张爱妮

ISBN 978-7-5632-4668-7　　　定价: 33.00 元

前 言　第二版

随着国家海洋强国战略的实施，海洋工程和造船业迅速发展。由于液压装备具有功率大、执行机构容易实现无极调速等优点，液压技术在船舶装备上的应用也日益广泛，尤其是远洋船舶、海洋装备特种工程船舶都大量采用液压传动和液压控制技术。而且，由于科技的进步，液压敏感技术、液压数字化和智能化技术越来越多地应用于液压设备，因此，为了提高液压系统的使用可靠性，从事液压装备运维人员的专业技术水平也亟需提高。由于作者多年来先后为有关单位举办过多期船舶液压技术培训班，本书就是作者根据历次讲课所使用的教材与讲稿，结合科研与实践，在《船舶液压设备原理及维修技术》（第一版）的基础上撰写而成的。

本书是"船舶辅机"课程中有关液压甲板机械知识的补充，主要介绍了液压元件的修复技术；对液压辅件的类型、特性及其使用进行了讨论；着重对船舶液压特辅机械的典型液压系统和挖泥船的液压系统实例进行了较为详细的分析。书中特别对液压逻辑阀，液压敏感元件，多路阀、波浪补偿等液压新技术进行了重点分析和介绍。

为了方便读者阅读，本书收入了6个附录，包括最新版常用液压元件图形符号、液压执行元件术语、液压辅件及其他专业术语、常用液压术语、常用液压公式和单位换算。

本书主要供有关院校本科生和研究生及远洋和沿海船舶轮机员阅读，也可供船舶机务部门和造船厂有关部门的工程技术人员参考。

本书由陈海泉、刘东编著。本书第一章至第四章由陈海泉、韩广冬撰写，第五章至第六章由陈海泉、刘东、王生海撰写，第七章由陈海泉、王生海撰写。本书插图由李文华、刘春阳、刘加富、于光超、王丙昱绘制。全书由陈海泉统稿。

本书的撰写，得到中波轮船股份有限公司朱金标高级轮机长，大连海事大学"育鲲"轮、"育鹏"轮监造组张存有轮机长，大连海事大学05级校友董建国等的热情支持，他们为本书提供了宝贵的资料。本书承蒙船舶机电液一体化工程技术专家孙玉清教授主审，在此一并致以衷心的感谢。

由于作者学识水平和工作经验有限，书中难免有不足或疏漏之处，祈请读者不吝赐正。最后，向本书所参阅、引用有关资料的国内外作者，致以谢忱。

联系地址：辽宁省大连市大连海事大学轮机工程学院。

邮编：116026。

E-mail：chenapec@dlmu.edu.cn.

作　者

2024年9月

前 言 第一版

随着航运和造船业的迅速发展，液压技术在船舶上的应用日益广泛，尤其是远洋船舶、海洋装备特种工程船舶都大量采用液压传动和液压控制技术。这些设备在实际使用中，由于使用不当和管理不善，影响了液压系统的正常工作，甚至影响船舶的安全航行与正常运营。因此，为了提高液压系统的使用可靠性，提高从事液压机械管理与维修人员的专业技术水平，近几年来，作者先后为有关单位举办过多期船舶液压技术研讨班，还为船机修造专业学生开授选修课。本书就是根据作者历次讲课所使用的教材与讲稿，结合科研与实践撰写而成的。

本书是"船舶辅机"课程中有关液压甲板机械知识的补充。本书介绍了液压元件的修复技术，并对液压辅件的类型、特性及其使用进行了讨论，特别着重对船舶液压特辅机械的典型液压系统和挖泥工程船的液压系统进行了较为详细的分析。

本书可作为船舶液压系统使用、管理与维修人员的工具书与培训教程，也可供从事液压传动与控制技术的工程技术人员阅读。

本书由陈海泉编著。李文华参与了本书第一章和第七章的编写工作，张兴彪参与了本书第六章的编写工作。本书插图由李文华、刘春阳、刘加富、于光超绘制，全书插图由李文华编辑。

本书的撰写，得到中波轮船股份有限公司朱金标高级轮机长、大连海事大学"育鲲"轮监造组张存有轮机长等的大力支持。本书承蒙机电液一体化工程技术专家孙玉清教授主审，在此一并致以衷心感谢。

由于作者学识水平和工作经验有限，书中难免有不足或疏漏之处，祈请读者不吝赐正。最后，向本书所参阅、引用有关资料的国内外作者，致以谢忱。

作　者
2015 年 12 月

目　录

第一章　液压控制元件

第一节　概述

一、液压传动系统

1.液压传动系统的组成及优缺点

用液体作工作介质进行能量传递和控制的操作，称为液体传动。根据其工作原理的不同，液体传动又分为液压传动和液力传动。前者主要利用液体的压力能来传递动力；后者主要利用液体的动能来传递动力。

液压传动以帕斯卡静压原理为理论基础。其工作原理可参见参考文献[14]。从中可归纳出液压传动的基本特征是：以液体为工作介质，靠处于密闭容器内的液体静压力来传递动力，静压力的大小取决于负载；负载速度的传递是按液体容积变化相等的原则进行的，其速度大小取决于流量。如果忽略损失，液压传动所传递的动力与速度无关。

实际的液压系统功能不一、形式多样，但其组成主要包括下列五部分。

（1）液压泵：可把机械能转变为液压能，是液压系统的能源装置。

（2）执行元件：可把液压能转变为机械能，包括做直线运动的液压缸和做回转运动的液压马达。

（3）控制元件：包括对系统中液体压力、流量和方向进行控制和调节的压力阀、流量阀及方向阀等。

（4）辅助元件：为保证系统正常工作所需的上述三类元件以外的装置，在系统中起到输送、贮存、加热、冷却、过滤及测量等作用。

（5）工作介质：用来进行能量和信号的传递。

传动的类型有多种，按照传动所采用的机件或工作介质的不同可以分为：机械传动、电力传动、气压传动和液压传动。液压传动与其他传动方式相比有其独特的优点，主要有：

（1）液压传动单位功率的重量小，即能以较小的设备重量获得很大的力和转矩。例如，液压缸的力与重量比约是直流电动机的100倍；中等功率液压马达与一般直流电动机相比较，前者的转矩与惯量是后者的10~20倍，功率与重量是后者的8~10倍。因此，采用液压传动，有减少载重和所占空间更小的优点。

（2）液压传动由于体积小、重量小，因而有惯性小，起动、制动迅速的优点。

（3）液压传动能方便地进行无级调速；调速范围大，可达100∶1~2 000∶1；而且低速性能好，例如多作用内曲线马达可在0.5~1 r/min下平稳运转，单作用静力平衡马达的最低稳定转速可小于5 r/min。采用电力传动虽能无级调速，但调速范围小得多，且低速时不稳定。

（4）液压传动容易实现直线往复运动，这对机械传动来说相当困难，对电力传动来说则更难实现。

（5）液压传动易于实现自动化。液压传动的控制调节比较简单，操作比较方便、省力，特别是与电力或气压传动配合使用时，更易于实现省力、自动化和远距离操纵。

（6）液压传动易于实现过载保护，工作安全可靠。

（7）液压系统的各种元件可随设备的需要任意安排，可以把执行元件安置在远离原动机的任意位置。如果在工作时液压马达或液压缸本身位置也在变动，则只要采用软管连接就可以，这是机械传动难以实现的。

（8）液体工作介质具有弹性和吸振能力，可使液压传动运转平稳、可靠。液压传动运转时可自润滑，且易于散热，所以使用寿命较长。

（9）液压传动易于实现标准化、系列化和通用化，便于设计、制造和推广使用。

液压传动虽然存在以上许多突出的优点，但也有以下一些缺点：

（1）液压传动以液体为工作介质，在液压元件相对运动摩擦副之间无法避免泄漏，再加上液体压缩性及管路弹性变形等原因，难以实现严格的传动比。

（2）液体的黏度和温度有着密切的关系，当黏度随温度变化时，将直接影响泄漏、压力损失及通过节流元件的流量等，从而引起执行元件运动特性的变化。系统工作受温度影响很大。

（3）传动效率较低：液压系统中能量要经过两次转换，在能量转换及传递过程中存在机械摩擦损失、压力损失及泄漏损失，加之对液压系统能量利用不尽合理等原因，使液压传动的效率偏低。

（4）液压系统中各种元件、附件及工作介质均在封闭的系统内工作，故液压传动的故障征兆难以及时被发现，故障原因较难确定。

但借助现代科技的进步，其缺点逐步被克服，液压传动的性能不断提高，应用领域不断扩大。当前液压传动技术广泛应用于以下五个领域：

（1）工业：包括应用于锻压机械、注塑机、挤压机、冶金机械、轧钢机械、矿山机械、食品机械、包装机械、提升机械、机床、加工中心、机器人、试验机以及其他生产设备等，国际上一般称为工业液压技术。

（2）行走机械：包括应用于工程机械、建筑机械、农业机械、汽车以及其他可移动设备等，一般称为行走机械液压技术。

（3）航空航天：包括应用于飞机、宇宙飞船及卫星发射装置等，一般称为航空航天液压技术。

（4）船舰（艇）：包括应用于船舶、舰艇中的甲板机械、操作系统及控制系统等，一般称为船舰（艇）液压技术。

（5）海洋开发工程：包括应用于海洋开发平台、海底钻探、水下作业工具等，一般称为海洋开发工程液压技术。

2.液压技术的发展概况

液压技术的发展与流体力学的理论成果和工程材料、液压介质等相关学科的发展紧密相连。1650年，帕斯卡提出了封闭静止液体中压力传播的帕斯卡原理；1686年，牛顿揭示了黏性流体的内摩擦定律；到了18世纪，流体力学的两个重要方程——连续性方程和伯努利能量方程相继建立，这些理论成果为液压技术的发展奠定了理论基础。

1795年，英国人约瑟夫·布拉默（Joseph·Bramah）发明了世界上第一台水压机，是他首先不仅利用水进行能量传递，而且利用水传递控制信号，这标志着现代液压技术工程应用的开始。水压机的发明还与当时铸铁等工程材料及一些新的制造方法的出现密切相关。

1851年，阿姆斯特朗（Amstrong）发明了重力蓄能器，促使液压传动的应用迅速拓展，到19世纪90年代，液压传动已应用于压力机、起重机、卷扬机、包装机、试验机等许多工业中。

液压行业发生了许多关键变化，包括动态闭环比例控制阀、变速伺服电机控制液压泵以及基于计算机的液压和控制系统仿真技术，实现了液压技术在高压、高速、大功率、高效率、低噪声、高可靠性、高度集成化、数字化、智能化等方面的进步。液压技术目前的发展主要表现在以下几方面：

（1）利用有限元分析、计算流体动力学和其他工具改进液压部件的设计，以及先进的制造技术，如精密加工和精加工以及复杂的型芯铸件，使得生产更紧凑、更高效。

（2）数字化、智能化发展，进一步提高了液压技术的控制性能，满足了机电液一体化主机发展的需要。这要求开发低控功率元件，研制适应各种工况的电液伺服阀、低成本比例阀，以及不需要A/D、D/A转换便可以直接和计算机接口相连接的易于数字显示的数字阀等。液压与电子和软件的集成，使这些组件变得智能，能够完成用机械或液压先导控制无法完成的事情。

（3）发展集成、复合、小型化、轻量化元件。采用电流静压驱动（Electro-Hydraulic Actuator）技术，取消了传统液压系统所需的管道，提高了效率和消除泄漏。

（4）开展液压失效机理分析，实现系统状态监测、故障诊断及可靠性预测。

（5）采用新材料、新工艺和新的工作介质，开发新型元件，满足一些新的应用领域的特殊需要。

我国从20世纪50年代末期开始发展液压业，特别是20世纪80年代到90年代，国家对液压工业进行了重点改造，并先后引进了近五十项国外技术，使我国液压工业的产品水平、科研开发能力和工艺装备水平都大幅度提高，液压技术在各工业部门得到广泛的应用。但是它与国外先进水平相比差距很大，主要表现在：产品水平低；品种规格少；自我开发能力薄弱；成套性差，特别是对重大技术装备、重点工程的配套率严重不足；产品质量不稳定，可靠性差，使用寿命短；在一些新的应用领域（如航空航天，海洋工程，生物医学工程，机器人，微型机械）以及对于高温、明火环境下所急需的一些特殊元件，其研究几乎处于空白状态。

二、液压阀的分类

液压系统中用来改变液体流动状态，控制系统的压力、流量和液流方向的元件称为液压阀。其品种繁多，规格复杂，有多种分类方法。

1.按工作原理分类

（1）通断式控制元件（即开关或定值控制阀），又称普通液压阀，这是常用的一类液压阀。

（2）伺服式控制元件，如压力伺服阀、流量伺服阀等。

（3）比例式控制元件，如比例压力阀、比例流量阀和比例方向阀等。

2.按用途分类

（1）压力阀，如溢流阀、顺序阀。

（2）流量阀，如调速阀。

（3）方向阀，如换向阀、单向阀。

3.按结构形式分类

（1）滑阀类，如阀芯为圆柱体。

（2）座阀类（锥阀类），如阀芯为圆锥体或球体并与阀座相配合。

（3）喷嘴挡板类，如利用喷嘴与挡板之间的相对位移来改变液流通路的开口以实现控制的阀类，一般用于电液伺服阀的先导控制。

4.按连接方式分类

（1）管式连接类。

（2）板式连接类。

（3）集成连接类。

对液压阀的术语总结如表1-1所示。

表1-1　对液压阀的术语总结

术语	解释
控制阀	改变液体流动状态,控制系统的压力、流量和液流方向的阀的总称
压力控制阀	控制压力的阀的总称
流量控制阀	控制流量的阀的总称
方向控制阀	控制液流方向的阀的总称
顺序阀	在具有两个以上分支回路的系统中,根据回路的压力来控制执行元件动作顺序的阀
平衡阀	为防止重力负荷不受控制地下落而保持背压的压力控制阀
减压阀	可将这种压力控制阀的出口压力调到比进口压力低的某一值,这个值与流量及进口侧压力无关
卸荷阀	在一定条件下能使液压泵卸荷的阀
节流阀	利用节流作用限制液体流量的阀,通常指无压力补偿的流量阀

续表

术语	解释
调速阀	与背压或因负荷而产生的压力变化无关并能维持流量设定值的流量控制阀
带温度补偿的调速阀	与液体温度无关并能维持流量设定值的调速阀
分流阀	液体流向两个以上的液压管路分流时,应用这种阀能使流量按一定比例分流,而与各管路中的压力无关
换向阀	具有两种以上流动形式和两个以上油口的方向控制阀
遮盖(或搭接)	滑阀式阀的阀芯台肩部分和窗口(沉割槽)部分之间的重叠状态,其值叫遮盖量
溢流阀	当回路的压力达到这种阀的设定值时,流体的一部分或全部经此阀流回油箱,使回路压力保持在该阀的设定值的压力阀
安全阀	为防止元件和管道等被破坏,用来限制回路中最高压力的阀
零遮盖	当滑阀式阀的阀芯在中立位置时,窗口(沉割槽)正好完全被关闭,而当阀芯稍有一点儿位移时,窗口(沉割槽)即打开,液体便可通过
正遮盖	当滑阀式阀的阀芯在中立位置时,要有一定位移量(不大)才可打开窗口
负遮盖	当滑阀式阀的阀芯在中立位置时,窗口(沉割槽)已有一定开口量
伺服阀	控制流量或压力,使之为电信号(或其他输入信号)的函数
比例阀	全称电液比例阀,是一种把输入电信号按比例转换成力或位移,从而对压力、流量参数进行连续控制的一种液压阀,它的组成有比例电磁铁和液压阀两部分
插装阀(逻辑阀)	插装阀实质上是阀芯为锥阀的单向阀,它的结构形式是将每个锥阀作为基本单元,以阀芯插入式为基本连接形式,配以不同的先导阀集成在一个块体中构成液压回路,又称为集成阀或逻辑阀,适合大流量
数字阀	数字信号输入且输出具有数字特征的阀。数字阀分两种类型,增量式(脉数调制)数字阀与高速开关(脉宽调制)数字阀。数字阀的组成分为三部分:控制器、执行器和阀体
滑阀式阀(或滑阀)	采用圆柱滑阀式阀芯的阀
梭阀(高压旋转阀)	具有一个出口、两个以上入口,出口具有选择压力最高侧入口的机能的阀
电磁阀	电磁操纵阀和电磁先导换向阀的总称
单向阀	流体只能沿一个方向流通,另一方向不能通过
节流换向阀	根据阀的操作位置,其流量可以连续变化的换向阀
电磁操纵阀	用电磁操纵的阀
手动操纵阀	可手动操纵的阀
凸轮操纵阀	用凸轮操纵的阀
先导阀	为操纵其他阀或元件中的控制机构而使用的辅助阀
液动换向阀	用先导流体压力操纵的换向阀
液控单向阀	通过控制流体压力,可以使单向阀反向流通的阀
二位阀	具有两个阀位的换向阀
电-液换向阀	与电磁操纵的先导阀组合成一体的液动换向阀

续表

术语	解释
阀的位置	用来确定换向阀内流通状态的位置
正常位置	不施加操纵力时阀的位置
中立位置	确定的换向阀的中央位置
偏移位置	换向阀中除中立位置以外的所有阀位
锁定位置	由锁紧装置保持的换向阀的阀位
三位阀	具有三个阀位的换向阀
二通阀	具有两个油口的控制阀
四通阀	具有四个油口的控制阀
弹簧复位阀	在弹簧力的作用下，能返回正常位置的阀
中位封闭	换向阀在中立位置时所有油口都是封闭的
中位打开	换向阀在中立位置时所有油口都是打开的
常开	在正常位置，压力油口与出油口是连通的
常闭	在正常位置，压力油口是关闭的
弹簧对中阀	正常位置为中立位置的三位换向阀，属于弹簧复位阀的一种
弹簧偏置阀	正常位置为偏移位置的换向阀，属于弹簧复位阀的一种
油口数	阀与管路相连接的油口数量
台肩部分	滑阀芯移动时的滑动面

三、液压阀的失效原因及几种液压现象

（一）失效

失效是设备、系统或元件处于一种不正常的状态。液压阀在使用阶段的规定条件下，丧失了规定的功能即失效，对于可修复的产品，失效就是故障。

损坏是失效的常见形式，一般机械性损坏失效的原因有：

1.磨损

液压阀芯、阀体等机械零件的摩擦副在使用时不断产生摩擦，使得零件尺寸、形状和表面质量发生变化而失效。

2.疲劳

液压阀中的平衡弹簧及有关阀芯、阀座，长期在高变载荷下工作，会产生疲劳及裂纹，造成弹簧长度的缩短或整个折断以及阀座密封表面的剥落、损坏而失效。

3.变形

液压阀零件在加工过程中残留的残余应力和使用过程中外载荷应力超过零件材料的屈服强度时，产生变形，不能完成规定功能而失效。

4.腐蚀

当液压油中混有水分或酸性物过高时，使用较长时间后，就会腐蚀液压阀中的有关零件，使其丧失应有的精度而失效。此外，若因保管不善而发生锈蚀、混入污物等，也会引起液压阀失效。

特别应当指出的是：工人在仓促之中可能将次品混入合格品中，若检验人员没有发现，就会将这些外形相同但内部存在问题的阀件流入市场。因此，在必要时也要对新元件加以检验。

（二）液压卡紧

1.液压卡紧的危害

液压系统中的压力油液流经普通液压阀圆柱形滑阀结构时，作用在阀芯上的径向不平衡力（又叫液压侧向力）使阀芯卡住的现象，叫作液压卡紧。

轻微的液压卡紧使阀芯移动时的摩擦力增大，严重时可导致所控制的系统元件动作不符合设计节拍，变得滞后。当液压卡紧阻力大于阀芯的移动力时，阀芯不能移动，即卡死。在高压系统中，减压阀和顺序阀处理不当尤其容易卡死。

液压系统中产生液压卡紧，自然会加速滑阀的磨损，缩短元件的使用寿命。阀芯的移动在液压控制阀中很多是通过小的电磁铁驱动来实现的，阀芯一旦卡死，电磁铁则易烧毁。

2.液压卡紧的原因

由于滑阀运动副几何形状误差和同轴度变化引起的产生径向不平衡力是液压卡紧的主要原因。

3.消除措施

（1）在阀芯表面开设均压槽。

（2）提高阀芯和阀孔的制造精度。

（3）提高油液清洁度。

（4）换向阀尽量不用干式电磁阀。

（三）液压冲击

在液压系统中，由于迅速换向或关闭油道，系统内流动的油液突然换向或停止流动，而在系统内引起压力急剧上升，形成了一个很大的压力峰值，这种现象叫作液压冲击。

1.产生原因与危害

液压冲击是由于液压元件的突然起动或停止、突然变速或换向，液压系统工作介质的流速和方向发生急剧的变化，或由于流动油液及液压工作部件存在着运动惯性，某个局部区段的压力猛然上升。

液压冲击时，油液的压力峰值高达正常压力的3~4倍，因此系统中的元件容易损坏，并发出强烈的振动和噪声。

2.防止措施

（1）对阀芯上进油及回油控制边缘结构进行改进或开设轴向三角形油槽。

（2）在保证工作节奏的前提下，尽量减慢换向速度。

（3）适当增大管径，避免不必要的弯曲。

（4）合理缩短管道长度，缩短冲击波传播的距离。

（四）气穴现象

在流动液体中，因流速变化引起压力下降而产生气泡的现象，叫作气穴。

1.产生原因与危害

尽管液压设备中产生气穴的原理还没有被彻底地揭晓，但产生气穴的基本原因是肯定的，即液压系统中的某一局部区域会产生低压区（如在流速很大的区域压力会降低），当压力低于工作温度下溶于油液中的空气分离临界压力时，油液中原来溶解的空气就会大量被离析出来，形成气泡。如果压力继续减小，直到小于工作油液温度对应的饱和蒸气压力时，油液就会迅速汽化，产生大量的气泡。这些气泡混杂在工作油液中，使原来充满管道中或充满元件中的油液成为断续状态，从而形成了气穴。

液压系统中，当压力油流经液压阀等元件的节流口、喷嘴和节流部件时，由于速度急剧增大，压力能大部分转化为动能，周围压力大幅度减小，产生气穴，这种现象叫作节流气穴。

液压控制滑阀在控制执行元件运动时，由于运动部件的惯性力，当阀口已经关闭、执行元件的油流已被切断时，工作部件仍会短暂地继续保持运动状态。因而，往往在这些执行元件的背后（如液压缸活塞等）形成真空，导致气穴现象的发生。

气泡随着油流进入高压区后，突然收缩，有些气泡在周围高压油流的挤切、冲击下迅速破裂并又重新凝结为液体，由气体变为液体，体积减小，并形成了真空，周围的高压油液体质点便以极大的速度冲向真空区域，因而引起局部压力的猛烈冲击并将质点的动能突然转换为压力能，使压力和温度在此均急剧升高，此时就会产生剧烈的振动，发出强烈的噪声。

在气泡凝结附近的元件表面，因在高温条件下反复受到液压冲击，加之油液中分离出来的酸性气体具有一定的腐蚀作用，使其表面材料剥落，形成小麻点及蜂窝坑，这种现象叫作气蚀。

气穴和气蚀现象使液压系统的工作性能恶化、可靠性降低，其危害等同于液压冲击，且对液压元件的损害更为严重。

2.防止措施

防止气穴和气蚀现象产生的措施常有：

（1）防止局部压力过低。这多从液压系统工作元件的内部结构设计上改进。

（2）保持液压系统中的油压高于气油分离的临界压力。通常这是对液压泵的使用要求，即：有足够的管径；避免狭窄的通道或急剧的转弯；吸油管各处油压不要低于空气分离临界压力。

（3）降低油液中空气的含量。注意回油管应插入液面以下，管路各处密封要好，防止吸入空气等。

（4）使用抗气泡性好的液压油。

（5）对易受气蚀损害的地方应考虑采用青铜、不锈钢等耐蚀材料，其中钛的耐腐蚀性最好。此外，提高金属的硬度、提高表面光洁度和采取镀保护层等措施都是有效的方法。

四、液压阀件的修理

（一）阀件修理的重要性

在检查出液压设备、液压系统或液压阀等元件的具体故障后，对一般功能性的故障，可以通过清洗和调节、调整等方法使系统状态各处有关压力、流量等参数恢复到系统要求的数值，执行部件的力或力矩、速度等达到规定值，这就意味着机器本身的功能得到恢复，也就是故障得到排除。

但设备中如液压阀等元件本身会发生"器质性"的变化，因磨损或其他非正常的原因而使得阀件损坏，这时，调节、调整的方法就无法奏效，必须对阀件进行修理。有时，对阀件进行修理是排除系统故障比较彻底的方法。

液压阀件的修理作为液压阀及整个系统修理的重要组成部分，其工作的技术性与难度较维护保养更复杂和艰难。因此，管理者在平时要做好维护保养工作。

（二）液压阀件修理的主要内容与主要手段

1.修理的主要内容

液压阀等元件，由于标准化、通用化、系列化程度较高，可修性较好，虽然使用到一定期限后，由于零件磨损、疲劳或密封老化而使技术性能达不到设计要求，但只要还没有完全报废，就可以修理。

液压阀件经过修理和检（试）验，只要尺寸、形位精度等合乎标准，技术指标和性能达到使用要求，就应当继续使用。有些通过精良修理的零件，其性能甚至比新件还好。

液压阀件主要的修理内容有：

（1）滑阀类元件的阀芯与阀体内孔，当两者的配合间隙比产品图纸规定的装配间隙数值大20%~25%时，必须对阀芯采取增大尺寸的方法进行修复、配研。

（2）锥阀类元件的阀芯与阀孔，当圆锥形座阀密封接触面不良时，因锥阀可以在弹簧作用下自动补偿间隙，因此，只需研磨修配。

（3）阀类元件出现卡死、咬毛或产生沟槽等故障的修理。

（4）调压弹簧的修理。

（5）密封件的修理等。

2.修理的主要手段

液压阀件修理的主要手段是修复和更换。

（1）修复

上述（1）~（3）项就是修复的手段，其运用的加工工艺通常有：

①焊补。

②电镀、喷镀或刷镀。

③镶嵌。

④车加工或刨加工。

⑤磨加工。

⑥研磨、珩磨或抛光等。

采用①~③工艺的目的均是使零件的尺寸得到补偿。

采用④~⑥工艺的目的是使零件恢复原有的尺寸、配合精度和密封性能。常用液压（滑）阀类元件的配合间隙如表1-2所示，供修理时参考。

表1-2　常用液压（滑）阀类元件的配合间隙

元件名称	配合部位	阀芯直径/mm	配合间隙/μm
高压滑阀	阀芯与阀套	$d \leqslant 16$	5~15
		$d \leqslant 28$	7~20
		$d \leqslant 50$	9~25
		$d \leqslant 80$	11~30
中、低压滑阀	阀芯与阀套	$d \leqslant 16$	8~25
		$d \leqslant 28$	10~30
		$d \leqslant 50$	12~35
		$d \leqslant 80$	15~40

（2）更换

如果觉得损坏的零件没有修复的价值或在技术上难以修复，或修复起来比购买新件的费用还高，在有备用零件供应的情况下，应更换新件。

更换新件通常可以缩短修理周期，一般对标准件、易损件多采取更换的方法。

为了保证修理工作的顺利进行，还必须切实做好备品、备件的库存保管工作。

第二节　方向控制阀

方向控制阀是用来控制油流的方向的，其基本原理在"船舶辅机"课程中有所介绍，本节主要介绍它们的故障现象及修理方法。

一、单向阀

单向阀的主要故障有：

当油液从反向进入时，由于锥阀芯（或钢球）不能将油液严密封闭，因此会产生泄漏。这时要检查阀芯与阀座的接触是否紧密；阀座孔与阀芯孔是否保证了所需要的同轴度；阀体孔与阀芯的加工精度；弹簧是否断裂或者过分弯曲而引起卡阻等。

应该注意的是，无论是直通式单向阀还是直角式单向阀，都不允许以其阀芯锥面向上方的状态安装，即不允许弹簧在阀的下方位置。

除上述的普通单向阀外，还有一种液控单向阀，可以实现液体的逆向流动。液控单向阀的主要故障有：

阀座孔与安装阀芯的阀体孔加工时不同轴度超差，均会使阀芯锥面和阀座接触处产生缝隙，导致不能严格密封，尤其是带卸荷阀芯式的结构，更容易发生密封不严而使油液渗漏。

用钢球作卸荷阀芯的液控单向阀，有时会发生控制活塞端部小杆顶不到钢球而打不开阀的情况，这时需检查阀芯孔与控制活塞孔的同轴度是否符合要求，或者控制活塞端部是否有弯曲等情况。其余故障与单向阀相同。

二、换向阀

（一）电磁换向阀

电磁换向阀简称电磁阀，是液压控制系统和电气控制系统之间的转换元件。

1.电磁阀的分类

按工作位数和通路数组合起来分，电磁阀有二位二通、二位三通、二位四通、二位五通、三位四通、四位五通等类别。

按阀芯在中立位置所控制各油口的沟通状况（即滑阀中位机能）分，电磁阀有 O、H、Y、K、M、X、P、J、C、N、Z 等型。

按所配电磁铁的结构形式分，电磁阀有交流型、直流型、本机整流式等。

按工作电源规格分，电磁阀有交流 110 V、220 V、380 V，直流 12 V、24 V、36 V、110 V 等规格。

按电磁铁与阀配合的方式分，电磁阀有干式型和湿式型两种。

按交流电磁铁允许工作电源的频率分，电磁阀有 50 Hz、60 Hz 等规格。

尽管电磁阀有上述种种不同的规格品种，但是它们的基本工作原理都是相同的，即依靠阀芯的凸肩与滑阀孔的沉割槽配合及阀芯的不同位置来沟通或隔离相关油腔，实现所要求的功能。

2.电液伺服阀的遮盖概念

实际应用中，伺服阀输出级的结构以三通滑阀和四通滑阀最为常用。而圆柱滑阀主要是利用圆柱阀芯与阀套之间的相对滑动，进而改变节流口的通流面积，以此实现对油液流量和压力的控制。其主要以主阀口数、工作边数、阀芯台肩数、遮盖状况、阀套上节流窗口的形状等来区分阀的工作特点。比较有用的分类是按遮盖状况来分。图 1-1 所示为滑阀重叠度示意图（换向时，阀芯如图示方向右移）。

所谓遮盖，就是滑阀"阀芯的凸肩宽度"与"阀套的槽宽"不一致，主要有以下三种结果：

①当凸肩宽度大于槽宽时，称为负遮盖（负开口）（另一种叫法：正重叠），也就是说凸肩把槽口全部遮住；即使阀芯已经有了动作，但也没有流量立即通过阀口，如图 1-1（a）所示。

②当凸肩宽度小于槽宽时，称为正遮盖（正开口）（另一种叫法：负重叠），也就是说凸肩遮不住槽口，在过渡过程中所有阀口通路短时间彼此全部沟通，液压缸瞬间处于浮动状态。压力油和回油口 T 还没有隔断时，压力油和控制口 A 已经接通，如图 1-1（b）所示。

③当凸肩宽度等于槽宽时，称为零遮盖（零开口）（另一种叫法：零重叠），也就是说凸肩刚好把槽口遮住，如图 1-1（c）所示。

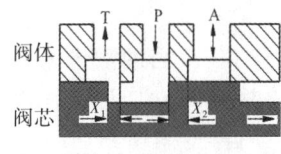
（a）（正重叠）$X_1 < X_2$

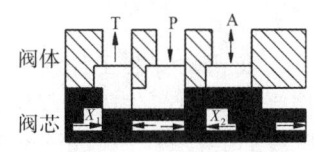
（b）（负重叠）$X_1 > X_2$

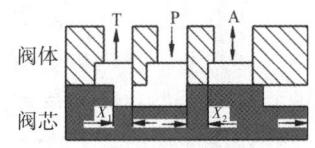
（c）（零重叠）$X_1 = X_2$

图 1-1　滑阀重叠度示意图

注意与表1-1中的零遮盖、正遮盖、负遮盖的概念区别，即遮盖仅指滑阀芯在中位时各阀口的通断状态，而重叠包含动态状况。

3. 电磁换向阀的主要故障及其排除

（1）电磁铁通电，阀芯不换向；电磁铁断电，阀芯不复位

此类故障的产生原因及排除方法为：

①检查电源电压是否符合要求，如电压太低，则会因电磁铁推力不足而引起上述故障，这时应调整电源电压。

②检查阀芯是否卡住：如在使用中出现上述故障，主要检查使用条件是否超过规定的指标，如压力、油温、过滤精度等；再检查复位弹簧是否折断或卡住，以及是否因安装螺钉拧得太紧而引起阀体变形，这时应拆检并仔细清洗阀芯和阀体。

③检查电磁换向阀的轴线：必须按水平方向安装。

④有专用泄油口的电磁换向阀，泄油口没有接回油箱，或泄油管路背压太高，造成阀芯"闷死"。

（2）电磁铁烧毁

此类故障的产生原因及排除方法为：

①电源电压超过规定值而引起线圈过热，这时应调整电源电压。

②推杆伸出长度过长，与电磁铁的行程配合不当，电磁铁衔铁不能吸合使电流过大，导致线圈过热。使用者自行更换电磁铁时更容易出现这种情况。因此，作业时必须认真测量推杆的伸出长度与电磁铁的配合是否合适，绝不能随意更换。以上故障主要出现在交流型电磁铁上。

③换向频率过高导致线圈过热，这时应降低换向频率。

（3）干式型电磁换向阀推杆外渗漏油

此类故障的产生原因及排除方法为：

①一般电磁阀两端的油腔是泄油腔或回油腔，应检查该腔压力是否过高。如果多个电磁阀的回油管串接在一起，易引起背压过高而漏油，则将它们分别单独接回油箱即可。

②推杆处的密封圈磨损严重而导致的漏油，这时应更换密封圈。

（4）板式连接电磁换向阀与底板的结合面处渗油

此类故障的产生原因及排除方法为：

①安装底板表面加工精度不够，需重新加工。

②安装螺钉拧得太松，需紧固安装螺钉。

③螺钉材料强度不够，受油压作用引起拉伸变形而造成结合面渗漏，需更换材料强度合格的螺钉。

④底面密封圈老化，应更换密封圈。

（5）湿式型电磁铁吸合释放过于迟缓

此类故障的产生原因及排除方法为：

湿式型电磁铁后端有个密封螺钉，在初次安装工作时，后腔存有空气。当油液进入衔铁腔内时，如后腔空气释放不掉，将受压缩而产生阻尼现象，使电磁换向阀动作迟缓。故应在初次使用时，拧松密封螺钉，释放后腔空气，在油液充满衔铁腔后再拧紧密封。

（6）长期使用后，执行机构出现运动速度变慢

此类故障的产生原因及排除方法为：

推杆因长期撞击，磨损变短，或衔铁与推杆接触点磨损，使阀芯换向行程不足，引起油腔开口变小，通过流量减小。这时应更换推杆或电磁铁。

（7）油流实际沟通方向不符合图形符号标志的方向

此类故障的产生原因及排除方法为：

这是使用中很可能出现的问题。许多产品由于结构的特殊性，实际通路情况与图形符号的标志是不符合的，这时应根据各生产厂家提供的产品样本进行验证。

（二）液动换向阀与电液换向阀

当液压机械所需控制流量很大时，如果只靠电磁铁来推动是不现实的。但可采用普通小规格的电磁换向阀作为先导控制阀，并与大通径的液动换向阀组合使用，这就是电液换向阀。其工作原理、结构类型与上述的电磁换向阀类同，在此不再赘述。

三、方向控制阀阀件的修理

（一）阀体

1.阀体孔部碰伤

阀体孔部碰伤部位若在阀孔进出口处或阀体内沉割槽处，可用三角刮刀修理，但不能伤及正常孔面。

2.阀孔内壁表面划伤或内孔磨损严重

（1）珩磨法修理

珩磨是用若干砂条组成的珩磨头，在珩磨机或车床或立式钻床上，将磨头置于工作圆柱孔内做旋转和往复运动，使内孔获得公差等级为4~7级的高精度（孔径误差为0.005~0.025 mm，圆度误差在0.01 mm之内）的加工方法。

（2）研磨法修理

研磨是修理精密液压元件的最常用方法。应当注意：研磨不同直径的圆柱孔时，所用研磨工具的结构和材料也各不相同。

对于孔径在10 mm以下的阀孔，研磨时通常采用普通低碳钢棒制成的研磨棒。因为其尺寸是固定不可调整的，所以，当研磨余量较大时，必须进行分组制造。例如，当研磨量为0.15 mm时，研磨棒应分为粗、精两组。第一阶段粗研磨削量在60%~70%，第二阶段研去余量。

对于直径大于10 mm的圆柱孔，研磨时通常采用灰口铸铁材料HT200制成研磨工具，其结构多为可调整式。为了能对外径尺寸进行调整和储存磨料，在研具表面上开有四个沟槽，其中一个是切通的，如图1-2中的上位沟槽所示。研具内孔制成1：30左右的锥度，它就是依靠该锥孔与相配锥形芯轴的松紧来调整研具与工件孔的间隙的。当锥形芯轴位置偏向研具内孔小头时，研具外径尺寸被胀大，研具与被研阀孔的间隙变小；当锥形芯轴位置偏向研具内孔大头时，由于研具切通槽产生的弹性小，研具与被研阀孔间的间隙增大。

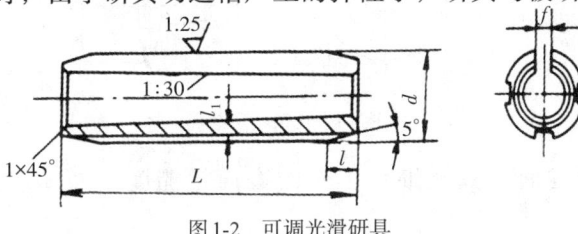

图1-2 可调光滑研具

为了在研磨时能很好地导向，研具伸入阀孔中的工作长度约为工件长度的3/4。研具圆柱面的外径尺寸通常比被研孔小0.03~0.05 mm，以容纳研磨剂、研磨料。因为研棒是可调节的，所以研磨余量不大时不进行分组。为了研磨时工件安装方便，研具两端6~10 mm长度上制有5°的锥角，以利导向。

　　修理后的阀孔，其内孔各段圆柱面的圆度和圆柱度均不得超过0.005 mm，各段圆柱面同轴度误差不超过0.001 mm，内孔表面粗糙度不低于Ra0.8 μm，与阀芯配合间隙如表1-2所示。

　　（二）阀芯

　　对阀芯外圆柱面的修理常采用研磨法。常用的工具为研磨套，一般制成可调节的研磨套，也可制成整体的研磨套。整体研磨套虽然制作简易，但研磨尺寸不可调节。

　　可调节的研磨套也采用锥度调节原理，如图1-3（a）所示，调整调节螺母3，使研磨套夹具2与研磨套1相互靠拢，则研磨套内孔与被研阀芯圆柱面间隙变小；反之变大。

　　图1-3（b）所示为开口弹性可调研磨套，一般也采用铸铁制成。其内径比研磨工件直径大0.025~0.05 mm，套环的宽度常为工件宽度的1/2~3/4，如果套环的宽度过大，研磨时易导致工件两头小、中间大；如果套环的宽度过小，会使研磨套导引面小，从而导致研磨套运动不平稳。

　　研磨时，工件绕本身轴心旋转，套在其上的研磨套沿工件轴线方向往复移动，为了使研磨套磨损均匀，这两个运动的线速度应当接近，使研磨条纹构成90°交叉的网纹。

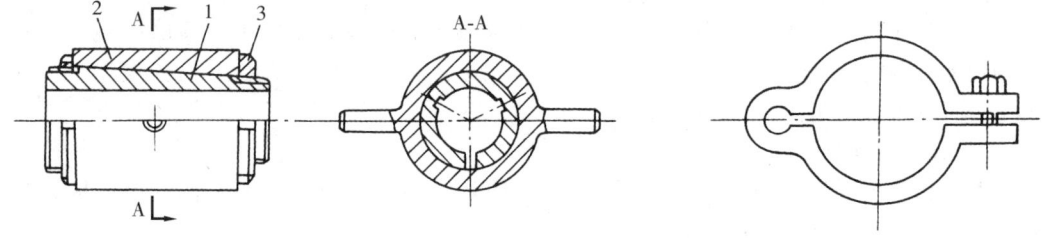

（a）锥度调节式研磨套　　　　　（b）开口弹性可调研磨套

图1-3　研磨套原理

1—研磨套；2—研磨套夹具；3—调节螺母

　　此外，还有长条状研磨板，如图1-4所示。它可用玻璃板制造。研磨时，工件绕本身轴线旋转，研磨板用手压在工作表面上，相对于工件进行往复运动，同时，又在工件轴线方向上移动。

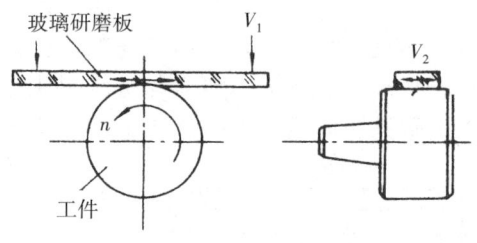

图1-4　长条状研磨板

　　用研磨板研磨圆柱面，只能细化工件的表面粗糙度，而不能提高工件的几何形状精度。

　　研磨前，长条状研磨板应进行校正，使其平面性在100 mm长度上不大于0.001 mm。若研磨板是由玻璃材料制成的，校正应在铸铁研磨平板上，采用干的金刚砂进行。

　　在有条件的地方，阀芯可在万能外圆磨床上精密磨削，采用适当的磨料砂轮，也可以获得IT5级的精度和达到Ra0.8 μm表面粗糙度。

　　为与加大的阀孔相配时具有表1-2中的配合间隙，阀芯在修复时除用电镀法补偿外径尺寸外，还可用刷镀、喷镀等工艺手段达到上述目的，再进行精密磨削或研磨以达到规定的技术要求。

　　（三）电磁铁

　　电磁铁的主要易损坏部分是电磁线圈，电磁线圈在市场上有各种型号的标准件，电磁线圈损坏时，一般均外购进行更换。但是，更换以前一定要仔细检查出电磁铁烧毁的原因；否则，更换后仍然会继续烧毁。此外，在线圈安装前还需仔细检查电压、频率等是否相符。

　　（四）阀件装配

　　液压方向控制阀在修理装配时，应注意下述几点：

　　（1）用煤油、轻柴油或汽油清洗全部阀件。要将研磨时的涂敷磨料清除干净，尤其是阀体沉割槽以及阀体。应仔细检查阀孔有关通道，不能有残留物。零件用空气吹干，擦干时，注意不要让揩布上的纤维及污垢黏附在零件上。

　　（2）检查有关配合间隙，若无测量仪器、量具时，应在阀芯上涂抹一层薄薄的清洁机油，然后将其放入阀孔内，在阀孔全长范围内，若阀芯能够灵活而不松动地移动，阀芯旋转一定角度后也能保证上述状态，没有"打咯"阻滞现象，即可认为配合间隙合适。

　　（3）将清洁煤油注入有关孔中时，并检查阀体与阀盖、阀体与电磁铁壳体的接触面，使其保持密封，不允许泄漏。

第三节　压力控制阀

　　压力控制阀的基本原理在"船舶辅机"课程中已经学习过。本节主要介绍压力控制阀的可能故障及其分析。

一、溢流阀的常见故障

　　溢流阀是靠溢流出一定的压力油来保证液压系统供油压力的稳定和防止过载的。它是利用液流压力和预紧弹簧力相平衡的原理来工作的。根据结构和工作原理，溢流阀基本上可分为直动式、先导式和差动式三种形式。其在液压系统中的主要作用有：（1）起安全阀作用，防止系统过载；（2）起溢流作用，维持系统压力恒定；（3）使液压系统卸荷；（4）远程调压；（5）系统高低压多级控制；（6）作加载阀。

　　1. 噪声和振动

　　（1）压力不均匀引起的噪声：导阀中有弹性元件（弹簧）和运动质量（锥阀），两者构成了一个产生振荡的条件，所以一般认为压力波动引起导阀的启闭是产生噪声的主要原因。

（2）空穴产生的噪声：油液中气泡的体积会随着油压的变化而突然变化，在这一过程发生的瞬间，将引起局部液压冲击，产生振荡、噪声等。

（3）液压冲击产生的噪声：先导型溢流阀在卸荷时，会因液压回路的压力急剧下降而发生压力冲击噪声。

（4）机械噪声：一般来自零件的撞击及主阀和导阀的高频振动。固定在导阀前腔的消振套能有效地降低机械噪声。

2. 阀芯径向卡紧

阀芯径向卡紧与方向阀情形相同，参见第一节液压卡紧的有关内容，在此不再赘述。

3. 调压失灵

调压失灵有两种情况：一种是调节调压手轮建立不起压力，或压力达不到额定数值；另一种是调节调压手轮压力不下降，甚至不断升压。出现调压失灵，除阀芯因种种原因造成卡紧外，还有下列一些原因：

（1）主阀芯上的阻尼孔堵塞，油压传递不到主阀上腔和导阀腔，导阀失去对主阀的压力调节作用。在进油腔压力很低时，主阀就打开溢流（主阀上腔无油液，弹簧力又很小）。

（2）调压弹簧变形或选用错误、调压弹簧压缩行程不够、阀的内泄漏量过大、导阀部分的锥阀过度磨损等都会使压力达不到额定值。

（3）锥阀座上的阻尼小孔堵塞，使锥阀在任何压力下都不会打开溢流，主阀上腔无法卸压，所以始终关闭。油压会随负载升高而升高，当执行机构停止工作后，系统压力就会无限升高。

4. 其他故障

溢流阀在装配或使用过程中，密封圈损坏或螺钉松动等都可能造成泄漏。

二、减压阀

减压阀是利用液流通过阀口缝隙所形成的液阻使出口压力低于进口压力，并使出口压力基本不变的压力控制阀。减压阀的主要用途是减小液压系统中某一支路的油液压力，使同一液压系统能有两个或几个不同压力的回路。与溢流阀相比，减压阀的主要差别为：（1）出口测压；（2）反馈力指向主阀口关闭方向；（3）先导级有外泄口。

（一）减压阀的分类

减压阀按其结构形式和工作原理可分为先导型和直动型两大类。先导型减压阀又分为定值减压阀和单向减压阀。直动型减压阀又分为定差减压阀和定比减压阀。

先导型减压阀中，按照先导级供油的引入方式，有"先导级由减压阀出口供油式"和"先导级由减压阀进口供油式"两种结构形式。前者大家比较熟悉，本节将在后面介绍先导级由减压进油口供油式减压阀的工作原理。

1. 定值减压阀

定值减压阀常见的一种结构形式为JF型，如图1-5所示。其由导阀和主阀两部分组成，导阀是一个小型锥阀式直动溢流阀，调定主阀的出口压力，主阀部分的阀芯的上承压面积与下承压面积相等，它应用节流降压方法使出口压力低于进口压力，并利用出口压力反馈的原理自动调节减压阀的通流面积，以使出口压力趋于恒定。

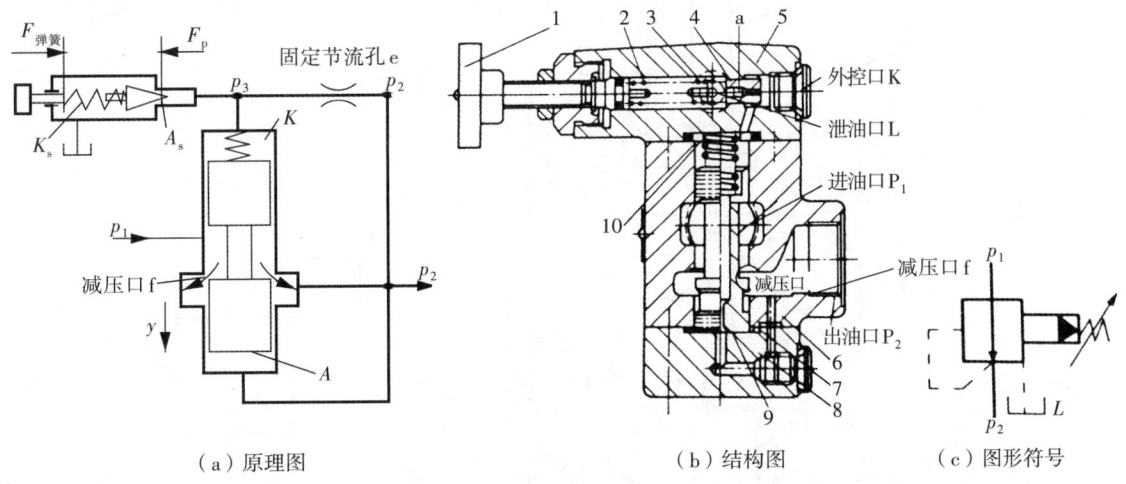

图1-5　JF型定值减压阀

1—调压手轮；2—调压弹簧；3—锥阀；4—锥阀座；a—流道；5—阀盖；6—阀体；7—主阀芯；8—端盖；
9—阻尼孔；10—主阀弹簧；A—主阀芯底面积；A_s—先导阀面积；K—主阀弹簧刚度；K_s—先导阀弹簧刚度

图1-5（a）中，压力油由阀的进油口 P_1 流入，经主阀减压口 f 减压后由出油口 P_2 流出。锥式先导阀主阀芯上的阻尼孔（固定节流孔 e）及先导阀的调压弹簧一起构成先导级压力负反馈控制，负责向滑阀式主阀芯的上腔提供经过先导阀稳压后的主级指令压力 p_3。主阀芯是主控回路的比较器，端面有效面积为 A，上端面作用有主阀芯的指令力［即液压力 p_3A 与主阀弹簧力 $K(y_o + x)$ 之和，y_o 为主阀弹簧预压缩量，x 为主阀芯开口位移）］，下端面作为主回路的测压面，作用有反馈力 p_2A，其合力可驱动主阀芯，并调节减压口 f 开度的大小，最后达到对出口压力 p_2 进行减压和稳压的目的。

由图1-5（b）可见，出口压力油经阀体与下端盖的通道流至主阀芯的下腔，再经主阀芯上的阻尼孔 9 流到主阀芯的上腔，最后经导阀阀口及泄油口 L 流回油箱。

工作时，若出口压力 p_2 低于先导阀的调定压力，则先导阀芯关闭，主阀芯上、下两腔压力相等，主阀芯在弹簧作用下处于最下端，减压口 f 开度为最大，阀不起减压作用，$p_2 \approx p_1$。当出口压力达到先导阀调定压力时，先导阀阀口打开，主阀弹簧腔的油液便由泄油口 L 流回油箱，由于油液在主阀芯阻尼孔内流动，在主阀芯两端产生压力差，主阀芯在压差作用下，克服弹簧力抬起，减压口 f 开度减小、压降增大，使出口压力下降到调定的压力值。

2.单向减压阀

JDF型单向减压阀的结构由单向阀和减压阀两部分组成，如图1-5所示。在阀体的侧面加装了一个单向阀，当油液从出油口 P_2 反向流入进油口 P_1 时，单向阀开启，减压阀不起作用。

3.定差减压阀

图1-6所示为定差减压阀的结构原理图。

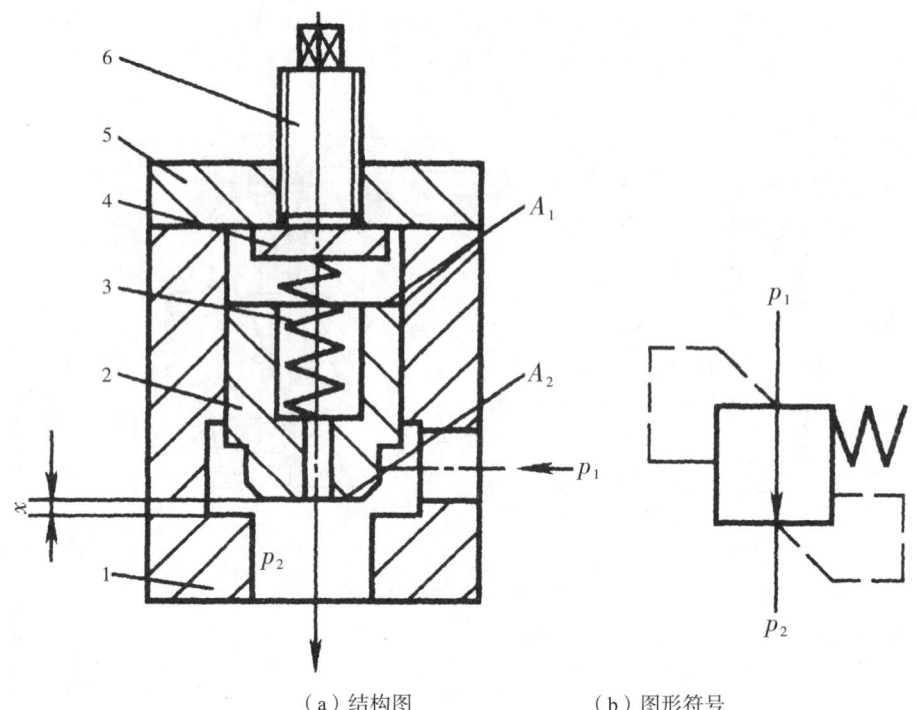

（a）结构图　　　　　　（b）图形符号

图1-6　定差减压阀的结构原理图

1—阀体；2—阀芯；3—调压弹簧；4—弹簧座；5—阀盖；6—调压螺钉；p_1—进油口压力；p_2—出油口压力；
x—主阀芯开口量；A_1—阀芯上端面面积；A_2—阀芯下端面面积

图1-6中，p_1是进油压力，p_2是出油压力，k是主阀弹簧刚度，y_0是主阀弹簧预压缩量，调好后它是一个常数，x是主阀芯开口量，一般弹簧的预压缩量比主阀芯开口量x要大得多，其对弹簧力的影响可忽略不计。因此，它能使阀进油口压力和出油口压力之差基本不变。即通过分析主阀芯上的作用力，可获得：

$$p_1 - p_2 = k(x + y_0)/(A_1 - A_2) \qquad (1-1)$$

式中：等号右侧符号均为阀的结构性能参数，调定后基本不变，所以可使等号左侧的$p_1 - p_2$保持不变。即定差减压阀的进油腔和出油腔的压力差值由调压弹簧力和阀芯有效承压面积的比值来确定。

4.定比减压阀（直动型）

图1-7所示为定比减压阀的结构原理图，定比减压阀的进油口和出油口的压力比值由阀芯承压面积比来确定。因阀芯承压面积比值是一个常数，所以进油口和出油口的压力比值也近似为一个定值。即通过分析主阀芯上的作用力，可获得：

$$p_1 A_1 + k(y_0 + x) = p_2 A_2 \qquad (1-2)$$

式中：k为弹簧刚度；y_0, x分别为弹簧3的预压缩量及主阀芯开口量。这类阀的弹簧一般较软，刚度较小，可忽略，因此简化式（1-2）得：

$$p_1 A_1 = p_2 A_2 \text{或} p_1/p_2 = A_2/A_1 \qquad (1-3)$$

式中：等号右侧符号均为阀的结构参数，保持不变，所以可使等号左侧的p_1/p_2保持不变。

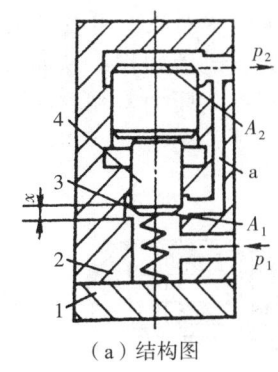 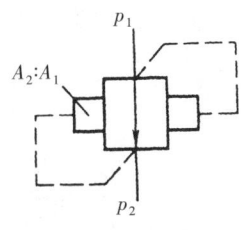

（a）结构图　　　　　　　　　　　（b）图形符号

图1-7　定比减压阀的结构原理图

1—阀盖；2—阀体；3—弹簧；4—阀芯；a—流道；A_1—阀芯下端面面积；A_2—阀芯上端面面积；
p_1—进油口压力；p_2—出油口压力；x—主阀芯开口量

5.先导级由减压阀进口供油的减压阀

若先导级供油从减压阀的出口引入时，该供油压力p_2是经减压阀稳压后的压力，波动不大，有利于提高先导级的控制精度，但会导致先导级的输出压力（主阀上腔压力）p_3始终低于主阀下腔压力p_2，若减压阀主阀芯上、下有效面积相等，为使主阀芯平衡，不得不加大主阀芯的弹簧刚度，这又会使得主级的控制精度降低。

若先导级供油从减压阀的进口P_1引入时，其工作原理如图1-8所示。其优点是先导级的供油压力较高，先导级的输出压力（主阀上腔压力）p_3也可以较高，故不需要加大主阀芯的弹簧刚度即可使主阀芯平衡，主级的控制精度可能较高。但减压阀进口压力p_1未能稳压，压力波动可能较大，又不利于先导级的控制。为了减小p_1波动可能带来的不利影响，保证先导级的控制精度，可以在先导级进口处用一个小型恒流器代替原固定节流孔，通过恒流器的调节作用使先导级的流量及导阀开口度趋于恒定，这样有利于提高主阀上腔压力p_3的稳压精度。

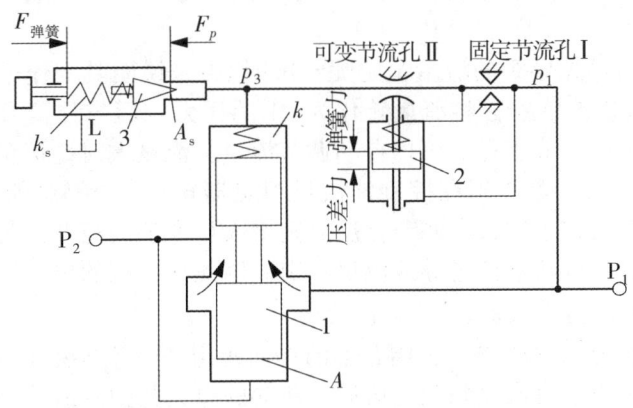

图1-8　先导级由减压阀进口供油的减压阀工作原理图

1—主阀芯；2—恒流器；3—先导阀；A—主阀芯底面积；A_s—先导阀面积；
k—主阀弹簧刚度；k_s—先导阀弹簧刚度

图1-9所示为这类减压阀的实例，从中看出，在该阀先导级进口处设有控制油流量恒

定器6，它由一个固定节流孔Ⅰ和一个可变节流孔Ⅱ串联而成。可变节流孔借助于一个可以轴向移动的小活塞（恒流器）来改变可变节流孔Ⅱ的过流面积，从而改变液阻。小活塞左端的固定节流孔使小活塞两端出现压力差。小活塞在此压力差和右端弹簧的共同作用下而处于某一平衡位置。

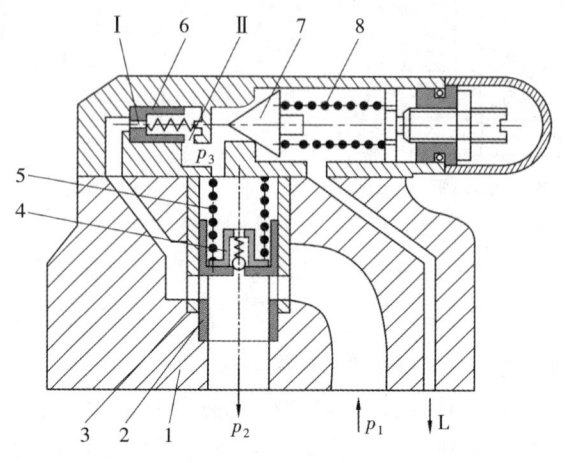

图1-9　DR20型减压阀

1—阀体；2—主阀芯；3—阀套；4—单向阀组件；5—主阀弹簧；6—控制油流量恒定器；
7—先导阀；8—调压弹簧；Ⅰ—固定节流孔；Ⅱ—可变节流孔；L—泄漏油口

当减压阀进口压力 p_1 达到调压弹簧8的调定值时，先导阀7开启，油液流经先导阀口流向油箱。这时，小活塞前的压力为减压阀进口压力 p_1，其后的压力为先导阀的控制压力（即主阀上腔压力）p_3，p_3 由调压弹簧8调定。由于 $p_3 < p_1$，主阀芯在上、下腔压力差的作用下克服主阀弹簧5的力向上抬起，减小主阀开口，起减压作用，使主阀出口压力降低为 p_1。因为主阀采用了对称设置许多径向小孔的结构作为主阀阀口，因此液动力为零。

若先导级阀流量恒定，先导级的输出压力 p_3 就不会波动，这有利于提高减压阀的稳压精度。

那么，如何使通过先导阀的流量恒定呢？用图1-9来说明其工作原理：它的先导级以固定节流孔Ⅰ作为流量传感器，将流量转化为Ⅰ上的压力差后与弹簧力平衡，压差恒定时流量自然恒定。通过可变节流孔Ⅱ可以自动调节流量。流量大时，流量传感器（固定节流孔Ⅰ）的压差则大，该压差作用在控制油流量恒定器6上，压缩弹簧，关小可变节流孔Ⅱ，将先导级的流量向减小的方向调节；反之则增大可变节流孔Ⅱ，将先导级的流量向增大的方向调节。总之，自动维持先导级流量稳定。因此这种阀的出口压力 p_2 与阀的进口压力 p_1 以及流经主阀的流量无关。

如果阀的出口压力出现冲击，主阀芯上的单向阀组件4将迅速开启卸压，使阀的出口压力很快降低。在出口压力恢复到调定值后，单向阀重新关闭。故单向阀在这里起压力缓冲作用。

（二）减压阀的常见故障

1.调压失灵

调压失灵有以下一些现象：

（1）调节手轮，出油口压力不上升。其原因之一是主阀芯阻尼孔堵塞，出油口压力传递不到锥阀上，结果使主阀变成一个弹簧力很弱的直动型滑阀。另外，主阀减压口关闭时卡住，锥阀未安装在阀座孔内，外控口未堵住等，也是使出油口压力不能上升的原因。

（2）出油口压力上升后达不到额定数值，其原因有调压弹簧选用错误，永久变形或压缩行程不够，锥阀磨损过大等。

（3）调节调压手轮，出油口压力和进油口压力同时上升或下降。其原因有锥阀座阻尼孔堵塞，泄油口堵住和单向阀泄漏等。

（4）调节调压手轮时，出油口压力不下降，主要是由主阀芯卡住引起的。

2. 阀芯径向卡紧

由于减压阀的主阀弹簧力很弱，主阀芯在高压情况下容易发生径向卡紧现象，而使阀的各项性能下降。

3. 工作压力调定后出油压力自行升高

如果某些减压控制回路用来控制电液换向阀或外控顺序阀等，在电液换向阀或外控顺序阀换向或工作后，减压阀出油口的流量即为零（减压阀口关闭），但压力还需保持原先调定的压力，在这种情况下，减压阀的出油口压力往往会升高，这是由主阀泄漏量过大引起的。其原因是主阀芯配合过松或磨损过大。

4. 噪声、压力波动及振荡

减压阀的导阀的振动原因与溢流阀的导阀的振动原因相同。减压阀在超流量使用中，有时会出现主阀振荡现象，使出口压力不断地升压—卸荷—升压—卸荷，这是由于过大的流量使液流力增加所致，因此不宜使减压阀在超过额定流量的情况下工作。

三、顺序阀

顺序阀在液压系统中的主要作用是执行机构的先后动作顺序，以实现系统的自动控制。

（一）顺序阀的分类

顺序阀按结构形式和工作原理可分为直动型和先导型两大类。

1. 内控型顺序阀

它利用进油口压力直接控制阀芯开启。图1-10所示为XF型直动型顺序阀的结构和原理图。

压力油进入中间油腔后，经阀体上的通油道和阀盖上的阻尼小孔进入控制活塞腔，当压力 p_1（图1-10中进油口 P_1 的压力）上升到超过调压弹簧预紧力后，主阀芯升高，打开阀口，实现顺序动作。主阀芯的阻尼孔能减小或消除主阀芯的振动。一般压力阀中经常用到阻尼孔，它们的作用主要有三方面：建立压差开启主阀芯；主阀芯开启后的振动减轻；卸荷时起缓冲作用。顺序阀的泄漏油一定是排至外接油箱。

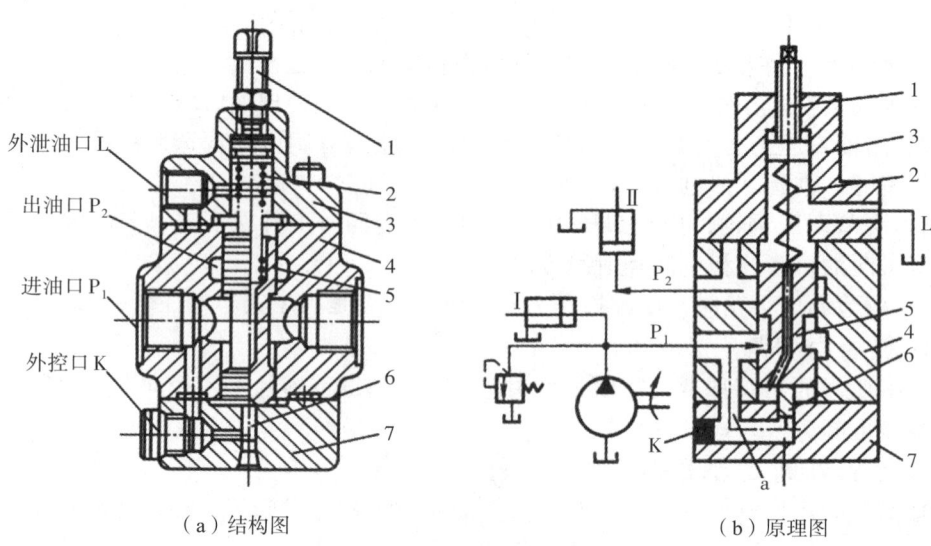

| （a）结构图 | （b）原理图 |

图1-10　直动型顺序阀

1—调节螺钉；2—调压弹簧；3—阀盖；4—阀体；5—阀芯；6—控制活塞；7—端盖；

a—控制通道；Ⅰ—执行油缸1；Ⅱ—执行油缸2

2.外控型顺序阀

将图1-10中的端盖7旋转一定位置后安装，切断进油口流往控制活塞下腔的通路，并扭下外控口K的旋塞，直接引自液压系统的其他控制源，其他均不变，即可得到外控型顺序阀。这种阀工作时，调压弹簧预压缩量可调得很小，使得控制油压较低，且与进油口无关。

3.先导型顺序阀

将直动型顺序阀的阀盖和调压弹簧去除，换上先导阀和主阀芯复位弹簧，即可组成先导型顺序阀，如图1-11所示。其主阀弹簧的刚度可以很小，所以省去了直动型顺序阀端盖中的控制活塞。其工作原理与先导型滑阀式溢流阀基本相同。这种结构的先导型顺序阀的最大问题是外泄漏量过大，因此，在小流量系统中不宜采用这种顺序阀。

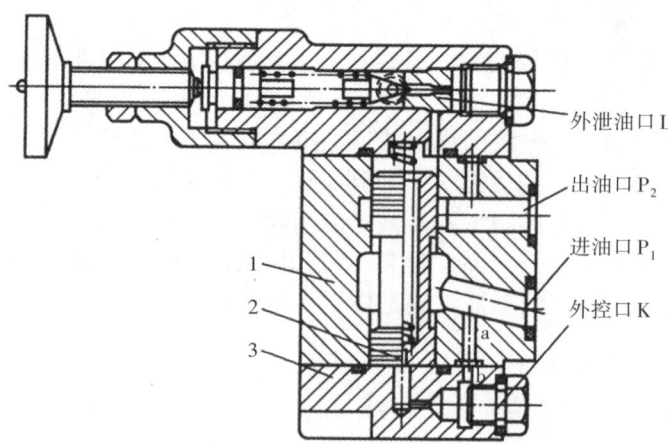

图1-11　主阀为滑阀的先导型顺序阀

1—阀体；2—阻尼孔；3—底盖；a—主阀控制通道；b—底盖控制通道

（二）顺序阀的常见故障及其排除

顺序阀的主要故障是不起顺序作用，有以下两种情况。

1.进油腔和出油腔压力同时上升或下降

（1）阀芯内的阻尼孔堵塞，使控制活塞的泄漏油无法进入调压弹簧腔流回油箱。时间一长，进油腔压力通过泄漏油传入阀的下腔，作用在阀芯下端面上，因阀芯下端面积比控制活塞要大得多，所以阀芯在油液压力作用下使阀处于全开位置，即变成一个常开阀。因此进油腔和出油腔压力会同时上升或下降。

（2）阀芯在全开位置时卡住也会引起上述现象。

2.出油腔没有流量

（1）泄油口安装成内部回油形式，如图1-10所示，使右侧外泄油口L与出油口P_2相通。这样，调压弹簧腔的油液压力等于出油腔的油液压力，因阀芯上端面积大于控制活塞端面面积，阀芯在该压力作用下，使顺序阀变成一个常闭阀。

（2）阀芯在关闭位置时卡住，也会出现油腔没有流量的现象。

（3）当端盖上的阻尼小孔堵塞时，控制油就不能进入控制活塞腔，阀芯在调压弹簧力作用下使阀口关闭，出油腔同样也没有流量。

第四节　流量控制阀

流量控制阀用来控制执行机构的运动速度。按其功能和用途，流量控制阀可分为节流阀、行程节流阀、调速阀和分流–集流阀等。它们的共同特点是通过改变阀中节流口的过流面积来调节油液流过节流口时的液阻大小，从而实现对油液流量的控制。流量控制阀的原理在"船舶辅机"课程中已有介绍，在此不再赘述，本节主要对流量控制阀中的节流阀及调速阀的常见故障及排除方法进行分析。

一、节流阀

（一）节流阀简述

节流阀是通过改变节流截面或节流长度以控制油液流量的一种流量控制阀，常见的有简式节流阀和可调节流阀两种。简式节流阀在油压力很高时，调整调节手轮很困难；而可调节流阀的进油腔压力油可以通过阀芯中间的通油道，同时作用在阀芯上、下端承压面上，所以即使在高压下，推杆上所受的油液压力也相对较小，调整调节手轮所需力也就较小。

（二）节流阀的常见故障及其排除

1.流量调节失灵

流量调节失灵是指调整调节手轮后出油腔流量不发生变化。其主要原因是阀芯径向卡住，此时应进行清洗，排除异物。

当单向节流阀进出油腔接反时，调整调节手轮后油液流量也不发生变化。

2. 流量不稳定

特别在最小稳定流量时更易发生。其主要原因是锁紧装置松动，节流口部分堵塞，油温升高，以及负载压力发生变化等。

防止措施是，拧紧锁紧装置，保持油液清洁，加强油温控制等。

3. 内泄漏量增加

节流阀关闭后依靠阀芯和阀座的间隙密封，故必定有泄漏，所以不能将其作为截止阀用。当密封面磨损过大后，会引起油液泄漏量增大，此时应更换阀芯。

二、调速阀

（一）调速阀简述

将减压阀和节流阀串联，组成的阀叫调速阀，也叫减压节流型调速阀；将溢流阀和节流阀并联，组成的阀叫溢流节流阀。这两种阀又总称为调速阀。这种结构的阀能够在节流阀前后油液压差进行压力补偿，即当负载改变时能使节流阀前后的油液压差近似于一个常数，从而使流量只与节流阀的开度有关。这两种流量控制阀的工作原理在"船舶辅机"课程中已有介绍，不再赘述。但它们的实际应用实例可参考图1-21系统中的回转多路阀16，以及图6-8系统中的压力补偿器10。

（二）调速阀的常见故障及其排除

1. 流量调节失灵

流量调节失灵是指调整调节手轮时，出油腔流量不发生变化。其主要原因是阀芯卡住和节流调节部分有故障。此时，应对阀芯和阀座进行清洗和修复。

（1）减压阀芯或节流阀芯在全闭位置时，径向卡住会使出油腔没有流量；在全开位置（或节流口调整好）时，径向卡住会使调节流量时不发生变化。

（2）节流调节部分发生故障时，会使调节螺杆不能轴向移动，因而阀口开度不变，使出油腔流量不发生变化，此时应检查并排除节流调节位置的故障。

2. 流量不稳定

流量不稳定的主要原因是锁紧装置松动、节流口部分堵塞、油温升高、进出油腔最小压差过低、进出油腔接反等，此时应紧固锁紧装置。

3. 内泄漏增大

减压节流型调速阀节流口关闭时，是靠阀芯和阀座的间隙密封的，当密封面（减压阀芯、节流阀芯等的密封面）磨损过大后，会引起内泄漏量增大，使流量不稳定，特别会影响到最小稳定流量，此时应清洗阀芯和阀座。

第五节　电液控制阀及其在船舶上的应用

电液控制阀包括电液伺服阀、电液比例阀和电液数字阀（增量式），它们是由电子技术和液压技术相结合而发展起来的一类液压阀，其特性直接影响液压控制系统的性能。这三种电液控制阀的性能比较如表1-3所示。

表1-3 电液控制阀的性能比较

项目	电液伺服阀	电液比例阀	电液数字阀(增量式)
功能	压力、流量、方向流量、压力流量等同时控制	多为四通阀,方向流量、压力等同时控制	压力、流量、方向流量等同时控制
电气/机械转换器	力马达或力矩马达,功耗小	比例电磁铁,功耗中	步进电机、高速开关电磁阀、压电晶体等,功耗中
过滤精度要求	1~5 μm	约25 μm	无特殊要求
滞环	约1%	3%	小于0.1%
动态响应	高(频宽100~500 Hz)	中(频宽10~150 Hz)	较低
中位死区	无	不大于20%	有
控制放大器及计算机接口	伺服放大器在很多情况下需专门设计,包括整个闭环电路;需要数模转换器	比例放大器比较简单、与阀配套供应;需要数模转换器	可直接与计算机接口;不需要数模转换器
价格因子	3	1	1
应用领域	多用于闭环控制	多用于开环控制,也可用于闭环控制	既可用于开环控制,也可用于闭环控制

对液体的压力、流量以及方向进行控制的各类液压阀通常可以分成两类:一类是通断式或逻辑式控制元件,例如在各种液压系统中普遍采用的压力阀、流量阀、方向阀,以及由此组成的组合阀、集成阀等;另一类是伺服控制元件,主要用于较高控制精度和响应速度的液压控制系统中,如电液伺服阀。前者也叫定值和顺序控制元件,而后者是作为一种电/液放大器发展起来的,它们一般都用于闭环控制的液压系统,因此具有反馈结构。伺服阀输出的液压功率比输入伺服阀的电功率要大得多,因此,伺服阀是一种电/液转换器和放大器。

但在很多的液压系统中只希望采用一种简易的电/液控制系统。比例控制阀(也叫比例阀)正是根据这种需要,在通断式控制元件和伺服控制元件的基础上发展起来的一种新型的电/液控制元件。

比例阀输入的是电气信号(通常是电流),而输出的是液压参数(压力、流量等)。因此只要改变输入电流的大小,就能够实现连续按比例地改变输出的压力或流量。它一般都用在开环控制的系统中。

比例阀控制与伺服阀控制的原理是相同的,而与通断式液压阀的控制是不同的。但是,比例阀的基本结构(主要是主阀的结构)及主阀的动作原理与通断式液压阀更接近或相同。它与通断式液压阀结构上的主要差别是其采用了可进行比例控制的电/机/液转换的先导控制结构(这部分结构有的采用伺服阀的前置级结构)。

一、电液伺服阀

两级喷嘴挡板电液伺服阀的结构及工作原理如图1-12所示,伺服阀是闭环电液运动控制系统的主要元件,是指主阀芯位置与电信号成比例,而阀芯运动是由内部液动力驱动的。阀芯的运动改变节流口的大小,因此控制了流量。最常见的伺服阀结构就是带机械反馈的两级喷嘴挡板电液伺服阀。电液伺服阀通常由力矩马达、阀芯、阀座、反馈杆等部分组成。

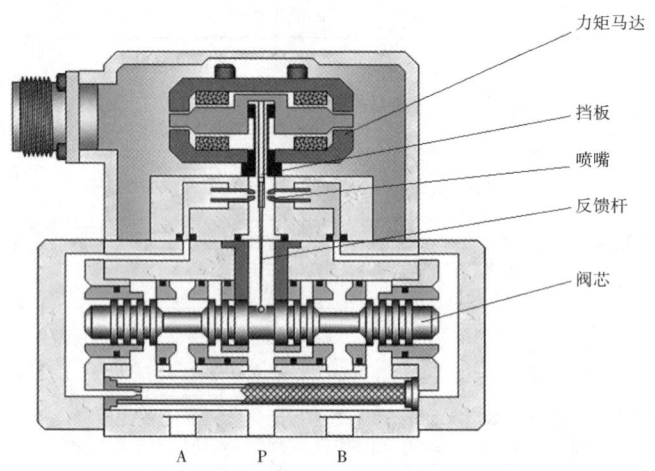

图1-12 两级喷嘴挡板电液伺服阀的结构及工作原理图

当电液伺服阀接收到输入电信号时，力矩马达驱动挡板，使通过某侧喷嘴的流量改变，从而调节了阀芯一侧的压力。阀芯两侧的液动力不平衡，使阀芯产生位移。阀芯的位移会改变阀口的大小，从而控制液压油的流量和压力。同时，电液伺服阀阀芯带动反馈杆，使喷嘴、挡板复位。如果输出信号与输入信号存在偏差，反馈机构会使阀芯产生进一步的位移，从而减小偏差。通过这种方式，电液伺服阀可以实现对液压系统的闭环控制，提高系统的稳定性和精度。电液伺服阀既是一个功率放大器，也是一个电气与液压的转换器。电气输入功率一般约为0.1 W，经过先导级放大之后，液压输出功率约达10 W，经过主阀芯转换之后液压输出功率可达10 kW。因此阀的功率放大因子达到10^5。对于一个三级阀，小阀芯驱动大阀芯，且带电气位置反馈，可以进一步带来另外100倍的功率放大。如果是四级阀，放大因子也同此道理。

二、电液比例阀

（一）电液比例阀的组成

与伺服阀类似，电液比例阀也包括电气/机械转换器、液压放大器（先导级阀和功率级主阀）和机械液压电气检测反馈机构三部分，如图1-13所示。若是单级阀，则无先导级阀。

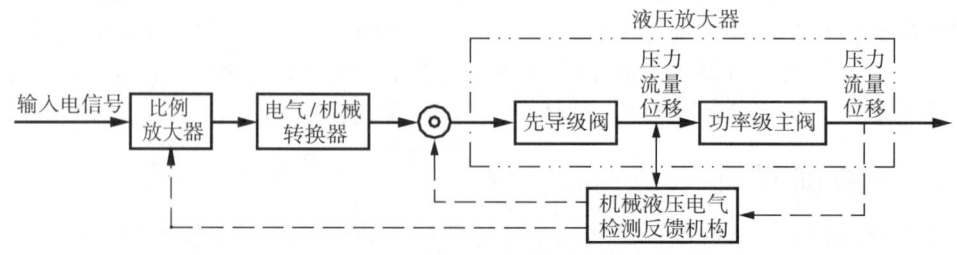

图1-13 电液比例阀的组成

1.比例电磁铁

它是电子与液压的耦合环节，用于将输入电信号通过比例放大器放大后（通常为24 V直流，800 mA或更大的额定电流）转换为力或位移，以产生驱动先导级阀运动的位移或转角。按照输出位移的形式，比例电磁铁有单向和双向两种，而单向比例电磁铁比较常用。其典型结构原理如图1-14所示。

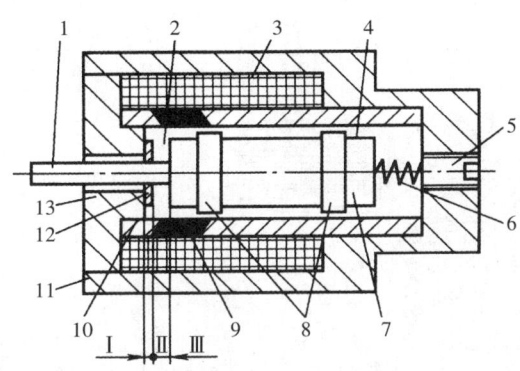

图1-14 耐高压单向比例电磁铁结构原理图

1—推杆；2—工作气隙；3—线圈；4—非工作气隙；5—调节螺钉；6—弹簧；7—衔铁；8—轴承环；
9—隔磁环；10—导向套；11—壳体；12—限位片；13—轭铁；Ⅰ—吸合区；
Ⅱ—工作行程范围；Ⅲ—空行程区

工作时，线圈通电，形成的磁路经壳体、导向套、衔铁后分为两路，一路由导向套前端到轭铁而产生斜面吸力，另一路直接由衔铁断面到轭铁而产生表面吸力，两者的合力即为比例电磁铁的输出力。在有效行程区，比例电磁铁具有水平的位移-力特性，所以一定的输入电流对应一定的输出力，即输出力与输入电流成比例，改变输入电流即可成比例改变输出力。

2.电液比例阀的分类

电液比例阀按照功能、功率、是否反馈等可以分成许多类，详见图1-15。

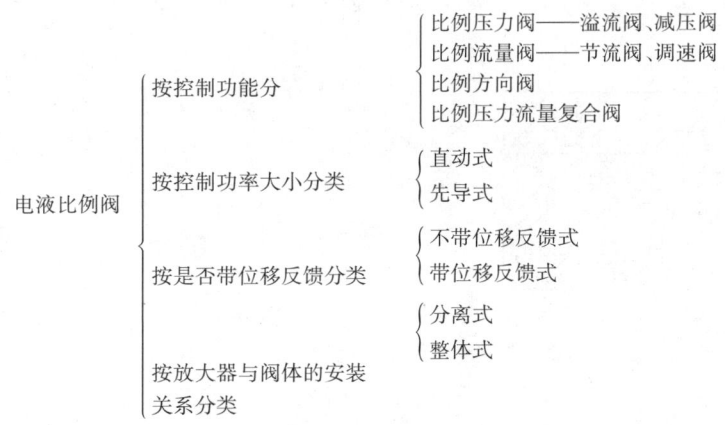

图1-15 电液比例阀的分类

3.电液比例阀的典型结构与工作原理

（1）比例先导压力阀

图1-16所示为带手调限压阀的先导式电液比例溢流阀，其上部为先导级，是一个直动式比例压力阀，下部为功率级主阀组件，中部配置了手调限压阀4，用于防止系统过载。图1-16中A为压力油口，B为溢流油口，X为遥控口，使用时其先导控制回油必须单独从外泄油口2无压引回油箱。

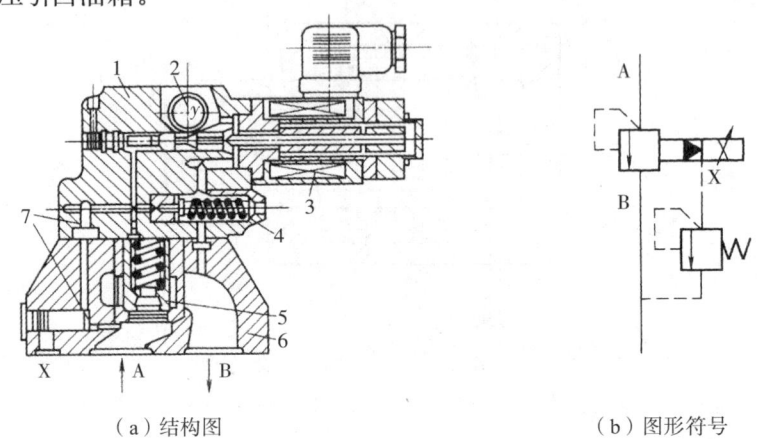

（a）结构图　　　　　　　　　　　　　　（b）图形符号

图1-16　带手调限压阀的先导式电液比例溢流阀

1—先导阀体；2—外泄油口；3—比例电磁阀；4—手调限压阀；5—主阀组件；6—主阀体；7—固定液阻

（2）电液比例流量阀

图1-17所示为直动式电液比例调速阀。它由节流阀、定差减压阀（压力补偿器）、比例电磁铁等组成，即是由普通的流量阀和比例电磁铁组成。

比例电磁铁的输出力作用在节流阀阀芯上，与左端的弹簧力直接相平衡，所以称为直动式。压力油首先进入阀的压力补偿部分，压力补偿的作用是保证被控制节流孔前后压差不受进出口压力的影响。当输入电流变化时，比例电磁铁5使推杆4产生轴向移动，使节流阀阀口3的开度随之按比例改变，即流量只与节流阀开度x有关，实现了流量的比例调节。

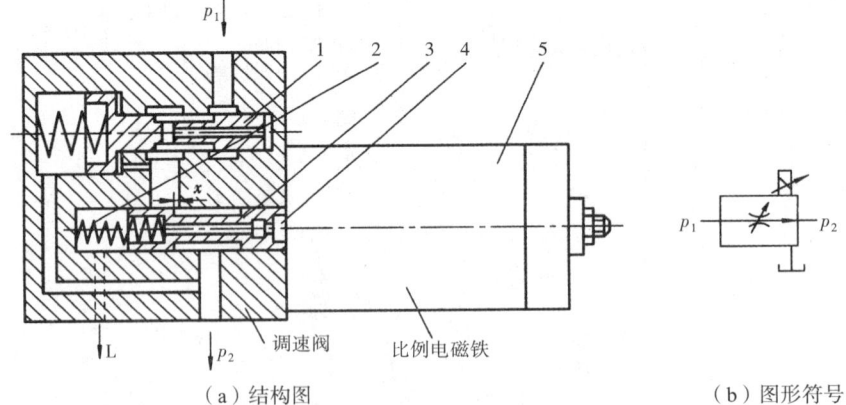

（a）结构图　　　　　　　　　　　　　（b）图形符号

图1-17　直动式电液比例调速阀

1—减压阀阀芯；2—弹簧；3—节流阀阀口；4—推杆；5—比例电磁铁；

p_1—进油口压力；p_2—出油口压力；x—节流阀开度；L—泄漏油口

（3）比例方向流量阀

图1-18所示为电磁比例方向阀的结构图，电磁比例方向阀是电磁比例压力阀与换向阀的组合，常用电磁比例减压阀作为先导阀。它利用电磁比例减压阀的出口压力来控制液动阀的正反开口量，从而控制液压系统的流量大小和液流方向。

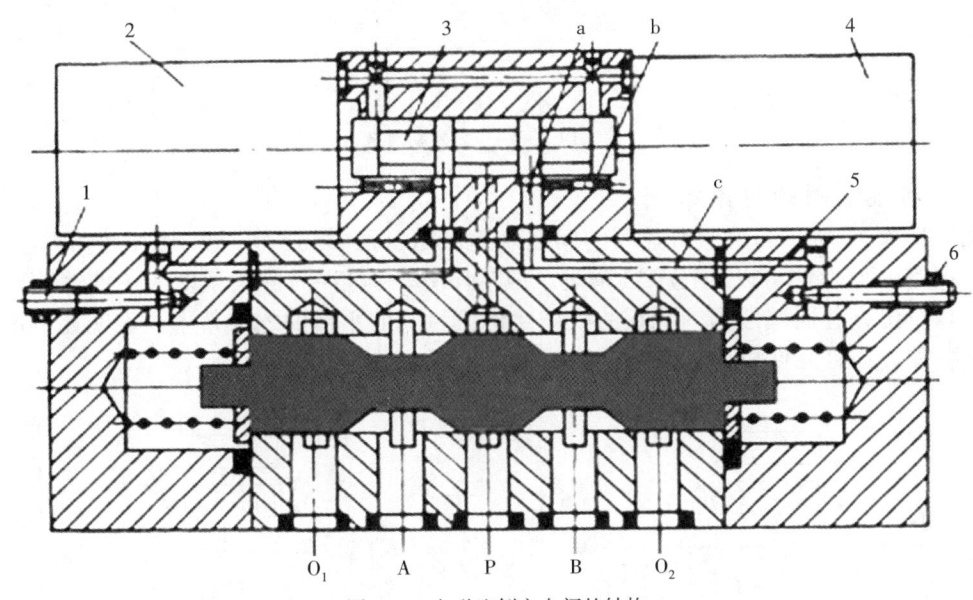

图1-18　电磁比例方向阀的结构

1,6—节流阀；2,4—电磁力马达；3—减压阀阀芯；5—液动换向阀主阀芯；a—电磁比例压力先导阀控制油输出通道；
b—电磁比例压力先导阀控制油反馈通道；c—液动换向阀芯控制油通道；A—电磁比例方向阀输出（回油）A口；
B—电磁比例方向阀输出（回油）B口；P—电磁比例方向阀输入油口；O_1—电磁比例方向阀左回油口；
O_2—电磁比例方向阀右回油口

主阀的工作原理是：当向先导阀左边的电磁力马达2输入电流信号后，先导减压阀阀芯右移，这时由一次压力p油路来的油，流入先导减压阀，节流减压为p_1，并进入左边二次压力通道及反馈通道b，减压阀阀芯处于平衡状态。此时，二次压力通道中的油进入液动换向阀主阀芯5的右侧，主滑阀左移，直到与左端弹簧力平衡，这样阀芯的右侧便有一对应的开口量，沟通P和B的通路，并具有一定的输出流量。如果连续比例地改变输入电流大小，输出流量也将相应变化。

（二）电液比例阀的应用

1.比例压力阀的应用举例

图1-19所示为三级压力控制回路。

图1-19（a）、1-19（b）所示分别为普通溢流阀调压回路和比例溢流阀调压回路，如图1-19（c）所示为调压特性曲线，其中实线为图1-19（a）回路的调压特性，虚线表示图1-19（b）回路的调压特性。从图中可以看出：采用比例控制后不仅大大减少了元件，还提高了控制性能。例如原来的压力调整是阶跃式的，溢流阀瞬时的压力超调和振荡会引起液压管路的冲击振动。而比例控制可以根据要求实现控制压力的无级变化，且避免了压力冲击和振动。

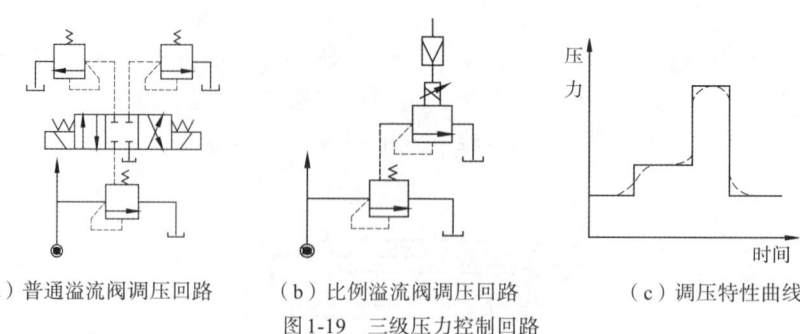

（a）普通溢流阀调压回路　　　（b）比例溢流阀调压回路　　　（c）调压特性曲线

图1-19　三级压力控制回路

2. 比例流量阀的应用举例

图1-20（a）所示为普通调速阀的回油调速回路，图1-20（b）所示为比例流量阀的回油调速回路，两者都可以进行多级调速。但从压力、流量-时间关系曲线（曲线图略）的比较可以看出，普通调速阀的阶跃曲线被比例流量阀的平滑曲线代替了，表明比例流量阀换向更平稳，而且元件更少，回路更简单。

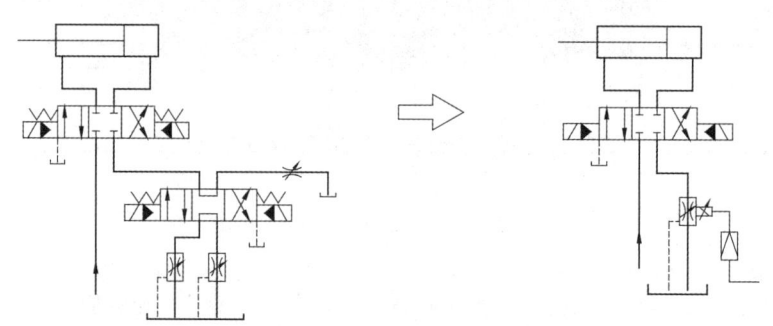

（a）普通调速阀的回油调速回路　　　　　　　　（b）比例流量阀的回油速回路

图1-20　比例阀的回油调速回路

3. 比例方向流量复合阀的应用举例

图1-21所示为采用遥控/手动比例多路阀（双联）控制起重机变幅油缸和回转马达的应用回路。多路阀进油口带定差减压阀型压力补偿器，以实现所控制的油缸和马达的运动速度稳定。比例多路阀能够方便地用一台液压泵来驱动多个执行机构（油缸和马达）。在此系统中，只要通过操作某一比例多路阀，那么，相应的油马达，或变幅油缸，便以比例阀开度相当的速度运动。工作中，比例多路阀组通过高压选择网络（梭阀），把负载的最高压力传递到负载敏感泵的变量机构，并根据该压力信号，调整泵的排量，使泵的输出流量和压力与执行器的速度和最高负载压力相适应。这种调节机制确保了泵的输出始终与系统的实际需求相匹配，避免了能量的浪费。负载敏感泵的工作原理可参考第二章的图2-16。比例阀前的减压阀能够补偿负载变化引起的压力波动，从而使负载运动速度平稳。该系统中的起升回路是由变量泵和定量马达构成的闭式油路，其货物的起升或下降以及速度是通过变量泵调节的。读者可以针对该图进一步思考以下问题：起升、变幅、回转回路分别为开式还是闭式系统？热油如何更换？起升系统油路如何补油？流量测量回路是如何工作的？

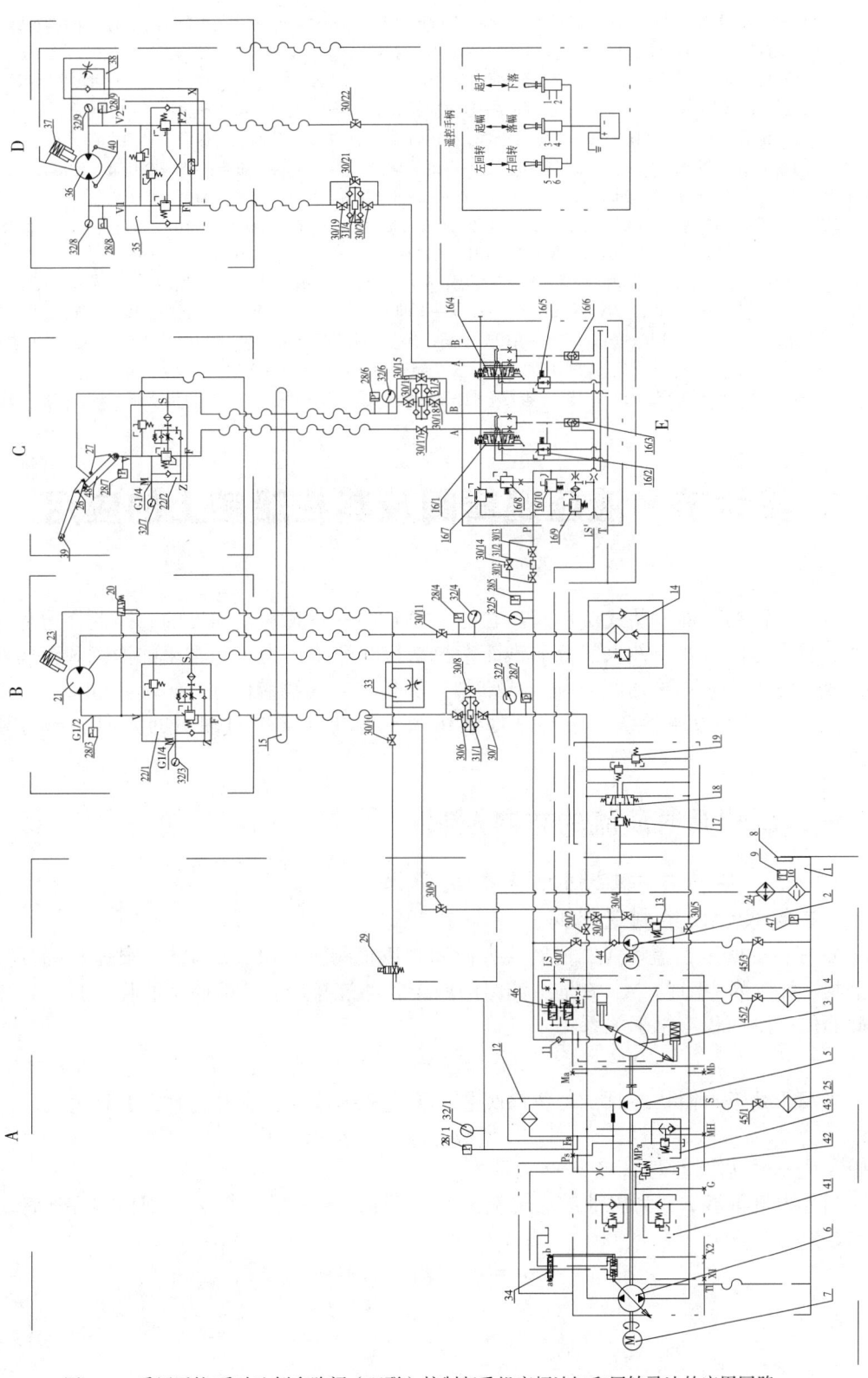

图 1-21 采用遥控/手动比例多路阀（双联）控制起重机变幅油缸和回转马达的应用回路

1—油箱；2—应急油泵；3—负载敏感泵；4—变幅回转泵吸油滤器；5—补油控制油泵；6—起升油泵；7—电动机；8—液位计；9—温度传感器；10—回油滤器；11—单向阀；12—高压滤器；13—安全阀；14—回油滤器；15—集管板；16/1—变幅多路阀；16/2—减压阀；16/3—高压选择阀；16/4—回转多路阀；16/5—减压阀；16/6—高压选择阀；16/7—安全阀；16/8—减压阀；16/9—安全阀；16/10—安全阀；17—溢流阀；18—换油阀；19—双向安全阀；20—液控换向阀（起升油压低保护）；21—起升马达；22/1—起升平衡；22/2—变幅平衡阀；23—电磁换向阀；24—回油冷却器；25—控制泵吸油滤器；26—吊臂；27—变幅油缸软管；28/1、28/2、28/3、28/4、28/5、28/6、28/7、28/8、28/9—压力传感器；29—电磁换向阀（起升马达刹车保护阀）；30/1、30/2、30/3、30/4、30/5、30/6、30/7、30/8、30/9、30/10、30/11、30/12、30/13、30/14、30/15、30/16、30/17、30/18、30/19、30/20、30/21、30/22—截止阀；31/1—起升流量传感器；31/2—变幅回转总管流量传感器；31/3—变幅流量传感器；31/4—回转流量传感器；32/1、32/2、32/3、32/4、32/5、32/6、32/7、32/8、32/9—压力表；33—单向节流阀；34—起升油泵控制阀；35—回转双向平衡阀；36—回转马达；37—回转马达机械刹车；38—单向节流阀；39—吊钩限位开关；40—回转马达限位开关；41—补油安全阀；42—补油控制油安全阀；43—起升双向安全阀；44—应急泵出口单向阀；45/1、45/2、45/3—截止阀；46—负载敏感阀；47—压力传感器；48—变幅油缸

第六节 液压逻辑阀及其在船舶上的应用

液压逻辑阀又称插装式液压阀。它的主要元件——阀芯是筒形的，因此，也称它为筒形阀。因为它的主要元件大部分靠锥面密封来切断油路，为了与常用的滑阀式液压阀相区别，故也称为锥阀式液压阀或插入式锥阀，国外称它为插装阀（cartridge valve）。插装阀特别适合大流量液压系统，它与其他液压阀一样能够实现对油流的方向、压力和流量控制。

一、逻辑阀对油流的方向控制

（一）二通方向控制的基本逻辑阀

1.锥阀式方向控制逻辑阀

如图1-22所示，盖板式二通阀式方向控制逻辑阀主要由集成块5、阀套1、阀芯2、控制盖板4和弹簧3组成。A、B是主油路的两个管路连接腔，X是控制油腔。A_A、A_B和A_C在横截面的投影面积有以下关系：

$$A_C = A_A + A_B$$

当阀芯处于平衡状态时，若忽略阀芯的重量和摩擦力，则其力平衡方程为：

$$F_s + F_y - p_A A_A - p_B A_B = 0$$

式中：F_s——复位弹簧力；F_y——液流力。

当A为进油腔，B为出油腔，$p_A > p_B$时，若$p_X = 0$（通油箱），则作用在阀芯上的轴向力F为：

$$F = F_s + F_y - p_A A_A - p_B A_B$$

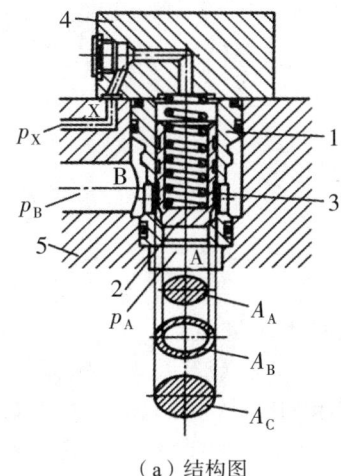

（a）结构图

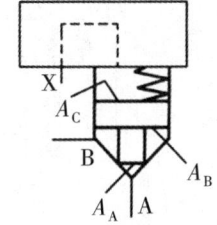

（b）图形符号

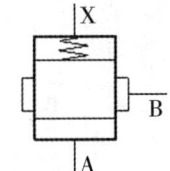

（c）滑阀式逻辑阀图形符号

图1-22　盖板式二通锥阀式方向控制逻辑阀的结构原理

1—阀套；2—阀芯；3—弹簧；4—控制盖板；5—集成块；p_A，A_A—A口处压力及作用面积；
p_B，A_B—B口处压力及环形作用面积；p_X，A_C—控制口X处压力及作用面积

又因为 $F < 0$，即A、B腔作用于阀芯的液压力克服弹簧力和液流力，使阀芯抬起，A腔的压力油就能自由地流向B腔。若 $p_X > 0$，则阀关闭。

当B为进油腔，A为出油腔，$p_B > p_A$ 时，若 $p_X = 0$（通油箱），B腔的压力油就能自由地流向A腔。若 $p_X > 0$，则阀关闭。

可见，$p_X > 0$ 时，阀总是关闭的。所以，这种用来沟通或切断油路的逻辑阀相当于一个液控的二位二通换向阀。

阀芯做成滑阀式［如图1-22（c）所示的图形符号］，则它和锥阀式方向控制逻辑阀一样，起二位二通换向阀的作用。但是阀芯的形式不同，使它具有以下特点：（1）阀关闭时，依靠阀芯与阀套的配合间隙来切断A、B腔之间的油路，因此会有泄漏；（2）阀芯轴向不受B腔压力油的作用，所以当X腔通油箱时，只能控制A到B一个方向的流动；（3）阀芯面积比 $A_A : A_X = 1 : 1$。

虽然这种逻辑阀能控制油流的方向，但一般在液压逻辑系统中，常不用它来控制油流的方向，而在逻辑流量控制阀中用作流量补偿器（如图1-43所示）。

2.方向控制逻辑阀的电磁操纵

如图1-23、图1-24所示，用一个小型电磁阀，控制锥阀式方向控制逻辑阀的控制腔X与压力油或油箱接通，来实现阀的关闭和开启，这就成了一个二位二通逻辑阀。

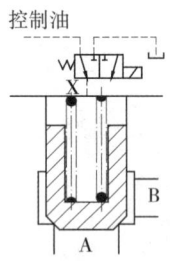

图1-23　电液二位二通逻辑阀

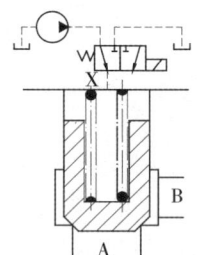

图1-24　外控式二位二通逻辑阀

若控制腔X压力油来自单独的小流量泵，这就是一个外控式二位二通逻辑阀（如图1-24所示）；若控制腔X压力油来自A腔或B腔，这就是一个内控式二位二通逻辑阀（如图1-25所示）。一般来说，控制油引自A腔的内控式逻辑阀用于控制A—B的油流，即A—B截止；引自B腔的内控式逻辑阀用于控制B—A的油流，即B—A截止。

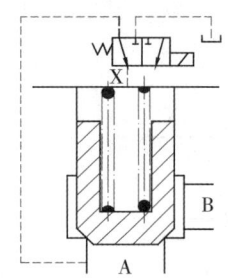

（a）控制油引自A腔电磁阀有电A—B通

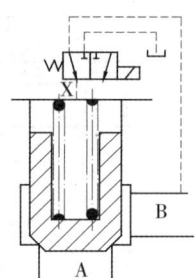

（b）控制油引自B腔电磁阀有电B—A通

图1-25　内控式二位二通逻辑阀

（二）三通方向控制逻辑阀

用两个二位二通逻辑阀可以组成一个三通逻辑阀，如图1-26所示，它相当于一个四位三通换向阀。组合后的工作机能可以用逻辑阀的真值表来确定，如表1-4所示。

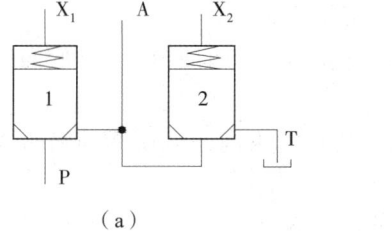

（a）

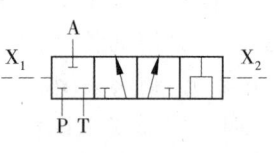

（b）

图1-26　三通逻辑阀

表1-4　电磁阀控制二通逻辑阀的真值表

工况	D_1	D_2	X_1	X_2	PA	PT	AT	符号
1	1	1	0	0	1	1	1	
2	1	0	0	1	1	0	0	

续表

工况	D_1	D_2	X_1	X_2	PA	PT	AT	符号
3	0	1	1	0	0	0	1	
4	0	0	1	1	0	0	0	

表1-4中，D为电磁阀，X为控制信号，PA、PT、AT为通路，1、0分别表示接通和不通。

下面结合真值表1-4和图1-27来分析用先导电磁阀控制三通阀的几种情况：

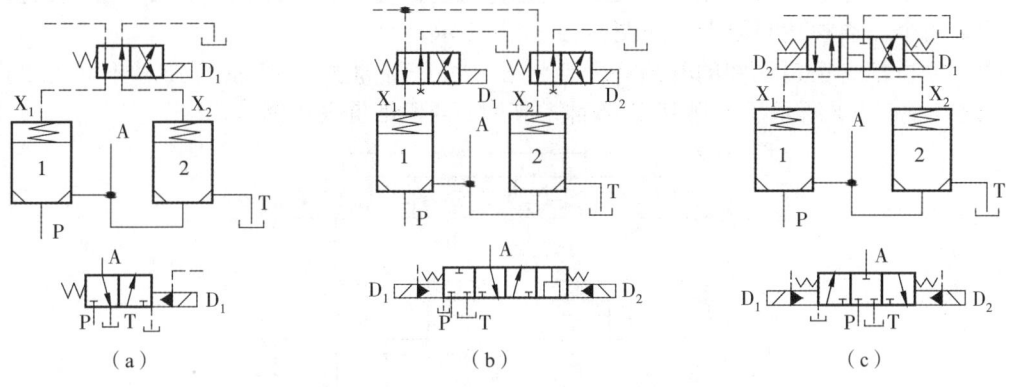

（a） （b） （c）

图1-27 先导电磁阀控制三通逻辑阀

1.采用一个二位四通电磁阀控制

如图1-27（a）所示，只有一个电磁阀D_1，所以不存在工况1（两个电磁阀同时通电）；在工况2时，X_2有信号，PA通路接通，AT通路断开；在工况3时，X_1有信号，PA通路断开，AT通路接通。因而通过控制电磁阀D_1的通断，就可以构成一个相应的二位三通阀。

2.采用一个三位四通电磁阀控制

如图1-27（b）所示，电磁阀D_1和D_2的通电情况有3种组合，分别对应真值表1-4中的2、3、4三种工况。三位四通电磁阀的D_1、D_2不能同时通电，即不存在工况1，构成一个相应的三位三通阀。

3.采用两个二位四通（或二位三通）电磁阀控制

如图1-27（c）所示，通过控制电磁阀D_1和D_2的通断，对应真值表1-4中的工况有1、2、3、4四种工况，因而可以构成一个四位三通阀。

图1-27介绍的都是外控型的，对三通阀来讲，控制油只要引自P腔即可变成内控型。但逻辑阀可靠关闭的内控形式如图1-28所示，阀的控制油不仅引自P腔，还引自A腔，是用一个梭阀实现的。

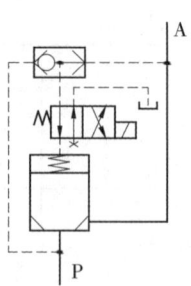

图1-28　逻辑阀可靠关闭的内控形式

（三）四通方向控制逻辑阀

1.四个二位三通（或四通）电磁阀控制

用四个二位三通（或四通）电磁阀分别控制逻辑元件，可组成一个12位的四通换向阀，即将两个三通阀并联起来，如图1-29（a）所示。

通过分析控制逻辑元件的开启和闭合状态，可获得如表1-5所示的12种不同的工作机能，如图1-29（b）所示（可排列出16种，其中有4种是重复机能）。

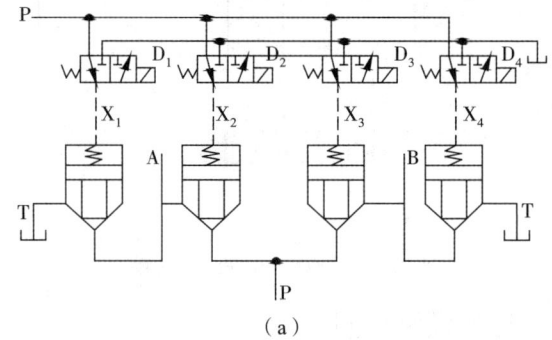

（a）

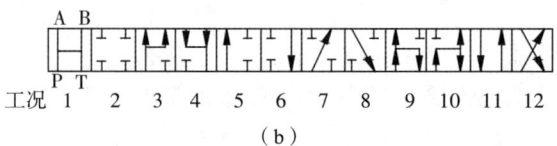

（b）

图1-29　四通电磁阀组成12位四通换向阀的回路原理

表1-5　四个二位三通电磁阀控制逻辑元件的真值表

工况	D_1	D_2	D_3	D_4	X_1	X_2	X_3	X_4	PA	PB	PT	AB	AT	BT	机能
1	1	1	1	1	0	0	0	0	1	1	1	1	1	1	H
2	0	0	0	0	1	1	1	1	0	0	0	0	0	0	O
3	0	1	1	0	1	0	0	1	1	1	0	1	0	0	P
4	1	0	0	1	0	1	1	0	0	0	0	0	1	1	Y
5	0	1	0	1	1	0	1	0	1	0	0	0	0	0	C
6	0	0	0	1	1	1	1	0	0	0	0	0	0	1	J
7	0	0	1	0	1	1	0	1	0	1	0	0	0	0	Z
8	1	0	0	0	0	1	1	1	0	0	0	0	1	0	N

续表

工况	D_1	D_2	D_3	D_4	X_1	X_2	X_3	X_4	PA	PB	PT	AB	AT	BT	机能
9	1	1	0	0	0	0	1	1	1	0	1	0	1	0	K
10	0	0	1	1	1	1	0	0	0	1	1	0	0	1	D
11	0	1	0	1	1	0	1	0	1	0	0	0	0	1	II
12	1	0	1	0	0	1	0	1	0	1	0	0	1	0	X

2.P形中位机能的三位四通电磁阀控制

用一个P形中位机能的三位四通电磁阀控制四通逻辑阀，组成一个O形中位机能的三位四通电液换向阀，如图1-30（a）所示。其功能可用真值表1-6进行分析。请读者注意，表1-6中的电磁阀D_1、D_2通断电情况与X_1、X_2、X_3、X_4控制信号的对应关系与表1-4中的含义不相同。

3.Y形机能的三位四通电磁阀控制

用一个Y形机能的三位四通电磁阀控制四通逻辑阀，组成一个H形中位机能的三位四通电液换向阀，如图1-30（b）所示。读者可以自己写出其真值表，同时思考一下，为什么表1-6中只有3种工况。

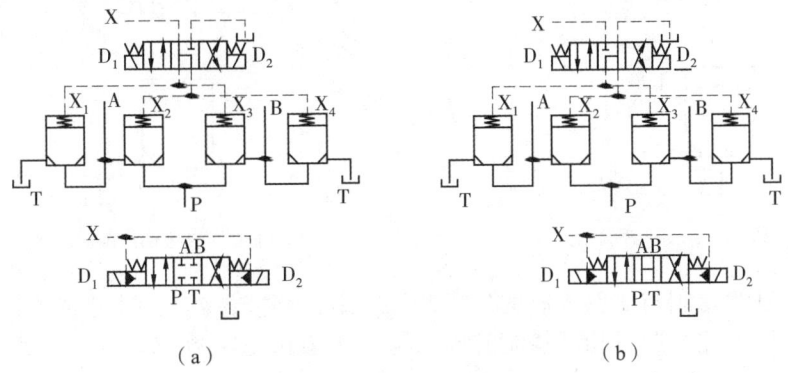

（a） （b）

图1-30 Y形机能的三位四通电磁阀控制的四通逻辑阀

表1-6 P形中位机能的三位四通阀电磁阀控制四通逻辑阀的真值表

工况	D_1	D_2	X_1	X_2	X_3	X_4	PA	PB	PT	AB	AT	BT
1	0	0	1	1	1	1	0	0	0	0	0	0
2	0	1	0	1	0	1	0	1	0	0	1	0
3	1	0	1	0	1	0	1	0	0	0	0	1

二、逻辑阀对油流的压力控制

（一）溢流阀

溢流阀由逻辑阀2和先导调压阀1组成，如图1-31所示。其工作原理与"船舶辅机"课程中介绍的溢流阀类似。

当A腔压力小于先导调压阀调定压力时，先导调压阀关闭，此时A、B腔不通，溢流阀关闭。

当A腔压力升高到等（或大）于先导调压阀调定压力时，先导调压阀开启，A腔油通过阻尼孔经阀芯上腔，再通过先导调压阀流到油箱，主阀芯上、下形成压差，克服弹簧力时，主阀芯抬起A腔的压力油经过B腔流入油箱，使A腔压力维持在近似等于先导调压阀调定压力的数值。这种阀芯带阻尼孔的逻辑阀主要用来构成溢流阀。

若控制腔X接两个或以上不同调定压力的先导调压阀，并通过电磁阀进行控制，就可以实现油路的分级调压，如图1-32、图1-33所示。这里应注意的是，与控制腔X直接相连的先导调压阀（图中为1号先导调压阀）的调定压力必须比经电磁阀与控制腔X相连的各先导调压阀的调定压力都高。

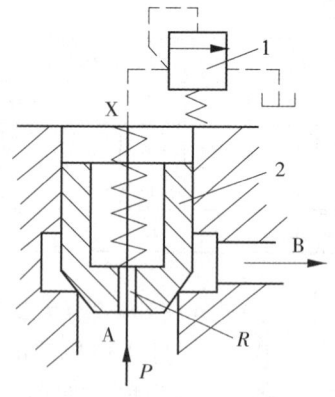

图1-31　插装阀组成的溢流阀
1—先导调压阀；2—逻辑阀

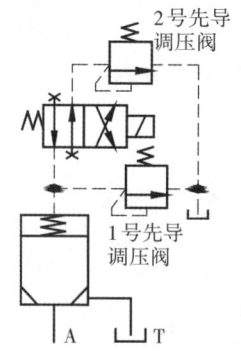

图1-32　二级调压的溢流阀

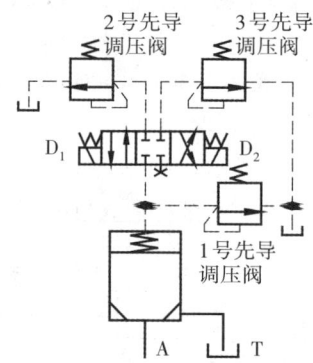

图1-33　三级调压的溢流阀

若压力控制逻辑阀与比例控制的先导调压阀组合起来，就构成比例控制溢流阀，如图1-34所示。若压力控制逻辑阀的控制腔同时与电磁阀和先导调压阀相连，就构成电磁卸荷溢流阀，如图1-35所示。

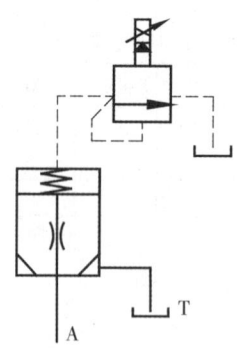

图1-34　比例控制溢流阀

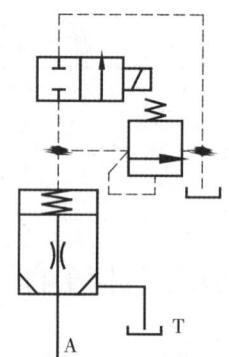

图1-35　电磁卸荷溢流阀

在液压系统中，这种电磁卸荷溢流阀安装在液压泵的出口，用来限制液压泵的最高出口压力，或在系统不工作时，使液压泵卸荷，如蓄能器保压回路、高低压组合泵回路中都有应用。

（二）顺序阀

如果将上述的溢流阀的B腔接二次油路，先导调压阀单独回油，那么就构成了顺序阀，如图1-36所示，B腔接工作油路，而不是接油箱。

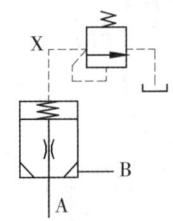

图1-36　溢流阀作顺序阀

当A腔压力小于先导调压阀的调定压力时，主阀关闭，A腔封闭，B腔不进油；当A腔压力大于先导调压阀的调定压力时，主阀抬起，A腔油液流向B腔。

这种顺序阀可以和单向阀并联组成单向顺序阀；油流正向流动时通过顺序阀进入二次油路，与一般顺序阀无异。而反向流动时，B腔油压使右侧的单向阀开启，BA相通，如图1-37所示，其左侧是顺序阀，右侧是单向阀。

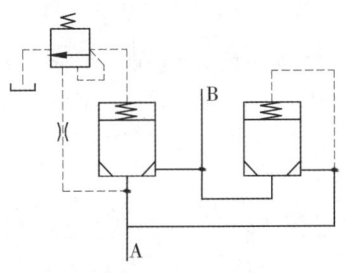

图1-37　单向顺序阀

（三）减压阀

减压阀由主阀和先导调压阀两部分组成。图1-38所示为定值输出型减压阀，A腔为一次压力腔，与系统主油路相接，B腔为减压后的二次压力腔，与负载相接。

当负载压力小于先导调压阀调节压力时，A腔压力油通过阻尼孔8、导阀芯5、节流阀套6的小孔作用于先导锥阀7上和主阀芯1的上腔。此时，先导锥阀7处于关闭状态，而主阀芯1上方的有效作用面积A_X和下方的有效面积A_B相等，复位弹簧2又很软，只要A腔压力略高于B腔压力，主阀芯即向下开启至最大，因此，减压阀不起减压作用。

当负载压力增大时，B腔压力升高，A腔压力也随之升高，但当A腔压力超过先导调压阀的调定压力时，先导锥阀7开启，主阀芯1上腔压力降低至p_X（由先导调压阀调定），此时，B腔压力p_B大于p_X，主阀芯1向上移动，阀口开度变小，使p_B变小，起到了减压的作用。若p_B继续升高，则阀口开度进一步减小，增大节流，以保证$p_B=p_X$，使压力保持恒定。

当B腔封闭时（如B腔所接的油缸活塞走到行程终点），A腔的油流就不会再进入B腔，B腔压力就会升高，使主阀芯1关闭，正如图1-38状态所示。

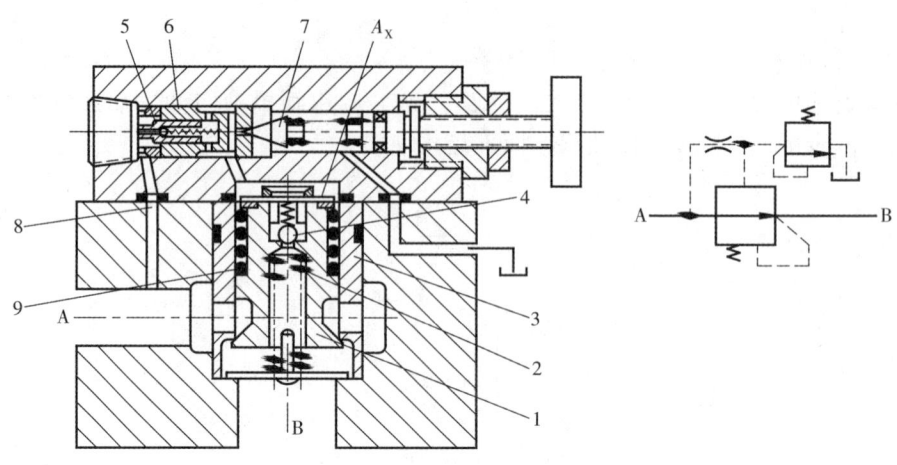

图1-38　定值输出型减压阀

1—主阀芯；2—复位弹簧；3—阀套；4—单向阀；5—导阀芯；6—节流阀套；
7—先导锥阀；8—阻尼孔；9—位移轴承

此时，p_B若仍高于p_X，则主阀芯1内的单向阀4开启，使主阀芯1上、下腔连通，即$p_B = p_X$，而不至于使B腔压力无限升高。读者可自行分析，若A腔压力突然减小，主阀芯1将如何动作。

减压阀也能与单向阀并联，组成单向减压阀。将减压阀的先导控制与几个调定压力不同的先导调压阀连接，通过电磁阀控制，可实现油路的分级减压（类似于分级调压的溢流阀，如图1-31所示）。

（四）卸荷溢流阀

卸荷溢流阀由一个压力控制逻辑阀和一个外控先导调压阀组成，如图1-39所示。外控先导调压阀与一般的先导调压阀的差别仅在于其内部增加了控制阀芯、控制阀套和外控油口。

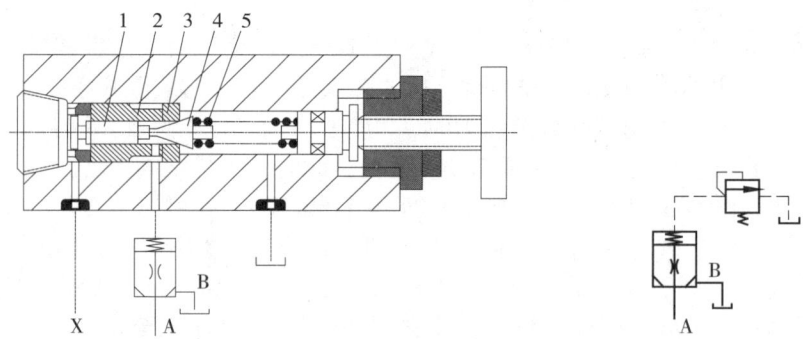

图1-39　卸荷溢流阀

1—控制阀芯；2—控制阀套；3—先导阀座；4—锥阀；5—弹簧

当外控油口X未引入控制油时，或引入的控制油压力低于先导调压阀的调定压力时，逻辑阀关闭，并起溢流阀作用。

当从系统某处引入控制腔X的油流压力大于先导调压阀的调定压力时，主阀芯抬起，阀处于卸荷状态。

卸荷溢流阀在蓄能器、高低压组合泵回路中应用的例子如图1-40、图1-41所示。

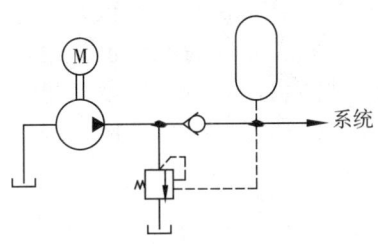

图1-40 保压回路

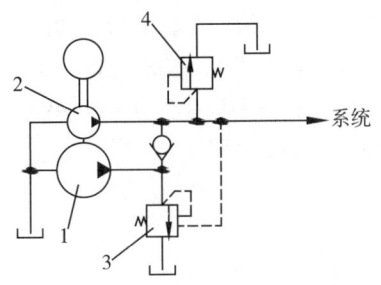

图1-41 高低压组合泵回路

1—低压大流量泵；2—高压小流量泵；3—卸荷阀；4—溢流阀

三、逻辑阀对流量的控制

（一）逻辑元件的流量控制作用

在液压逻辑控制系统中用得最多、最简单的流量控制元件是在逻辑阀的控制部分增加阀芯行程调节装置，如用调节螺杆或在阀芯上方加垫片，如图1-42所示。

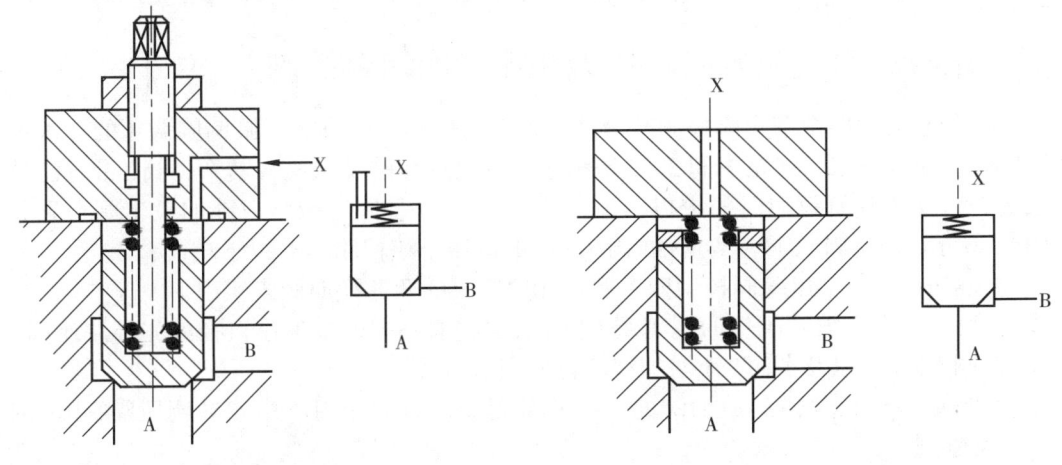

（a）用调节螺杆限制阀芯行程　　　　　　　　（b）用垫片限制阀芯行程

图1-42 用逻辑阀构成的简式节流阀

通过限制阀芯的开度即可改变流量的大小。阀芯有两种：有阻尼孔的和无阻尼孔的。通常，后者的逻辑阀一般在系统中用作进油阀，增加了阀芯行程调节装置后，就兼起进口节流调速的作用；而前者在系统中用作放油阀，增加了阀芯行程调节装置后，就兼起出口（回油）节流调速的作用。

（二）带压力补偿的流量控制阀

与普通调速阀一样，由逻辑阀构成的流量调节阀可以实现压力补偿作用，以使流量调节稳定。图1-43所示为由一个带行程调节装置的逻辑阀1和一个滑阀式逻辑阀2组成的带压力补偿的流量控制阀，即调速阀。

当A腔压力大于阀的调定值时，阀1开启，A腔的压力油流向B腔。通过阀1的流量取决于阀的开口大小和前后的压差。当$p_A \gg p_B$时，阀1前后的压差大，通过流量多。此时阀2在A、B腔压差的作用下开启，使A腔的油有一部分通过阀2流向油箱。这样通过阀1的流量就相应减少，A腔压力也下降。当A腔压力下降到$p_A = p_B$时，阀1前后压差很小，阀2关闭，A腔压力达到一平衡状态时，阀1前后压差为恒定值，阀1通过的流量也为恒定的。所以，无论是A腔压力变化还是B腔压力变化，通过阀2都能自动补偿，实现流量恒定。其压力补偿原理类似于溢流节流阀压力补偿原理，因此这种阀可以提高液压系统的效率。

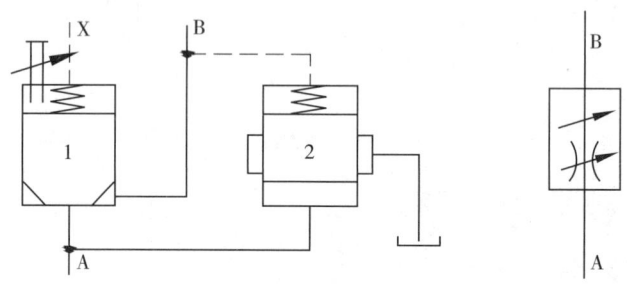

图1-43　带压力补偿的流量控制阀

1—带行程调节装置的逻辑阀；2—滑阀式逻辑阀

四、逻辑阀对油流方向、压力和流量的综合控制

图1-44所示为用四个逻辑阀控制一个油缸动作的回路，能满足油缸两腔调压的要求和活塞退回时的速度要求。回路中阀2、3是阀芯不带阻尼孔的逻辑阀，其中，阀2带有流量调节装置，可实现油缸返回时的进口节流调速；阀1、4是阀芯带阻尼孔的逻辑阀；先导调压阀5、6分别控制阀1、4，实现油缸10两腔的调压。该回路具有以下功能：

（1）换向：由一个电磁阀控制四个逻辑元件组成的四通换向阀来实现。

（2）调速：在作放油阀用的逻辑阀1和4的控制油路中，增加小口径的先导调压阀5和6、单向阀7和8，以及在阀2上增加阀芯行程调节装置。

（3）调压：阀1、4既起放油阀的作用，又起溢流阀的作用（由先导调压阀5和6的调定压力所限制）。

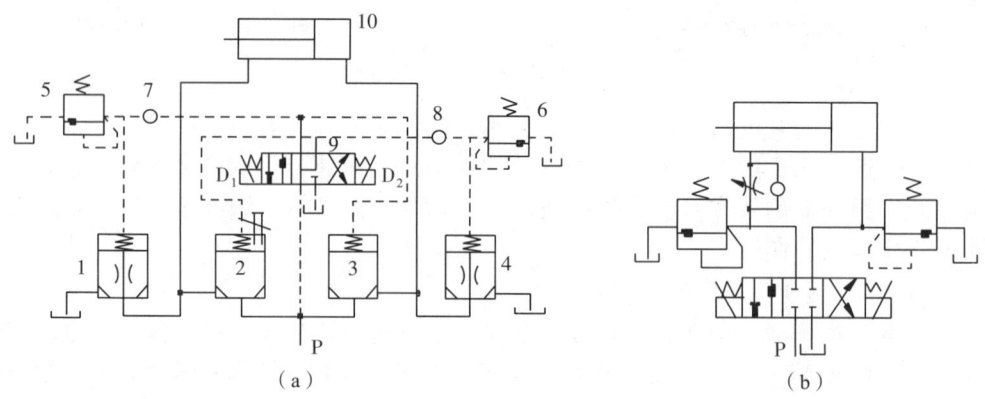

（a）　　　　　　　　　　　　　　　　（b）

图1-44　四个逻辑阀控制一个油缸动作的回路

1，2，3，4—逻辑阀；5，6—先导调压阀；7，8—单向阀；9—换向阀；10—油缸

工作时，阀1、2、3、4由一个P形三位四通电磁阀集中控制。

当电磁阀D_1、D_2均断电时，阀1、2、3、4全部关闭，油缸锁紧。

当电磁阀D_1通电时，阀2、4开启，活塞回缩，缩回速度由阀2调节，最大压力由阀5调定。

当电磁阀D_2通电时，阀1、3开启，油缸右侧进油，活塞伸出，最大压力由阀6调定，但速度不可调节。

这个回路的工作机能相当于图1-44（b）所示的由普通液压元件构成的机能。可以发现，图1-44（a）所示的四个逻辑阀控制一个油缸动做的回路充分发挥了逻辑阀一阀多能的作用。其中阀2既控制方向，又控制流量；阀1、4既是放油阀，又是溢流阀；如果阀1上也增加阀芯行程控制装置，它就可以使活塞杆伸出，起出口节流调速的作用。因此，在逻辑阀构成的回路中没有必要像图1-44（b）回路那样单独增设先导调压阀和调速阀。

五、液压逻辑控制系统的集成化

液压逻辑控制系统主要由控制主油路的逻辑元件和控制逻辑元件的先导控制元件组成。若按照一定的集成方式把各逻辑阀之间及逻辑阀和其先导控制元件之间，根据系统的要求连接起来，就构成一个液压逻辑集成系统。阀间完全实现了无管道连接，这种阀间连接用的构件，称为集成块。所以，液压逻辑集成系统由三部分组成：逻辑阀、先导控制阀和集成块。

目前，国内外液压逻辑控制系统的集成方式大体可分成层叠式和整体式两种。

（一）层叠式

层叠式就是将一些由逻辑阀构成的典型集成块通过连接螺栓叠装起来。常用的逻辑阀典型集成块主要有以下几种：

1.**液压泵调压块**

液压泵调压块用在泵的出口，可对泵的出口压力进行调节和限制。它由一个单向阀和一个电磁溢流阀组成，如图1-45（a）所示。

2.**液压泵卸荷调压块**

液压泵卸荷调压块用在泵出口，可实现压力的调节和在系统超压时使泵自动卸荷。它由一个单向阀和一个外控先导调压阀控制的压力控制逻辑元件（即卸荷阀）组成，如图（b）所示。

3.**三通换向阀块**

三通换向阀块由一个方向控制逻辑元件和一个压力控制逻辑元件组成，分别由两个电磁阀来控制启闭，如图1-45（c）所示。

4.**带液控单向阀的三通换向阀块**

带液控单向阀的三通换向阀块用在保压要求较高的场合。它是在三通换向阀块的出口附接一个通用的液控单向阀，或由逻辑元件构成的液控单向阀组成，如图1-45（d）所示。

5.**带吸入阀的三通换向阀块**

带吸入阀的三通换向阀块，用于执行元件有补油要求的系统中。它是在三通换向阀块的基础上，在集成块中增加了吸入阀，如图1-45（e）所示。

6. 集中控制的三通换向阀块

集中控制的三通换向阀块用于没有调压要求的换向场合，而且电磁阀的两个位置均是使一个逻辑元件开启、另一个逻辑元件关闭。它是用一个电磁换向阀控制三通阀中的两个逻辑元件，如图1-45（f）所示。如果需要调压，则如图1-45（g）所示，将放油阀改用压力控制逻辑元件，它的先导部分增加调压阀和单向元件。若先导电磁阀用三位四通P形或Y形机能，则阀芯在中间位置时可使两逻辑元件都关闭或都开启。

7. 集中控制的四通换向阀块

集中控制的四通换向阀块用一个三位四通先导电磁换向阀控制四通阀的四个方向逻辑元件的启闭，如图1-45（h）所示。而图1-45（i）是一个三位四通先导电磁换向阀控制两个方向逻辑元件和两个压力逻辑元件，可以实现调压，其应用如1-44回路所示。

8. 有顺序动作的四通换向阀块

有顺序动作的四通换向阀块是由起三通换向阀块作用的集成块和在连接油缸口油路上的单向顺序阀组成的。当一次油路进油压力上升到等于或大于顺序阀的调节压力后，二次油路才有压力油流入，以实现一次油路上的执行元件和二次油路上的执行元件的先后动作顺序，如图1-45（j）所示。

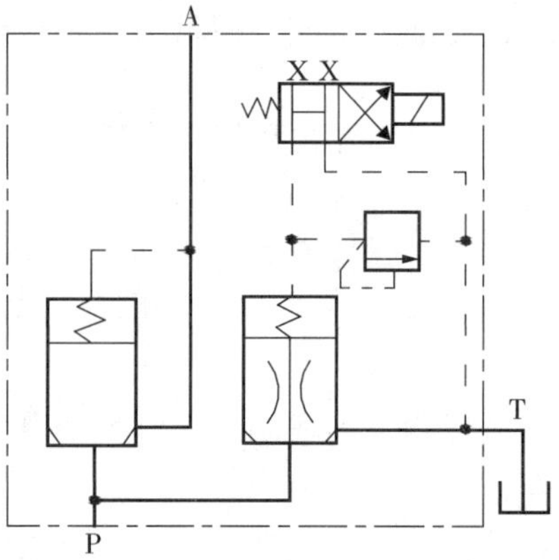

（a）

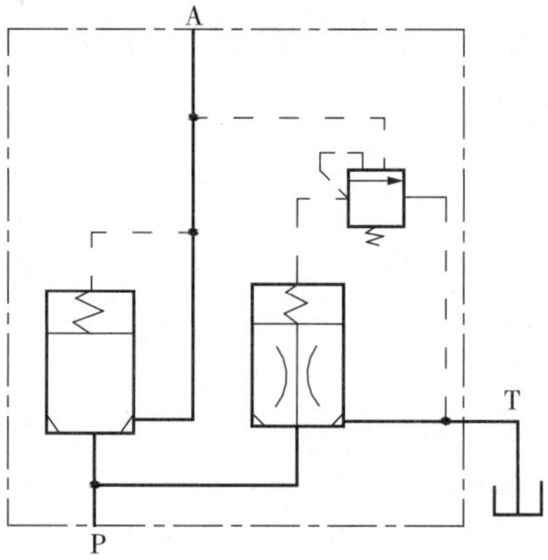

（b）

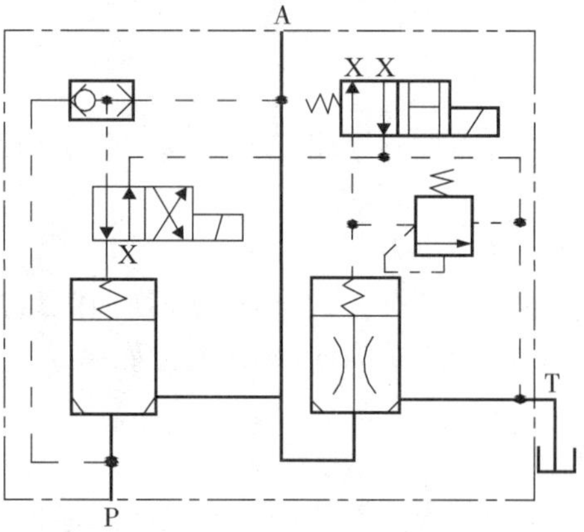

（c）

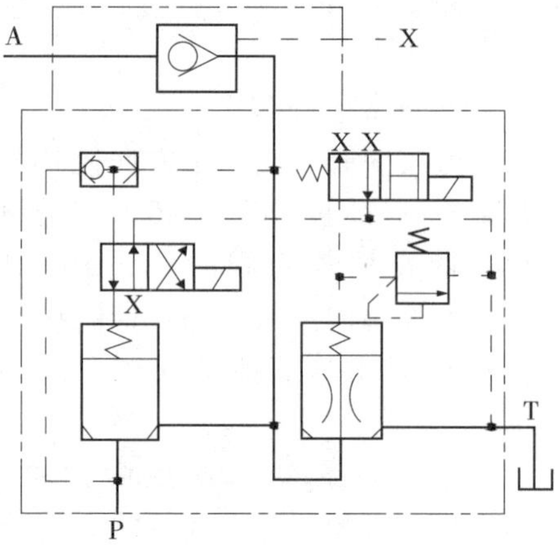

（d）

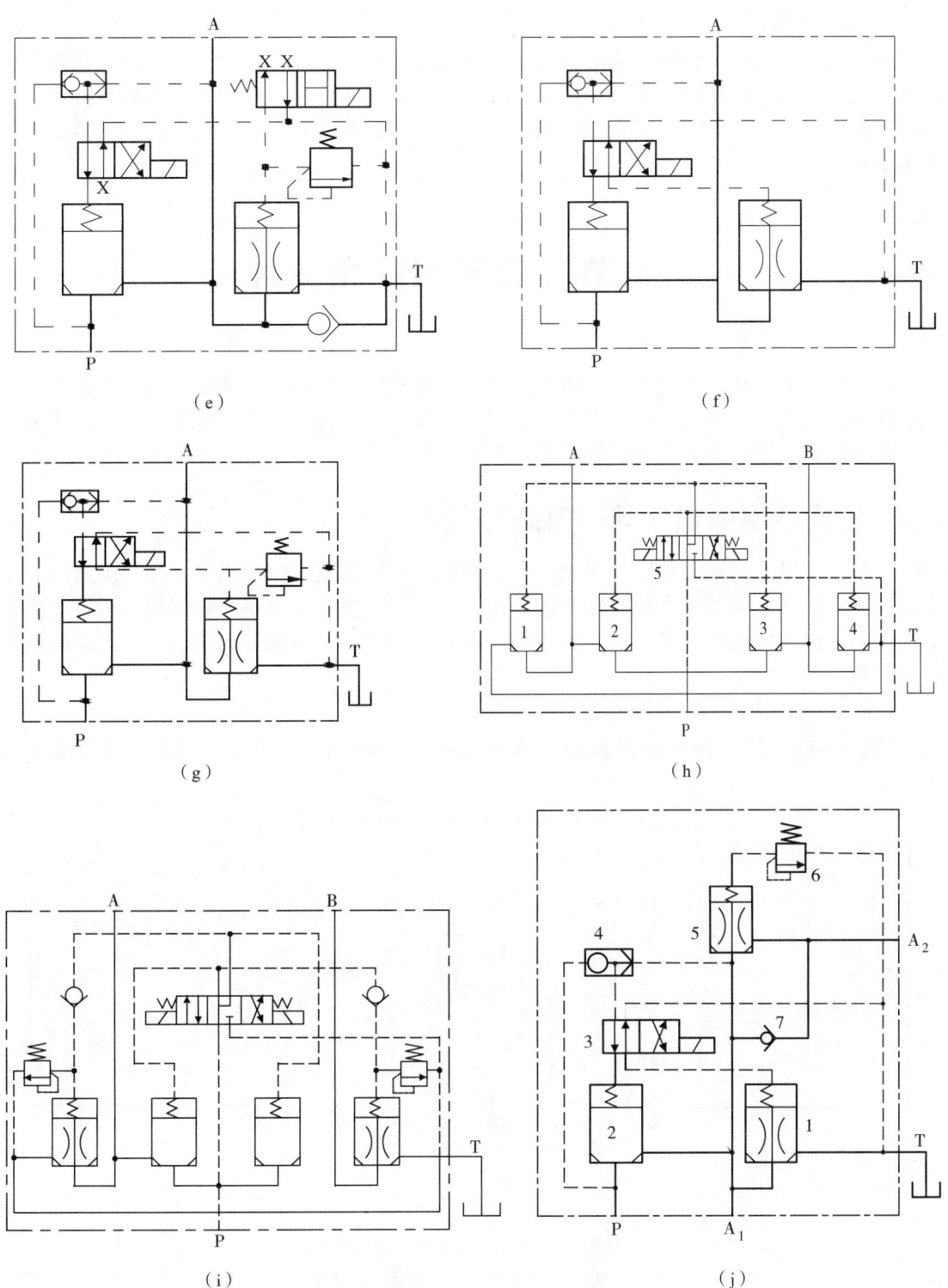

（e）　　　　　　　　　　　　　　　（f）

（g）　　　　　　　　　　　　　　　（h）

（i）　　　　　　　　　　　　　　　（j）

图1-45　常用典型集成块回路

（二）整体式

整体式就是将整个液压控制系统的全部连接元件镶装在一个整体集成块中，其内部逻辑元件的排列通常也采用三通或四通的形式，先导控制元件可以做成叠加阀安装在集成块的法兰盖上，也可以做成镶装在整体集成块或法兰里的插入式元件，在船舶起货机液压系统中有应用。

第七节　液压阀的新品种

液压技术的发展，促使整个液压系统的组成形式发生了很大的变化，如元件集成、板式连接等，使系统泄漏减少，效率提高，同时也设计出了许多新型的液压控制阀。下面简要介绍几种已经形成或正在发展成新系列产品的典型品种。

一、高速电磁换向阀和电液换向阀

通常的电磁换向阀和电液换向阀的先导电磁控制阀都是采用电磁铁直接操纵滑阀，依靠阀芯同阀体孔之间的配合进行密封的结构形式。现在国外出现了一种采用锥阀密封的电磁换向阀，以及用它作为先导控制阀进行二级和三级控制的电磁换向阀。这种阀换向速度较快，换向频率可以很高。

（一）高速电磁换向阀

如图1-46所示，高速电磁换向阀由电磁铁1、阀芯2、弹簧3和阀体4等主要零件组成。

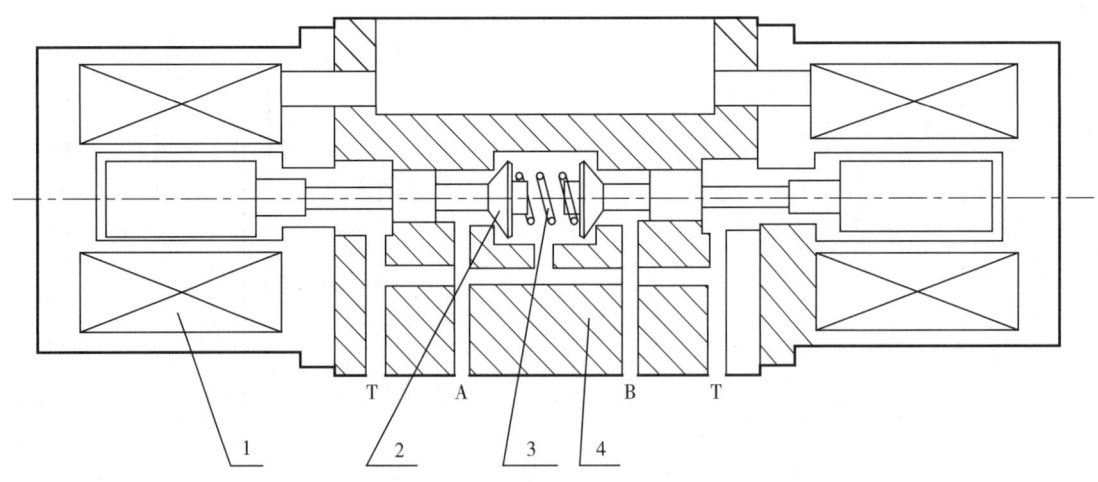

图1-46　2HE6型高速电磁换向阀结构

1—电磁铁；2—阀芯；3—弹簧；4—阀体

阀芯2的圆柱部分作为换向时的导向段，A腔、B腔与T腔的密封靠阀芯锥面实现。当油液由A腔口、B腔口进入阀体内部时，因为阀芯圆柱面和圆锥面两侧受压面积相等，阀芯处于平衡状态，弹簧力将阀芯锥面压紧。当左端或右端电磁铁通电时，衔铁推动阀芯使A腔或B腔与T腔接通。由于阀芯处于静态平衡状态，锥面密封又没有滑阀密封所必需的封面长度，同时受液压卡紧力的影响比滑阀小，因此，推动锥阀阀芯开启的电磁控制力不必很大，工作更为可靠。这种高速电磁换向阀主要用作高速电液换向阀的先导控制阀，也可在小流量回路中直接作为控制阀使用。高速电磁换向阀的图形符号如图1-47所示，其交流型的换向频率可达240次/分钟（4次/秒）。

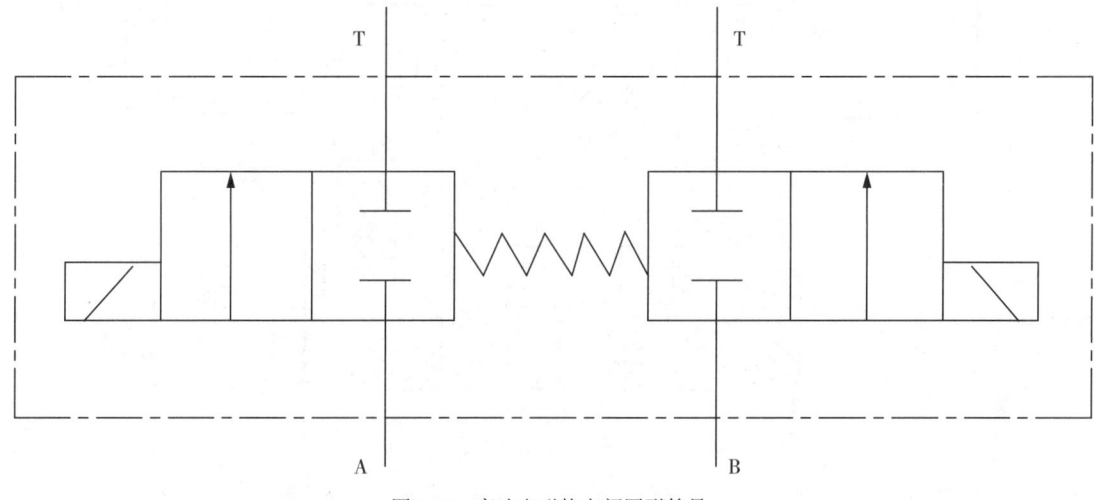

图1-47　高速电磁换向阀图形符号

A、B—输出（回油）口；T—回油口

（二）高速电液换向阀

如图1-48所示，高速电液换向阀采用上述高速电磁换向阀作为先导控制阀，它的液动滑阀部分与一般换向阀是相同的。但其工作原理与一般电液阀略有不同，其滑阀采用液压对中和复位结构（不用复位弹簧）。主阀芯的换向动作由某一个控制腔的压力卸荷后形成的两端压力差完成。当液动滑阀处于中间位置时，从进油腔P来的油液经阻尼孔Y_a、Y_b分别进入主阀芯控制腔a、b，并经控制活塞衬套4上的内孔作用在控制活塞上。由于两端控制活塞受压面积相等，主阀芯即在两端控制活塞的作用下保持在中间位置。而通过阻尼孔Y_a、Y_b的压力油液又同时分别进入先导阀芯控制腔K_1、K_2处。由于锥阀处于关闭状态，故整个阀内无油液流动。当电磁铁D_1通电后，锥阀芯1被打开，使K_1腔与T腔接通，同时使与K_1腔相通的主阀芯控制腔a的压力油卸荷，两端控制腔压力不等（$p_b > p_a$），阀芯在右端控制活塞的推动下向左换向，图1-48中所示的是P形中位机能阀，所以向左换向后使P腔与A腔接通，B腔与T腔接通；反之，当电磁铁D_2通电后，液动阀阀芯向右换向使P腔与B腔接通，A腔与T腔接通。当电磁铁D_1、D_2都断电时，液动滑阀又复位至初始中间位置。这种阀由于采用了锥阀式高速电磁换向阀作先导调压阀，因此加快了换向频率（其交流型换向频率可达180次/分钟），提高了整个阀的工作可靠性。

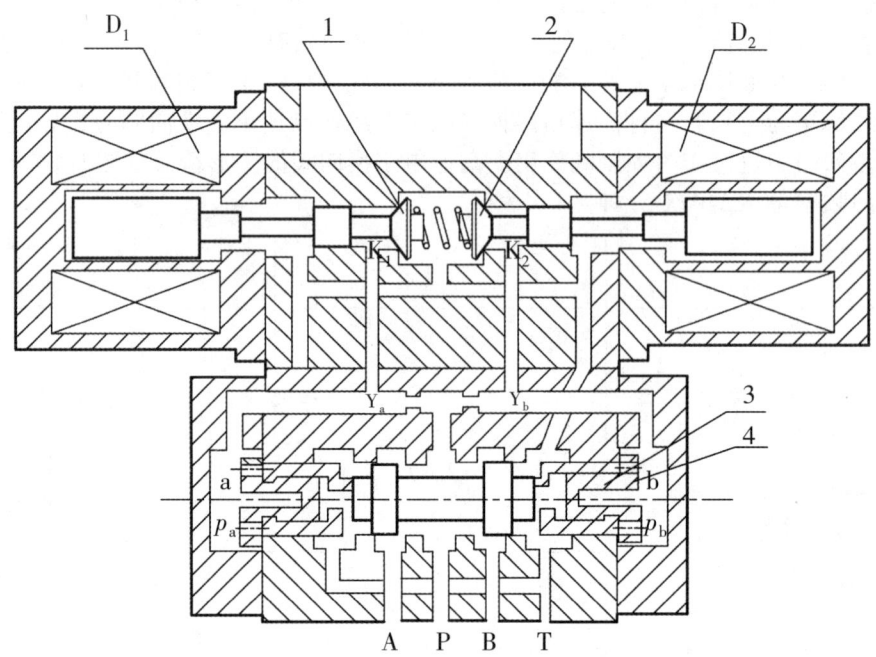

图1-48　4HES10型高速电液换向阀结构

1，2—锥阀芯；3—控制活塞；4—控制活塞衬套；a、b—主阀芯控制腔；K_1、K_2—先导阀芯控制腔；
D_1、D_2—电磁铁；Y_a、Y_b—阻尼孔；A、B—输出（回油）口；P—输入油口；T—回油口

二、电磁球式换向阀

电磁球式换向阀与滑阀式换向阀相比，具有以下优点：

（1）不会产生液压卡紧现象，动作可靠性高。

（2）密封性好。

（3）对油液污染不敏感。

（4）切换时间短。

（5）使用介质黏度范围大，介质可以是水、乳化液和矿物油。

（6）工作压力可高达63 MPa。

（7）球阀芯可直接从轴承厂获得，精度很高，价格低廉。

图1-49所示为常开型二位三通电磁球式换向阀。它主要由左阀座9、右阀座8、球阀4、弹簧6、推杆1和杠杆3等零件组成。

图1-49所示为电磁铁断电状态，即常态位。P腔的压力油一方面作用在球阀4的右侧，另一方面经内部通道进入推杆1的空腔而作用在球阀4的左侧，以保证球阀4两侧承受的液压力平衡。球阀4在弹簧作用下压在左阀座9上，P腔与A腔接通，A腔与T腔切断。当电磁铁5通电时，推动杠杆3，以钢球2为支点推动推杆1，克服弹簧力，使球阀4压在右阀座8上，实现换向，P腔与A腔切断，A腔与T腔接通。电磁球式换向阀主要用在要求密封性很好的场合。其图形符号如图1-49（b）所示，换向频率可达250次/分钟以上。

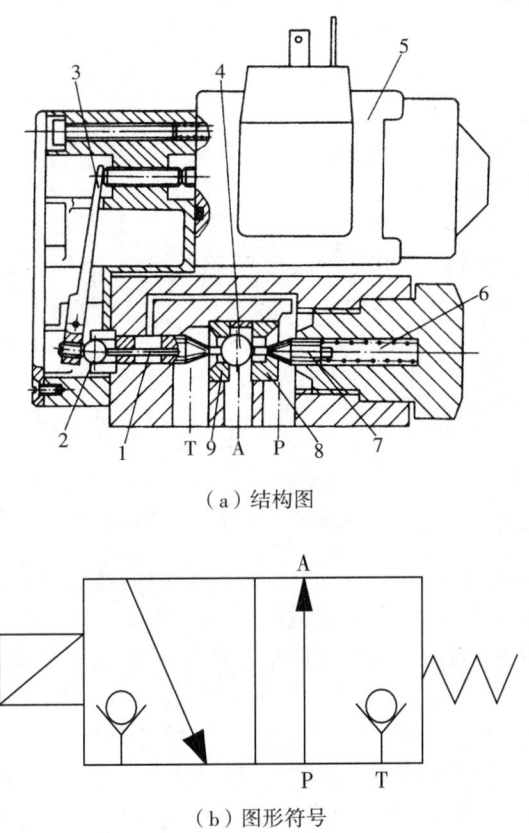

（a）结构图

（b）图形符号

图1-49 常开型二位三通电磁球式换向阀

1—推杆；2—钢球；3—杠杆；4—球阀；5—电磁铁；6—弹簧；7—复位杆；8—右阀座；9—左阀座；
A—输出油口；P—输入油口；T—回油口

三、数字阀

数字液压元件（digital hydraulic components）是具有离散输入、离散输出的电液转换元件，或采用数字信号输入或数字化输出的液压元件。

用数字信息直接控制的阀，称为电液数字控制阀，简称数字阀。这类阀采用微处理器和智能算法，其组成可以简单地分为三部分：控制器、执行器和阀体。在国外已有一些数字阀系列产品。在微机实时控制的电液系统中，它部分取代了比例阀或伺服阀工作，不需要D/A转换器，为计算机在液压系统的应用开拓了新的领域。

用数字量进行控制的方法有：脉宽调制（PWM），脉频调制（PFM），脉数调制（PNM），脉码调制（PCM），脉幅调制（PAM）等。其中，用得最多的是脉宽调制和由脉数调制演变而来的增量控制法。

（一）数字式电液控制阀实例

下面以图1-50（a）所示的增量式数字方向流量阀结构原理图为例介绍液压数字阀的工作原理。

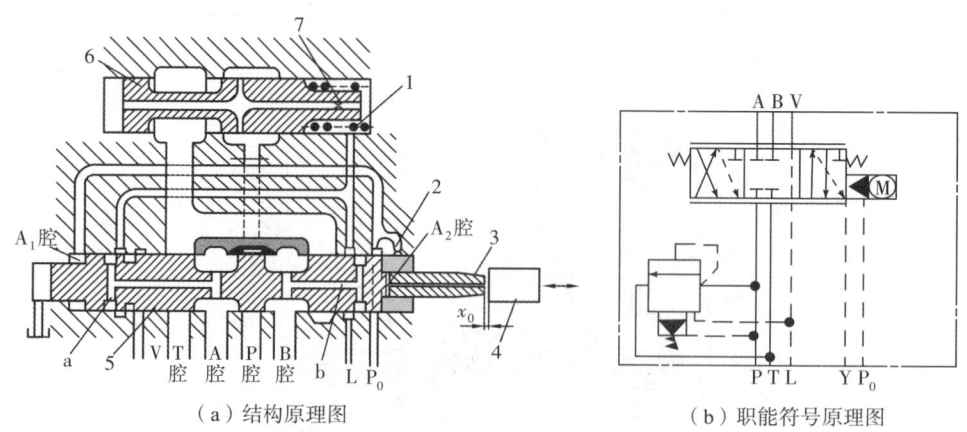

（a）结构原理图　　　　　　　　（b）职能符号原理图

图1-50　增量式数字方向流量阀

1—溢流阀弹簧；2、7—固定节流孔；3—喷嘴；4—挡板；5—主阀芯；
6—定差溢流阀阀芯；a、b—内部通道

该阀的动作原理可以看成是由挡板4控制的差动活塞（主阀芯）缸。图1-50（a）中压力油由P口进入，A腔口及B腔口通负载腔，T腔口回油，P_0腔口是先导级控制用的压力供油口，与主阀芯5两端的容腔A_1和A_2相通，但与A_2腔之间有固定节流孔2。控制阀阀芯右端是喷嘴3和挡板4。左腔A_1与右腔A_2的面积比为1:2。当A_2的压力为A_1的1/2时，主阀芯5两端的作用力保持平衡。挡板4运动时，位移x_0变化，A_2腔压力变化，阀芯移动，直到压力恢复为$p_{A1}=2p_{A2}$时停止运动。这样，步进电机（图中未表示出）使挡板运动的位移便是主阀芯跟随移动的距离，也就是阀的开度。这样的控制可达到较高的精度。为使主阀芯节流口前、后侧的压差保持恒定，阀的内部还设置了安全型压力补偿装置。图1-50（a）中6为压力补偿装置的定差溢流阀阀芯，该阀是一个先导式定差溢流阀，右端的弹簧腔通过阀芯的内部通道，分别接通A腔或B腔，实现双向进口节流压力补偿，1为右端的溢流阀弹簧，稳定工况时，其阀芯使P腔与T腔关闭。压力油由P腔口经压力补偿阀阀芯中间的孔流到左端，经固定节流孔7与右端弹簧腔相连，此腔与负载腔（A腔或B腔）的压力相关。当负载压力下降时，定差溢流阀阀芯6右移，部分压力油经过补偿阀芯的溢流口向T腔口排出，供油压力下降。当弹簧力与P腔口及负载腔的压力差相平衡时，定差溢流阀阀芯6停止运动。这样可使主阀芯5节流口两侧的压力差维持不变，以补偿负载变化时引起的流量变化。

同样，根据上述原理可以构造出数字压力阀等液压数字阀，从而使液压系统大为简化，操作更为方便，控制精度更为精确。

（二）数字阀的优缺点及国内外发展情况

数字阀是各国正在开发的新型液压控制阀，它与计算机技术紧密结合，更发挥了液压控制技术的优越性能，使之具有灵活性、可靠性、价格低廉、抗污染性强、重复性好等优点。数字阀已在塑料注射机、机床、飞行控制系统等方面得到了运用，具有广阔的前景。

数字阀中使用步进电机驱动的阀虽然比较成熟，但这种结构和步进电机直接组成的数控液压马达与液压缸之间各有所长。电液步进马达和电液步进液压缸都属于增量式数字控制的电液伺服机构。一般是通过步进电机和控制阀接收数字控制电路发出的脉冲序列信号，进行信号的转换与功率放大，驱动液压马达和液压缸，输出功率信号。脉宽调制式数字阀控制的流量不宜太大，适合较小的流量或作为先导级使用。

对于增量式数字阀的研究、开发，国外以日本较为领先，美国、德国、英国、加拿大也进行了研究和应用。

脉宽调制式数字阀则以日本和德国研究较多。

国内一些单位也在进行数字阀的研究、开发，就水平而言，与国外相当，并在以下几方面开展了重点研究：

（1）相对于传统液压阀阀芯进出口联动调节、出油口靠平衡阀或单向节流阀形成背压而带来的灵活性差、能耗高的缺点，目前国内外研究的高速开关式数字阀基本使用负载口独立控制技术，从而实现进出油口的压力、流量分别调节。

（2）电液比例控制技术、电液负载敏感技术、电液流量匹配控制技术与负载口独立控制技术的研究和应用进一步提高了液压阀的控制精度和节能性。数字液压阀的发展必然会与这些阀控技术相结合以提高控制的精确性和灵活性。

（3）以高速开关阀为代表的数字流量控制技术采用数字信号控制阀或者阀组，使得阀控系统输出与控制信号相应的离散流量。

（4）为解决在大流量场合情况下的应用问题，国外研究机构提出了使用多个高速开关阀并联控制流量的数字阀岛结构。

第八节　多路阀

一个液压系统中，当单个动力单元为多个执行机构提供动力油时，通常应用多路阀。多路阀是一种能控制多个液压执行机构（负载）的换向阀组合，它是由两个以上的换向阀为主体，集换向阀、单向阀、安全阀、补油阀、分流阀、制动阀等于一体的多功能集成阀。多路阀的出现，使多执行机构液压系统变得结构紧凑、管路简单、压力损失小。所以被广泛应用于工程机械、起重运输机械和其他要求操作多个执行元件运动的行走机械。如图1-21所示，起重机的变幅和回转运动是由两个多路阀控制的。

根据在液压系统中的特性，多路阀一般可以构成多种形式的控制系统，比如开中心负载敏感系统、闭中心负载敏感系统、LUDV（负载独立流量分配系统）抗流量饱和的负载敏感系统。这里首先介绍一下负载敏感和负载压力补偿的概念。

负载敏感，即负荷感知或负荷传感，是为了消除节流控制对负载压力的依赖性和降低高的功率消耗，而通过调整供油单元的运行状态，使其几乎仅向系统提供负载所需要的液压功率，最大限度地减少压力与流量损失，以解决系统的节能问题。

而负载压力补偿是流量控制阀范围内的一个技术问题。它要解决的问题是，在负载压力大幅度变化（主要干扰）或油源压力波动（次要干扰）时，能保持负载速度的调定值（与输入信号，例如控制手柄的摆角相对应）不变，即解决系统的速度刚度问题。

下面分别介绍几种负载敏感系统的特点。

一、开中心负载敏感系统

所谓的开中心（open center，开中位），其原意是：换向阀在中间位置时，所有油口都相通的液压回路。而这里的开中心只是原意的借用，指的是多联多路阀（注解：一般在液压系统中，是由多个多路阀组装在一起控制多个执行机构的，其中一个多路阀就称为一联，多个多路阀就称为多联）都处于中位时，定量泵油源提供的全部流量，经由三通补偿器回油箱。图1-51所示为多路阀开中心负载敏感系统原理图。

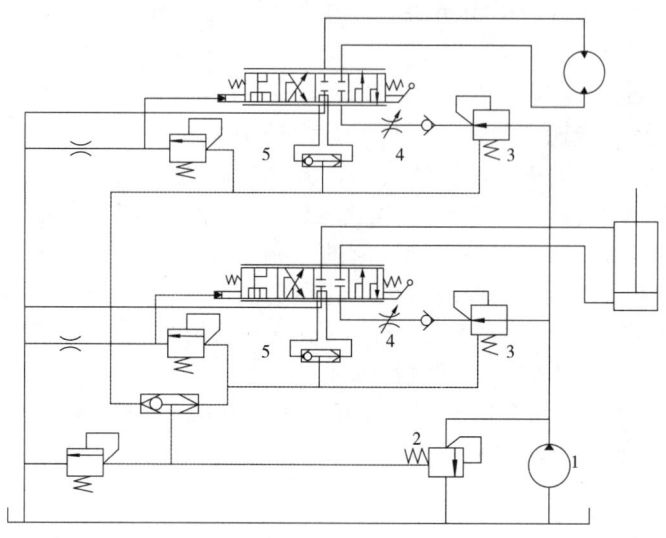

图1-51　多路阀开中心负载敏感系统原理图

1—定量泵；2—三通压力补偿器；3—二通压力补偿器；4—可变节流器；5—梭阀网络

开中心负载敏感系统包括定量泵1、系统总的三通压力补偿器2（定差溢流型压力补偿器，或称进口压力补偿器）、各联的二通压力补偿器3（定差减压型压力补偿器，或称进口压力补偿器，当与多路阀主阀芯节流口配合时，其工作原理相当于一个调速阀）、可变节流器4和梭阀网络5。其主要功能包括：

（1）在零位，定量泵输出流量经三通压力补偿器2流回油箱。

（2）各联上的定差减压型压力补偿器将使换向阀进出口之间的压差基本保持不变；可变节流器4的开度可在一定范围内改变换向阀阀口压差，从而改变每个执行器的最大流量。

系统通过多层梭阀网络5的选择，把各执行器当时（实时）的最高压力引导到定差溢流型补偿器的敏感腔，使泵的出口压力比任一时刻系统的最高压力都高一定值，此值等于补偿器的弹簧力所对应的数值。

这种节能系统的优点是：零位压差非常低，与执行器数目无关；执行器起动恒定，与负载压力无关；不同工作压力的几个阀可以同时动作，控制灵敏度高。

二、闭中心负载敏感系统

所谓的闭中心（closed center，闭中位），其原意是：换向阀在中间位置时，所有油口都关闭的液压回路。这里借用为：各联多路阀都处于中位时，负载敏感变量泵（恒流泵）基本不向多路阀系统提供流量。图1-52所示为多路阀闭中心负载敏感系统原理图。

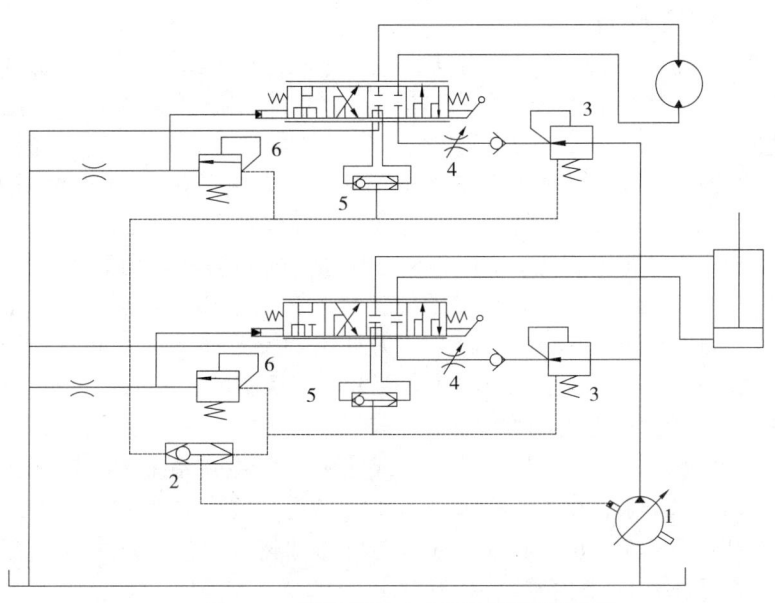

图1-52 多路阀闭中心负载敏感系统原理图

1—变量泵；2—第二级梭阀网络；3—二通压力补偿器；4—可变节流器；5—第一级梭阀网络；6—溢流阀

闭中心负载敏感系统主要包括变量泵1、第二级梭阀网络2、各联的二通压力补偿器（定差减压型压力补偿器，或称进口压力补偿器3）、可变节流器4和第一级梭阀网络5。此系统的功能与开中心负载敏感系统相同，只是用一台变量泵（负载敏感泵，可参考图1-21中的元件3）代替定量泵和三通压力补偿器。在零位没有阀动作时，泵的排量几乎为零，仅补偿内部系统损失。旁通压力取决于泵的压差调节器所需的压力。任何一联离开中位工作时，泵的压力始终比所需负载压力高出控制所需的压差，即泵总是仅以所需的负载压力输出所需流量。此外，当使用几个换向阀时，每个执行器可以得到由可变节流器4设定的最大流量，当然，其前提是系统流量没有达到饱和工况。

三、抗流量饱和的负载敏感系统

在沿用了30多年的各联内部用二通压力补偿器实现负载压力补偿（定差溢流阀，开中心负载敏感系统）或负载敏感泵（闭中心负载敏感系统）实现系统的负载适应控制系统中，当泵的流量出现饱和（同时动作的执行机构流量需求之和，超过泵的最大流量）时，泵的输出压力减小（即不可能达到比任一时刻最高负载压力高出补偿阀设定压差），使进入最高压力联负载的流量减少，速度降低；而进入其他负载的流量不变。这就不能实现工程上的同步操作要求。

近年出现的LUDV（负载独立流量分配系统）结构原理如图1-53（a）、（b）所示，工作原理如下：

1.a、b控制口没有控制油

在换向阀的a、b控制口没有控制油时，换向阀处于中位，P、A、B、T等4个油口互不相通。此时，补偿阀芯在LS油压作用下（当其他换向阀工作时）处于右位［见图1-53（b）中的元件4］。

2.a、b 控制口有控制油

假如 a 控制口输入控制油，主阀芯右移，压力油首先进入阀的节流部分（主阀芯 6 的 P-P' 流道），然后经 LUDV 压力补偿器 4（其特点为常闭式补偿阀芯），到负载保持单向阀 3 的右端 [见图 1-53（b）]，当压力升高到大于负载压力 p_c 时，负载保持单向阀 3 开启，再回到主阀芯的换向部分，然后，接通至负载 A 口去执行元件，回油则通过 B 口，主阀芯油口 B-T9 回油箱。二级溢流/防气蚀补油阀 2 一般保持关闭状态（刚开始，由于压力补偿器阀芯两端油压作用面积相等，加上 LS 是当时各联的最高压力，人们担心压力补偿器阀芯不会移动，但由于补偿阀芯无机械限位，进入 P' 的油液基本就是 p 的压力，且是有源的，如不移动，将使 P' 的压力升高，直至压力补偿器阀芯移动）。此时，压力补偿器阀芯工作于中位 [见图 1-53（b）中的元件 4]。当 b 口进控制油，主阀芯换向，不再赘述。

3.系统只有一个执行装置的情况

在运行期间，当只有一个执行装置动作，或在多联多路阀系统中，这个执行装置的压力为系统的最大压力时，则压力补偿器阀芯工作位换至左位 [见图 1-53（b）中的元件 4，即图 1-53（a）中的元件 4 进一步上移]，A 口的压力油将同时进入压力补偿器阀芯敏感腔的 LS 通道，成为整个系统的 LS 信号。

该阀的压力补偿器布置在可变节流口（多路阀阀芯）之后，由于液压执行元件一般都是双作用的，有 A、B 两条油路，为了避免两条油路都设压力补偿阀，因此，油路换向部分必须设在压力补偿阀之后（即压力油经过负载保持单向阀后，再回到主阀芯的换向部分）。

4.系统有多联负载的情况

在多联负载系统中，如果出现系统流量不饱和的情况，此时，泵源的流量大于各负载所需流量之和，各联间压力补偿器的调节压力为负载最大联的补偿压力，泵的排量由负载敏感压力决定。

当本联的负载压力低于最大负载压力时，压力补偿器的调节压力使其阀芯下移，使压力补偿容腔与负载之间形成节流，从而保证压力补偿容腔的压力 p' 和各联一致。因此，各联主控阀芯节流口的前后压差相同，实现了各执行器的速度调节与负载大小无关。

如果出现系统流量饱和的情况，此时，泵源的流量小于各负载所需流量之和，各联间压力补偿器的调节压力为负载最大联的补偿压力，但泵的排量不再由负载敏感压力决定，而由泵的恒功率功能控制。

由于系统流量不足，最大负载联的压力补偿器完全打开，泵的负载敏感压力 p_{LS} 与压力补偿容腔的压力 p' 相等。泵源压力、主阀节流口压差及各联流量均随流量饱和度的升高而降低。

在 LUDV 中，主阀节流口压差各联均相等，但在流量饱和时不再是一个恒定值。因此，执行器可协同工作，但速度将有所降低。

在多联负载系统中，LUDV 阀较好地解决了抗流量饱和的问题，其原理如图 1-53（c）所示。其原因是：第一，压力补偿器置于多路阀的出口，使各联主阀芯（节流器）进口均为泵的出口压力 p_p；第二，将当时负载最高联的负载压力引入各联压力补偿器的弹簧腔（最高负载压力使补偿器阀芯趋向关闭，所以，对于负载小的多路阀补偿器的阀口存在节流，其节流程度正好满足负载压力）。因此，对压力补偿器阀芯由力平衡，得：

$$p_{m1} = p_{L\max} + F_s$$
$$p_{m2} = p_{L\max} + F_s$$
$$p_{m1} = p_{m2}$$

式中：F_s 为压力补偿器的弹簧力；p_{m1} 为第一联主阀芯出口压力；p_{m2} 为第二联主阀芯出口压力。

即压力补偿器阀进口压力都相等，故经各联主阀芯的压差都相等：

$$\Delta p_1 = \Delta p_2 = \Delta p = p_p - p_{L\max}$$

通过各联主阀芯节流口的流量 $Q = k\Delta p$，只与反映阀杆行程的 k（k 包含流量系数和主阀芯开口通流面积）有关，即具有了抗饱和的功能。负载低的压力补偿阀产生压力降：

$$\Delta p_c = p_{L\max} - p_{L2}（假设 p_{L1} = p_{L\max}）$$

此压降正好补偿负载压力差，因此压力补偿阀实际上起到负载均衡器的作用（即使各联虚拟成相等负载）。

LUDV 阀的特点包括：

（1）由于主阀芯节流口处压差为常数，各节流口通流面积一经调定，相互之间的比例关系保持不变，且互不干扰，从而保证各负载回路能精确地同步工作。

（2）当各负载回路不是同时工作，而泵流量过大，以及在回路受到外界干扰产生压力或流量变化时，系统立即感知这些变化，通过负载敏感回路，调节泵的排量，使系统始终处于最佳工作状态，减少能量损失。

（3）当执行机构要求的流量超过泵的供油能力，或功率调节装置限制泵可供流量时，系统将限制所有受控负载的工作速度（同比减少各个负载的流量供给，其原理与分流阀类似），此时，各负载之间工作速度比例关系仍保持原设定值不变。

以图 1-53（d）为例，来说明 LUDV 系统的抗饱和原理。假设泵的流量：

（1）如果只操纵执行元件 1，设定流量为 100 L/min，那么，阀口处的压降为 10 bar。

（2）如果只操纵执行元件 2，设定流量为 50 L/min，那么，阀口处的压降为 10 bar。

（3）如果同时操纵执行元件 1 和 2，那么，系统会出现流量不足，因为，100 L/min 流量的泵不能满足执行元件共 150 L/min 的需求。

此时，泵在最大排量位置，并且泵的出口压力会下降（但随着各联的执行元件工作速度的降低，压力会回复正常），系统将按照 1∶1.5 的比例把泵的全部流量提供给执行元件，减小后的执行元件 1 的流量为 100/1.5 ≈ 66.7 L/min，执行元件 2 的流量为 50/1.5 ≈ 33.3 L/min。

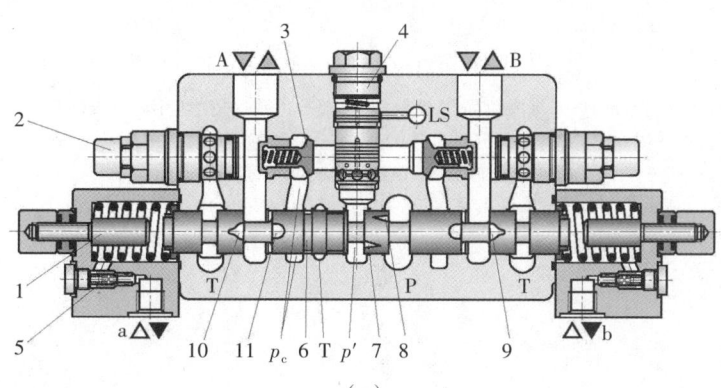

（a）

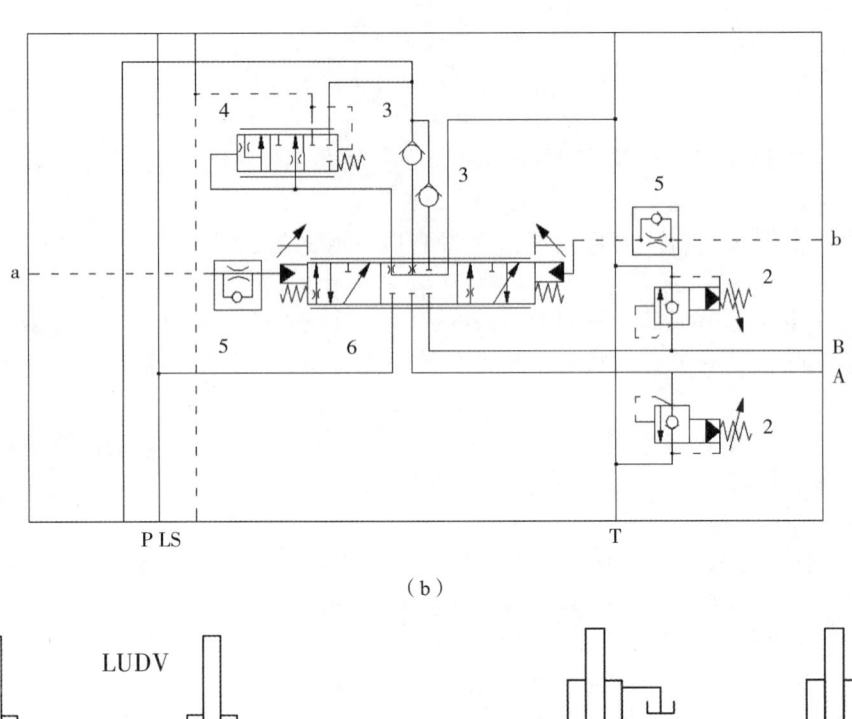

（b）

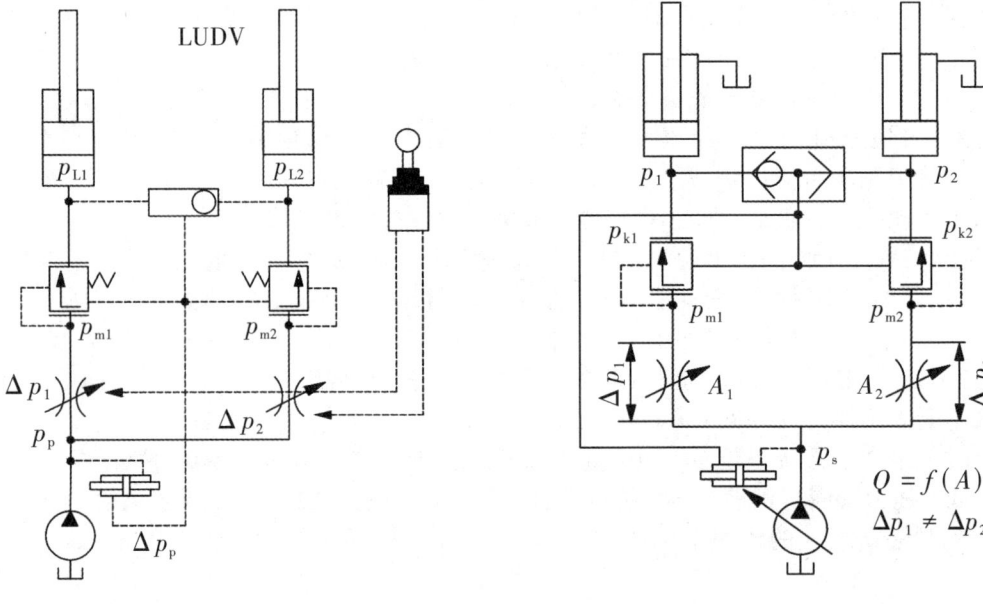

（c）   （d）LUDV系统中，流量不足

图1-53　LUDV阀结构、原理及符号

1—主阀芯行程限制器；2—二级溢流/防气蚀补油阀；3—负载保持单向阀；4—LUDV压力补偿器；
5—控制油阀；6—主阀芯；7—主阀芯进口P-P'-A；8—主阀芯进口P-P'-B；9—主阀芯回油口B-T；
10—主阀芯回油口A-T；11—主阀芯环形通道

第二章 液压动力元件

第一节　液压泵概述

液压泵是液压系统的动力元件，它将原动机输入的机械能转换为压力能输出，为执行元件提供压力油。液压泵的性能好坏直接影响到液压系统的工作性能和可靠性。不同类型的液压泵可以根据几个特征参数来评价，如最大工作压力、最高允许转速、最大流量或最大流量调节范围、传递功率、单位功率重量、容积效率和总效率、自吸能力、对污染的敏感性、流量脉冲和压力脉冲、声压级、造价等。

本节将简要介绍液压泵的基本工作原理、液压泵正常工作的三个必要条件、液压泵的主要性能参数、液压泵的分类和选用原则。

一、液压泵的基本工作原理

液压系统中都以容积式泵提供压力油。下面以单柱塞泵为例说明液压泵的工作原理。图2-1所示为单缸柱塞泵工作原理图，它由偏心轮1、柱塞2、缸体3、弹簧4、两个单向阀5和6组成。柱塞与缸体孔之间形成密闭容积。柱塞直径为d，偏心轮偏心距为e。偏心轮旋转一周，柱塞左右往复运动一次，向右运动吸油，向左运动排油。泵每转一周排出的油液体积称为排量，排量只与泵的结构参数有关，即

$$V = 2e\pi d^2/4 = e\pi d^2/2$$

二、液压泵正常工作的三个必要条件

（1）必须具有一个由运动件和非运动件所构成的密闭容积。

（2）密闭容积的大小随运动件的运动做周期性的变化，容积由小变大——吸油，由大变小——排油。

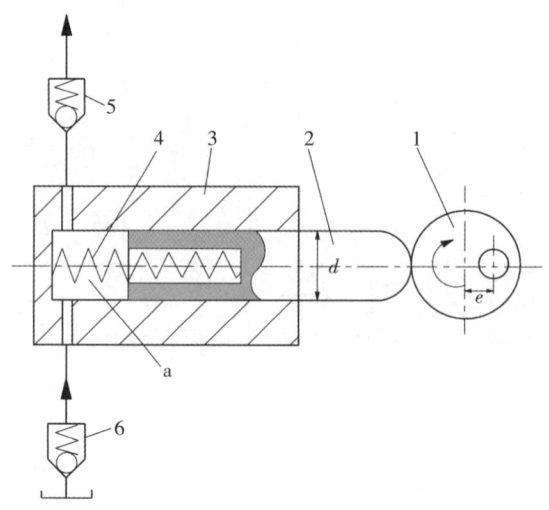

图2-1　单缸栓塞泵工作原理图

1—偏心轮；2—柱塞；3—缸体；4—弹簧；5，6—单向阀；a—油缸

（3）密闭容积增大到极限时，先要与吸油腔隔开，然后才转为排油；密闭容积减小到极限时，先要与排油腔隔开，然后才转为吸油。单缸柱塞泵是通过两个单向阀来实现这一要求的。

三、液压泵的主要性能参数

1. 液压泵的压力

工作压力 p：泵工作时的出口压力大小取决于负载。

额定压力 p_s：正常工作条件下按实验标准连续运转的最高压力。

吸入压力：泵的进口处的压力。

2. 液压泵的排量、流量和容积效率

排量 V：液压泵每转一转理论上应排出的油液体积，又称为理论排量或几何排量，常用单位为 cm^3/r，排量的大小仅与泵的几何尺寸有关。

平均理论流量 q_t：泵在单位时间内理论上排出的油液体积，$q_t = nV$，单位为 m^3/s 或 L/min，式中 n 为泵的转速。

实际流量 q：泵在单位时间内实际排出的油液体积。在泵的出口压力不等于0时，因存在泄漏流量 q_v，因此 $q = q_t - q_v$。

瞬时理论流量 q_{sh}：任一瞬时理论输出的流量，一般泵的瞬时理论流量是脉动的，即 $q_{sh} \neq q_t$。

额定流量 q_s：泵在额定压力、额定转速下允许连续运转的流量。

容积效率 η_v：$\eta_v = q/q_t = (q_t - q_v)/q_t = 1 - q_v/q_t = 1 - kq/(nV)$。式中，$k$ 为泄漏系数。

3. 泵的功率和效率

输入功率 P_r：驱动泵轴的机械功率为泵的输入功率，$P_r = T\omega$。

输出功率 P：泵输出的液压功率，$P = pq$。

总效率 η_p：$\eta_p = P/P_r = pq/(T\omega) = \eta_v \eta_m$。式中，$\eta_m$ 为机械效率。

4. 泵的转速

额定转速 n_s：额定压力下能连续长时间正常运转的最高转速。

最高转速 n_{max}：额定压力下允许短时间运行的最高转速。

最低转速 n_{min}：正常运转允许的最低转速。

转速范围：最低转速和最高转速之间的转速。

四、液压泵的分类和选用原则

1. 液压泵的分类

（1）液压泵按运动部件的形状和运动方式可分为齿轮泵、叶片泵、柱塞泵、螺杆泵。

齿轮泵又分为外啮合齿轮泵和内啮合齿轮泵。

叶片泵又分为双作用叶片泵和单作用叶片泵。

柱塞泵又分为径向柱塞泵和轴向柱塞泵。

（2）液压泵按排量能否改变可分为定量泵和变量泵。

单作用叶片泵、径向柱塞泵和轴向柱塞泵可以作变量泵。

2. 液压泵的选用原则

（1）是否要求变量：要求变量选用变量泵。

（2）工作压力：柱塞泵的额定压力最高。

（3）工作环境：齿轮泵的抗污能力最好。

（4）噪声指标：双作用叶片泵和螺杆泵属于低噪声泵。

（5）效率：轴向柱塞泵的总效率最高。

第二节　齿轮泵

一、提高齿轮泵工作压力的措施

"船舶辅机"课程中已经介绍了低压齿轮泵的构造和原理，但它们不适用于高压系统；否则内泄漏太多。

1. 低压齿轮泵内泄漏的原因

（1）由于低压齿轮泵齿轮的径向间隙和端面间隙为定值，当工作压力增大后，齿轮间隙的泄漏量就会大大增加，从而使容积效率显著下降。

（2）当压力增大时，作用在轴承上的径向不平衡力也随之增大，轴承很快地被磨损。

2. 提高低压齿轮泵的工作压力应采取的措施

为了提高低压齿轮泵的工作压力，应针对上述两个问题在结构上采取以下相应的措施，以提高齿轮泵的容积效率和延长轴承的使用寿命。

（1）采用间隙自动补偿装置，防止容积效率过低

高压腔的油液通过间隙向低压腔的泄漏是不可避免的。齿轮泵压油腔的压力油可通过三条途径泄漏到吸油腔去：一是通过齿轮啮合线处的间隙——齿侧间隙；二是通过泵体定子环内孔和齿顶间的径向间隙——齿顶间隙；三是通过齿轮两端面和侧板间的间隙——端面间隙。在这三类间隙中，端面间隙的泄漏量最大，压力越高，由间隙泄漏的液压油就越多。因此，为了提高齿轮泵的压力和容积效率，实现齿轮泵的高压化，需要从结构上采取措施，对其端面间隙进行自动补偿。

通常采用的自动补偿端面间隙装置有：浮动轴套和弹性侧板，其原理都是引入压力油使轴套或侧板紧贴在齿轮端面上，压力越高，间隙越小，自动补偿端面磨损和减小间隙。齿轮泵的浮动轴套是浮动安装的，轴套外侧的空腔与泵的压油腔相通，当泵工作时，浮动轴套受油压的作用而压向齿轮端面，将齿轮两侧面压紧，从而补偿了端面间隙，使轴向间隙保持很小的数值。图2-2所示为间隙补偿装置的典型结构。

8字形浮动轴套即为浮动元件。具有这种轴套的齿轮泵，在8字形面积A_1上作用着由孔B引入的压力油，面积A_1由泵体1的内孔与两个和齿轮同心的O形密封圈2围成。在泵起动和空载时，没有液压力作用，O形密封圈2可以使浮动轴套自动贴紧齿轮端面，图2-2中的A泄漏油水可把内泄油液引入吸油腔。

这种补偿装置结构简单，工艺性好。但因补偿面积的对称中心与主、从动齿轮的对称中心重合，所以，液压压紧力的合力作用线通过浮动轴套的中心，而齿轮和轴套端面之间的液压反推力的合力作用线偏向右侧压油腔，这两个力对轴套形成了力偶，会使轴套倾斜，这不仅会加大单边间隙，增加泄漏，还会使浮动轴套不灵活及局部磨损。为了克服上述缺点，应将轴套与壳体的配合长度加长并提高精度。通过采用偏心8字形补偿端面的浮动轴套，可以避免产生力偶。CBN-E300型齿轮泵就是采用这种形式的浮动轴套。

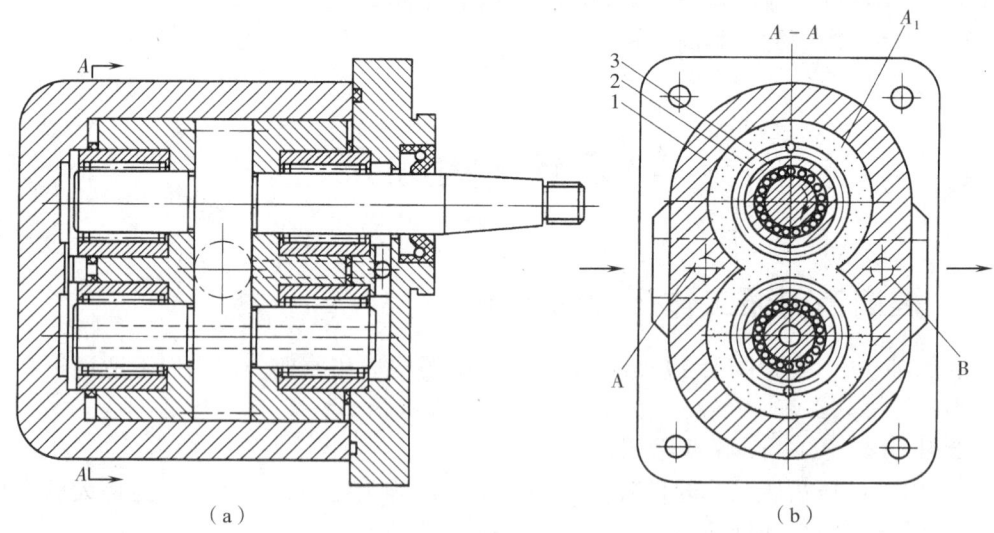

（a）　　　　　　　　　　　　　　　　（b）

图2-2　补偿面为8字形浮动轴套的齿轮泵

1—泵体；2—O形密封圈；3—滚针轴承外圈；A—泄漏油孔；B—高压引油孔；A_1—补偿面

端面间隙对齿轮泵的自吸能力和容积效率影响甚大。它可以用压软铅丝的方法测出，一般端面间隙应为0.04~0.08 mm（内齿轮泵端面间隙为0.02~0.03 mm）。压力较低的滑油

泵和驳油泵使用中的端面间隙可增至 0.1~0.25 mm。为了保证必需的端面间隙，必要时可通过改变端盖与泵体之间的垫片厚度来调整，磨损过大时可将泵体与端盖结合面磨去少许，以资补救。

（2）采用径向间隙自动补偿装置

在齿轮泵排油腔处增加一径向浮动块，浮动块一端贴紧两齿轮的曲顶圆，以消除径向间隙，另一端作用压力油，使压紧力略大于齿轮顶油压产生的分离力。

（3）减小径向力，延长轴承使用寿命

具体措施有：（1）采用较少的齿数，在流量一定时，减少齿数，可减少齿宽和齿轮直径，从而减小径向力。（2）减小泵排出腔在周向所占的角度。有时，为了使排出口具有足够的通流面积而将其轴向尺寸相应放大，做成椭圆形。（3）采取平衡径向力的措施。如图2-3所示，在泵的端盖或轴承圈上开设压力平衡槽，分别与低、高压腔相通。这种结构可使作用在轴承上的径向力大大减小，但会使内泄漏增加，容积效率下降。（4）改善轴承的润滑和冷却条件。目前高压齿轮泵中采用两种方法给轴承通润滑油，即压油润滑和吸油润滑。其原理是利用齿轮泵的困油现象，当困油空间因容积变化实现在轴承处的油液吸入或排出，达到轴承冷却效果。如图2-4所示，压油润滑是利用齿轮泵闭死容积的困油现象，当闭死容积从大到小变化时，要挤出油液，此油液注入轴承，从轴承座圈后面流出，并汇入压油腔，如图2-4（a）所示，齿轮泵每转过一齿，就对轴承脉冲供油一次，使轴承得到良好的润滑和冷却。同样道理，吸油润滑利用闭死容积的吸空现象来润滑和冷却轴承，如图2-4（b）所示。（5）采用承载能力较高的滑动轴承或带隔离圈的高精度滚针轴承；也可使滑动轴承带有挠性支座，以使支座能随泵轴一起变形。

上述措施的采用使齿轮泵的工作压力增大，容积效率得到提高，轴承使用寿命得到延长。

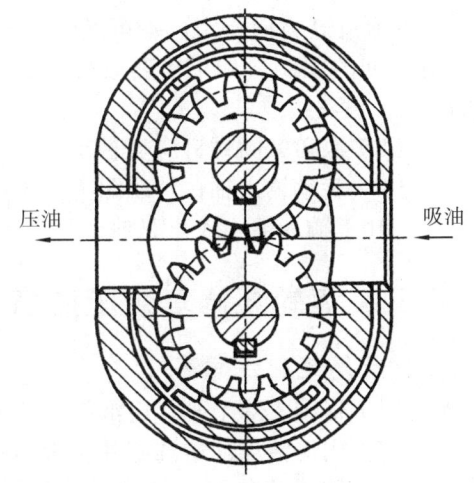

图2-3 具有液压平衡槽的齿轮泵

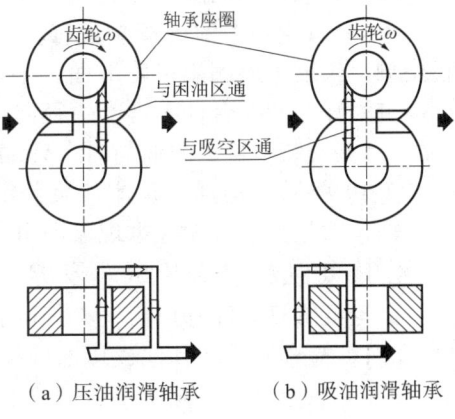

（a）压油润滑轴承　　（b）吸油润滑轴承

图2-4 齿轮泵轴承强制润滑示意图

二、齿轮泵的拆检注意事项

（1）齿轮泵拆开检修前，必须用柴油或煤油清洗全部零件，并用压缩空气吹净。

（2）前面或后面在同一侧的上、下两只浮动轴套的厚度误差要求不超过 0.005 mm，最大不超过 0.01 mm。

（3）同侧两半浮动轴套相互间的接触平面不得有凹凸、间隙，其接触情况用涂色法检查，使其密封贴合面积不小于80%。

（4）浮动轴套与齿轮的接触端面处用平尺检查不允许有漏光。

（5）齿轮浮动轴套装入泵体内后，将泵盖端一头水平向上安置，使浮动轴套端面与泵体端面的高度差控制在±0.1 mm以内。

（6）卸压片应装在进油腔一侧。

（7）安装导向钢丝时必须注意其弹簧力的作用方向，在弹簧力的作用下，上、下浮动轴套的扭转方向应与被动齿轮的旋转方向相一致。在这样的正确安装条件下，才能保证由于用于消除困油现象的卸荷槽的错动而不致使吸、压油腔相通。

该泵旋转方向一定，不可逆转。一方面受浮动轴套卸荷区的限制，另一方面受弹簧作用力方向的限制。如果需要改变泵的旋转方向，必须重新装配浮动轴套和卸荷槽的错动方向。

（8）泵盖紧固螺钉应交替均匀拧紧，内六角螺钉头部不得凸出泵盖外端表面。

（9）旋动输入轴，转动阻力矩不应超过3 N·m。

（10）输入轴（或花键轴）对安装处台肩的跳动允许误差不得大于0.10 mm。

三、齿轮泵修复装配注意事项及修复装配好后的试车步骤

1.修复装配注意事项

（1）仔细去除毛刺，用油石修钝锐边。注意齿轮不能倒角或修圆。

（2）用清洁煤油清洗零件，未退磁的零件在清洗前必须退磁。

（3）注意轴向和径向间隙。现在各类齿轮泵的轴向间隙，由齿厚和泵体直接控制，中间不用纸垫。组装前，用千分尺分别测出泵体和齿轮厚度，使泵体厚度大于0.02~0.03 mm，用厚薄规测取径向间隙，使其间隙保持在0.10~0.16 mm。

（4）齿轮轴上的键槽应具有较高的平行度和对称度，装配后平键顶面不准与键槽槽底接触，长度不得超出齿轮端面，平键与齿轮键槽的侧向配合间隙不能大，齿轮要轻轻拍打推进为好，两配合件不得产生径向摆动。

（5）安装前盖上的油封时，外端面应与套圈外端面齐平，以免堵塞泄漏通道。

（6）将圆锥销插入泵体、泵盖定位孔中后，方可对角交叉均匀地紧固螺钉，同时手转长轴，感觉灵活且无轻重现象即可。

2.修复装配好后的试车步骤

齿轮泵修复装配好以后，必须试验或试车，其步骤通常如下：

（1）检查管道和其他连接部分是否正常。

（2）在无负荷（无压力）情况下运转2 min，观察其运转是否正常。

（3）逐步提高系统工作压力，测定油量是否符合系统执行部件的工作速度要求。

（4）若一切情况正常，系统升高至工作压力，并处于保压状况下，若压力波动小于±0.15 MPa，即可投入正常使用。

四、齿轮泵的常见故障及其产生原因、排除方法

齿轮泵的常见故障及其产生原因、排除方法如表2-1所示。

表2-1 齿轮泵的常见故障及其产生原因、排除方法

故障现象	产生原因	排除方法
噪声、压力波动较大	轴向间隙或径向间隙过大	通过尺寸检查,采取措施,保证间隙在设计范围内
	吸油端连接处有空气进入	紧固连接件,检查密封元件,必要时重装或更换
	吸油管路或滤油器堵塞	清除脏物,排除堵塞或更换液压油
	油液黏度过大或油温过高	使用黏度适合的液压油,保持油温在规定范围内
	泵转速过高,油液充填不及时	使转速降至允许最高转速以下
	侧板(轴套)与齿轮端面磨损严重	更换侧板(轴套)或齿轮
	滤油器堵塞	除去脏物,使吸油畅通
	吸油管外露、伸入油箱较浅或吸油位置过高	吸油管应深入油面以下2/3,吸油高度不得大于500 mm
	各接合面有空气进入	检查密封性,紧固连接件
	油封损坏,有空气进入	更换油封
	齿轮精度不高	研磨修正或更换齿轮
过热	油液黏度过高或过低	更换黏度适合的液压油
	侧板(轴套)与齿轮严重摩擦	修理或更换
	液压油变质,吸油阻力增大	换油
	油温过高	增加冷却装置或提高冷却效率
	油箱容量过小	加大油箱
	受外界条件影响	消除外界干扰

第三节 叶片泵

叶片泵有平衡式和非平衡式,即国内通常所称的双作用叶片泵和单作用叶片泵,后者能够很方便地通过改变定子环与转子之间的偏心量来实现变排量调节。

一、非平衡式叶片泵变量控制的基本原理

(一)利用定子内侧不平衡液压力实现变量(内反馈式)

1.变量工作原理

图2-5所示为内反馈变量叶片泵的工作原理图。其关键是在结构上把配油盘相对于泵的轴线向限压弹簧方向逆时针方向偏转了一个角度,这样当泵工作时油液吸排压差对定子环侧表面会产生一个斜向上的不平衡径向液压力 F_0,该力的水平分力 F_2 由限压弹簧2承受,当泵的工作压力升高到水平分力 F_2 超过弹簧预紧力时,定子将向左移动,则偏心量减少,从而减小泵的排量。工作压力越高,泵的排量越小,直至为零。这类泵实现变量运动的方法是直接利用泵工作容积内压力对定子的作用来产生变量运动所需的操纵力,所以国内习惯称为内反馈式,它仅能用于单向变量。

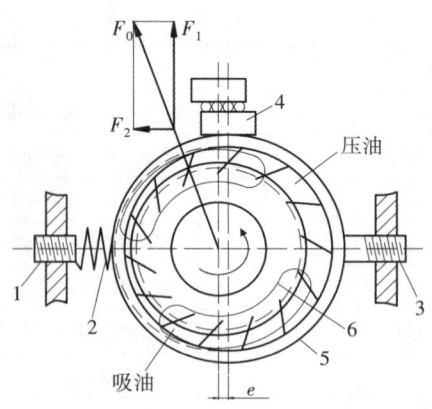

图2-5　内反馈变量叶片泵的工作原理图

1—压力调节螺栓；2—限压弹簧；3—最大流量调节螺栓；4—支撑滑块；5—定子；6—转子

2.流量–压力特性（$Q-p$特性）

内反馈变量叶片泵的$Q-p$特性曲线如图2-6所示，图中p_c是开始变量的压力（称为截流压力），由弹簧和压力调节螺栓调整设定；p_d是输出流量为零时的压力，亦即变量机构设定的最大压力。在p_c压力以前，泵是全排量工作。一旦压力超过p_c，泵的排量将迅速减少，曲线下降线段的斜率取决于限压弹簧的刚度。

图2-7所示为改变弹簧刚度及截流压力不同时得到的A、B、C三种典型的流量–压力特性及相应的功率特性。（1）近似恒压特性（A曲线），弹簧刚度较弱；（2）中间型特性（B曲线），弹簧刚度稍强；（3）近似恒功率特性（C曲线），弹簧刚度更强，流量与压力大致成反比例变化，两者乘积近似为常数。

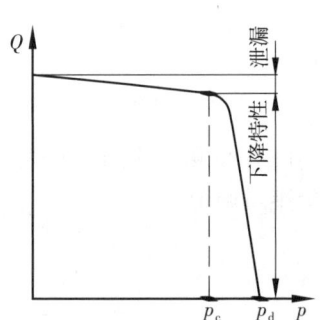

图2-6　内反馈变量叶片泵的Q-p特性曲线

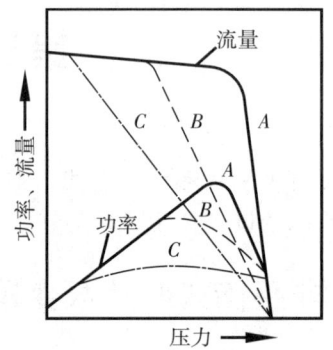

图2-7　改变弹簧刚度及截流压力不同时的变量特性

3.特性曲线的调整

限压式叶片泵$Q-p$特性曲线的调整包括流量和压力两个参数。

（1）调整图2-5中的最大流量调节螺栓3，可以使定子的最大偏心距限定在不同的数值，体现在$Q-p$特性曲线水平段的上、下平移。偏心距大，曲线上移；反之，则曲线下移，如图2-8（a）所示。

（2）调整图2-5中的压力调节螺栓1，可以改变限压弹簧2的预紧力，从而改变开始变量的压力p_c（截流压力），体现在曲线下降段的左右平移。预紧力大，曲线右移；反之，则曲线左移，如图2-8（b）所示。

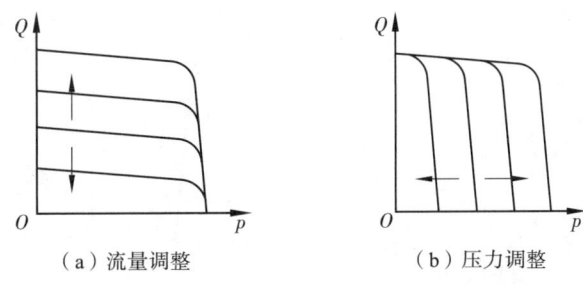

（a）流量调整　　　　　　　（b）压力调整

图2-8　限压式变量泵 $Q-p$ 特性曲线的调整

（二）利用泵出口压力和控制活塞实现变量（外反馈式）

1. 变量工作原理

图2-9所示为外反馈变量叶片泵的工作原理图，在这类泵的结构中，配油盘对称轴和泵对称轴重合，定子两侧分别设置控制活塞1和偏置活塞2，它们的作用面积不同，因此当有相同的液压力作用时，存在指向增加偏心距的作用力。当泵运转时，若工作压力较低，调压弹簧9使压力补偿器4阀芯处于图示位置（左位），借两个活塞的液压作用力之差使定子7固定在最大偏心位置上；当泵的压力升高到调压弹簧9的调定值时，压力补偿器4阀芯在右位工作，于是定子7在右侧小活塞2的推动下迅速左移，偏心量减少，直至排量为零。这类泵实现变量运动的方法是将泵出口压力引到定子外侧的控制活塞上，从而产生使定子移动所需的变量操纵力，所以国内习惯称其为外反馈式。

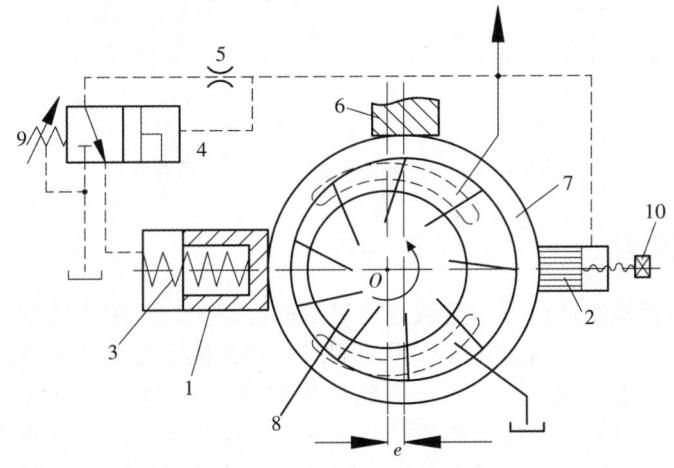

图2-9　外反馈变量叶片泵的工作原理图

1—控制活塞（大活塞）；2—偏置活塞（小活塞）；3—弹簧（软弹簧）；4—压力补偿器；5—阻尼孔；
6—支撑块；7—定子；8—转子；9—调压弹簧；10—最大流量调节螺栓

2. 流量-压力特性

如图2-10所示，由于采用外反馈，所以变量运动非常灵敏，$Q-p$ 曲线下降段具有垂直特性，这种特性称为恒压变量特性。

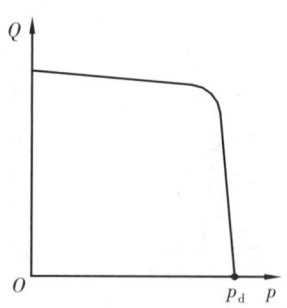

图2-10　外反馈压力补偿变量叶片泵 $Q-p$ 特性

3.特性曲线的调整

（1）偏置活塞2右端的最大流量调节螺栓10用来改变最大流量，实现 $Q-p$ 特性曲线水平段的上、下平移，如图2-11（a）所示。

（2）调整压力补偿器调压弹簧9的预紧力，可以实现 $Q-p$ 特性曲线垂直下降段的左右平移，如图2-11（b）所示。

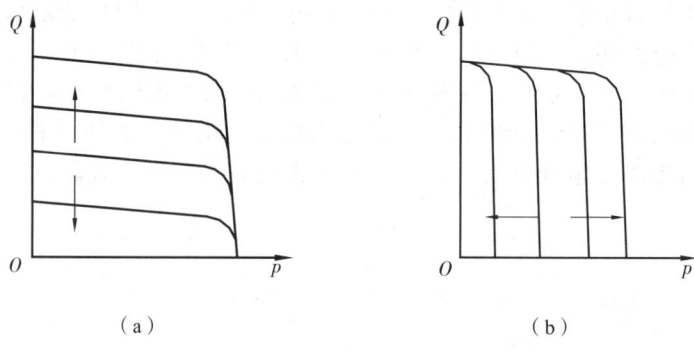

（a）　　　　　　　　　　　　（b）

图2-11　限压式变量泵 $Q-p$ 特性曲线的调整

二、应用实例

图2-12所示为轻载快速行程与重载慢速进给的回路，这是限压式变量叶片泵的典型应用之一。轻载时，限压式叶片泵1的输出油液经机动滑阀2直接进入油缸，系统压力低，泵是全排量，实现快速行程；当工作部件趋近负载物时，行程挡块使机动滑阀2右移，切断油液通路，限压式叶片泵1输出油液经调速阀4进入液压缸，泵与调速阀串联组成所谓的容积节流调速回路。当限压式叶片泵1的出口压力超过变量压力 p_p 时，泵进入变量调节状态，排量减小，于是液压缸变为慢速工作进给。

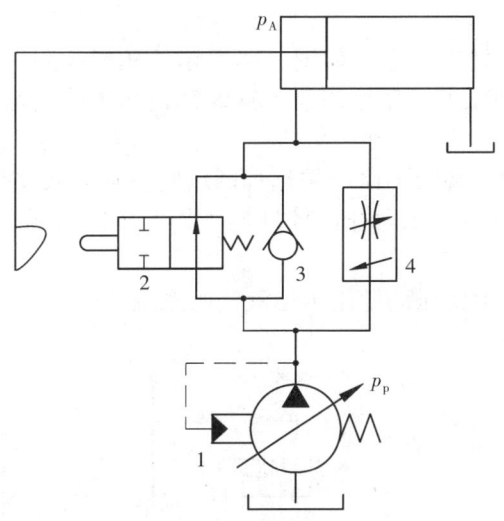

图2-12 轻载快速行程与重载慢速进给的回路

1—限压式叶片泵；2—机动滑阀；3—单向阀；4—调速阀

三、高性能非平衡式变量叶片泵

高性能非平衡式变量叶片泵普遍采用双叶片结构，并带有压力或流量补偿控制器对变量活塞起先导控制作用。图2-13所示为双叶片式高性能变量叶片泵的典型结构，该泵由美国威格士公司生产。每个转子槽内有两块叶片，而且叶片沿转子径向放置，倾角为零。

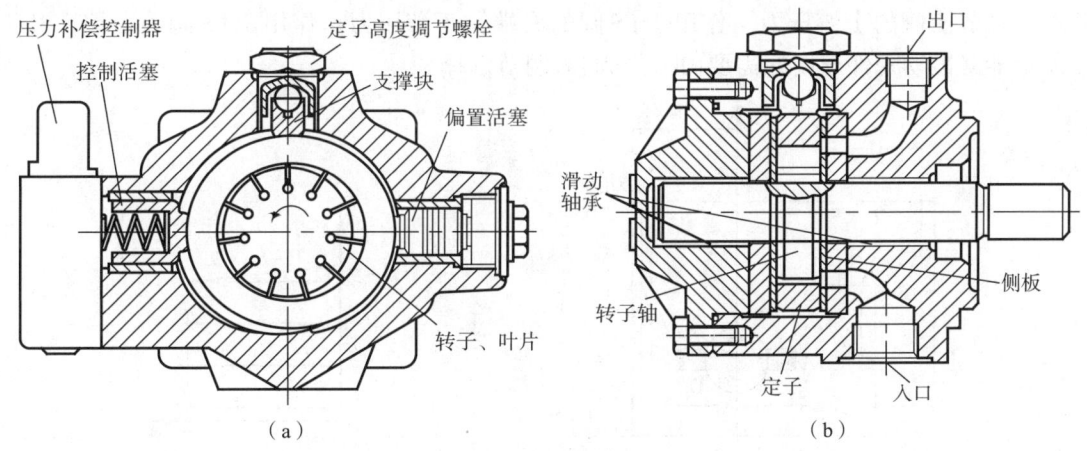

（a）　　　　　　　　　　　　　　　　　（b）

图2-13 双叶片式高性能变量叶片泵的典型结构

采用双叶片结构的目的是实现叶片径向液压力的平衡，解决高压工作时叶片顶端对定子的磨损问题。配流盘（侧板）设计考虑了预压缩的需要，采取了带耐磨衬板的结构。

高性能变量叶片泵的性能特点是压力高，噪声低，变量调节功能多，而且动态响应性能好。

下面介绍几种高性能变量叶片泵的变量调节控制器。

1.压力补偿控制器

其基本原理在本节一中已有叙述。如图2-14所示，压力控制阀PC加接远程调压阀作为先导级，变成液压遥控的压力补偿控制器，这时截流压力改由远程调压阀PP的调压弹簧设定。

若使用电液比例调压阀代替图2-14中的远程调压阀，则可通过改变控制电流的大小来调节截流压力，成为电气遥控的压力补偿控制器（如图2-15所示），可以实现远程无级调节。

这种变量叶片泵可以作为恒压油源用于电液伺服系统。

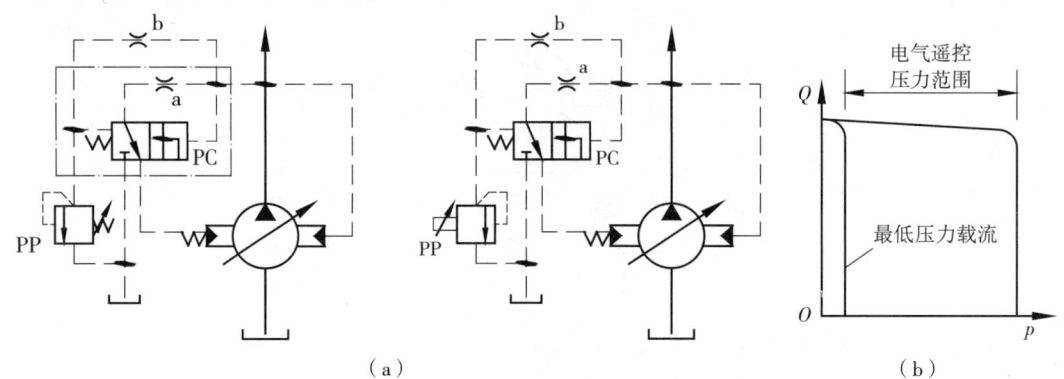

（a）	（b）

图2-14　液压遥控的压力补偿控制器　　　　图2-15　电气遥控的压力补偿控制器

2.流量补偿控制器（负载敏感控制）

如图2-16所示，流量补偿控制器实际上是负载传感阀LS与泵出口管路上的节流阀FC并用，且节流阀的上游压力p_1作用于LS阀的右端，下游压力p_2作用于LS阀的左端。其工作流量根据运动元件速度的需要由节流阀FC调节选择。

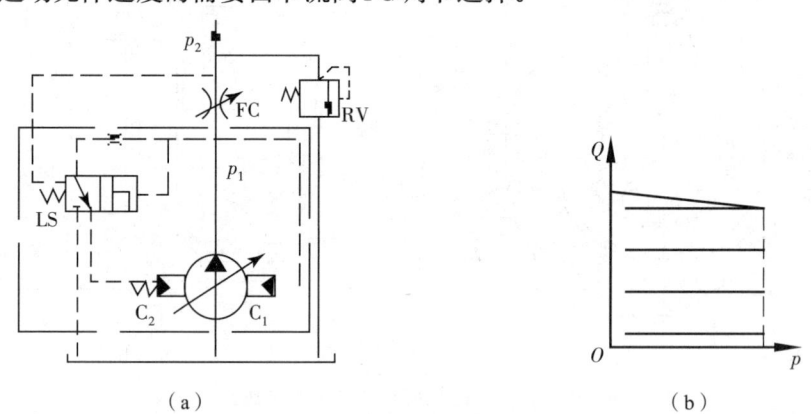

（a）	（b）

图2-16　流量补偿控制器原理及特性

负载传感阀LS的作用是检测系统负载压力p_2，并且使泵的供油压力p_1随负载压力的变化而变化，保持高于负载压力p_2一个恒定的压差Δp_f。这个压差由LS负载传感阀的弹簧力设定，称为负载传感控制压差。$\Delta p_f = p_1 - p_2 = F_s/A_v$（式中，$F_s$为弹簧力；$A_v$为阀芯端部有效面积）。

若泵输出的流量大于节流阀FC调定的流量，则p_1压力升高，LS阀失去平衡，阀芯左移，开启控制阀口，使大活塞 C_2 的控制油接通油箱卸压，定子被小活塞 C_1 推向较小偏心量的位置，使泵的输出流量减小，p_1 压力降低，直至恢复设定的压差 Δp_f 为止。这时泵的输出流量正好与 FC 阀调定的流量一致；反之亦然。

由于负载传感阀 LS 所设定的节流阀前后的压力差 Δp_f 基本恒定，所以流量 Q 只取决于节流口的通流面积，只要调节 FC 阀的开度，就能按比例改变所选择的工作流量。

与此同时，节流阀 FC 又以压力差的方式检测泵的输出并流过节流阀的实际流量。如果泵输出的实际流量与调定的流量 Q 不符，节流阀前后压力差（$p_1 - p_2$）便偏离设定值 Δp_f，从而发出信号使 LS 负载传感阀动作并控制泵进行变量，直至输出的流量与 FC 阀调定的流量 Q 一致。

可见，流量补偿控制器是以流量为信号（体现为节流阀的前后压差）控制泵的排量，使泵实现与系统的压力匹配和流量匹配，从而使系统的损失功率最小。这类泵也称为负载敏感泵。

读者可以结合图 1-21 中的元件负载敏感泵 3 和变幅多路阀 16 的配合过程来进一步理解负载敏感泵的工作原理。

3.流量压力补偿控制器

流量压力补偿控制器实质上相当于上述压力补偿器与流量补偿器的组合，其目的在于使变量叶片泵不仅在系统正常运转时实现功率匹配，而且具有高压零流量保压和低压零流量待命功能，亦即在保压工况下和系统待命状态下实现功率匹配。

图 2-17 所示为流量压力补偿控制器的原理及特性曲线。控制器主要由负载传感阀 LS 和压力控制阀 PC 组成，与泵出口管路上的节流阀 FC 并用。压力控制阀可以加接由远程调压阀 PP 遥控。

由 FC、LS 阀调节控制泵的输出流量使之与系统需要相适应，并使泵的工作压力与系统负载压力相匹配；PC 阀起限压截流作用，使泵在系统压力达到设定的最大压力时处于零流量截止状态，压力值由调压阀 PP 调整。其 $Q - p$ 特性曲线如图 2-17（b）所示。随着调压阀 PP 设定值的增大，流量截断拐点向右移动；开大节流阀 FC 的开度，其最大流量点上移。

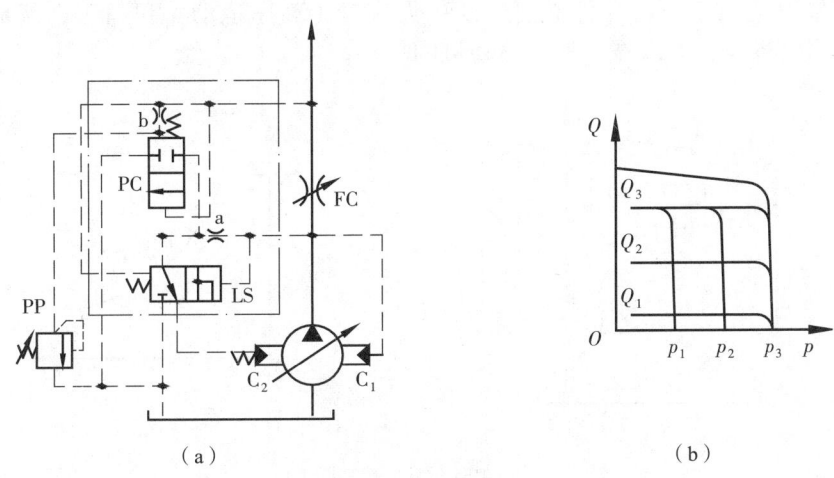

（a）　　　　　　　　　　　　（b）

图 2-17　流量压力补偿控制器的原理及特性曲线

还有一种简单型的流量压力补偿控制器，只设一个控制阀LP，同时担当负载传感和限压截流的控制作用，其原理如图2-18所示。

当系统工作压力（节流阀的下游压力）达到远程调压阀PP的调定压力时，PP阀开启，油流通过阻尼孔b产生压差，使LP阀左移，阀口全开，于是大活塞C_2接通油箱，定子在小活塞C_1的推动下移至零偏心位置，泵进入截止状态。截止压力由远程调压阀PP调定。未达到截流压力之前的工作状况与流量补偿控制器完全相同，工作流量由节流阀FC调定。其$Q-p$特性曲线如图2-18（b）所示。从中可以看出，$Q-p$特性曲线分布于整个第一象限。这种特性表明，这类泵具有全功率范围的调节性能。也就是说，泵的工况始终与负载需要相匹配，使系统的经济性提高。

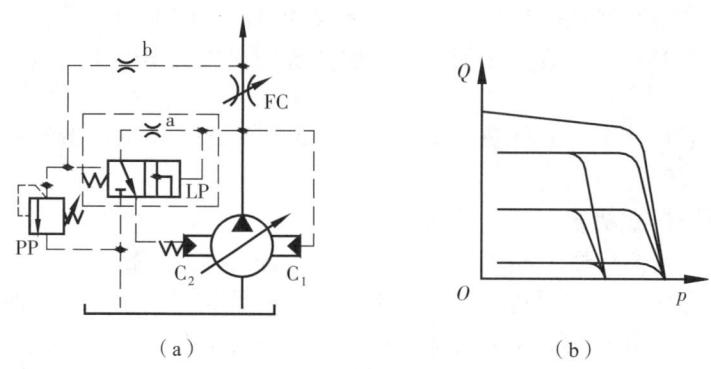

（a）   （b）

图2-18　简单型的流量压力补偿控制器

4.恒功率控制器

如图2-19所示，控制阀的作用原理类似于压力补偿控制器中的压力控制阀PC，但通过机械机构将定子的变量移动按比例地反馈作用于压力控制阀的弹簧，自动调节弹簧力，使定子偏心量减小时，压力控制阀弹簧力按比例地增大控制的结果，在变量过程中泵输出的压力与流量成反比例变化，两者的乘积等于常数。因此，泵输出的功率保持恒定，即

$$N = pQ = 常数$$

这种变量泵适用于执行元件需要以低压大流量（高速运动）和高压小流量（低速运动）变换工作的场合，可以充分发挥原动机的功率。

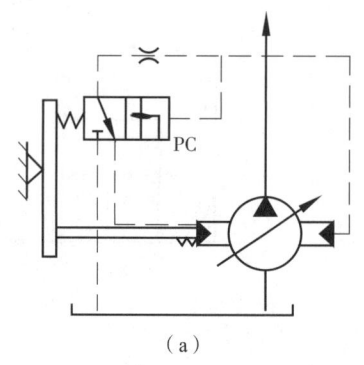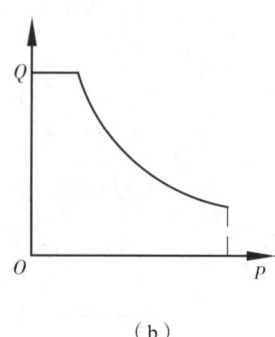

（a）   （b）

图2-19　恒功率控制器

四、平衡式变量叶片泵简介

非平衡式叶片泵虽然具有许多优点，但其突出问题是径向负荷大，而且此问题难以解决，所以多年来一直在探讨使平衡式叶片泵实现变量的方法，这里介绍一种已经产品化的平衡式变量叶片泵结构。

平衡式变量叶片泵实现变量的原理是使定子环相对于配流盘吸、排油窗口偏转，改变定子内曲线与吸、排油窗口在圆周上的相对位置，如图2-20所示。这种变量原理早已为人所知，但是偏转后，会发生闭死容积的扩张，工作时将导致严重的冲击和噪声，因而这种变量方式长期未能实用化。威格士公司设计生产了一种平衡式变量叶片泵，采用并排布置两组定子和叶片的方法。两者之间各片间容积一一对应连通，变量时两定子同步各向相反方向偏转，以解决闭死容积问题。这种泵有一个公共的转子，其轴向宽度较一般叶片长，每个转子槽内侧边并列安放两块叶片，外周并列地套上两个定子环，每组叶片沿各自的定子内表面滑动，使定子偏转的变量运动由齿轮机构实现。

平衡式变量叶片泵同样可以配备各种补偿控制器，实现各种变量控制。

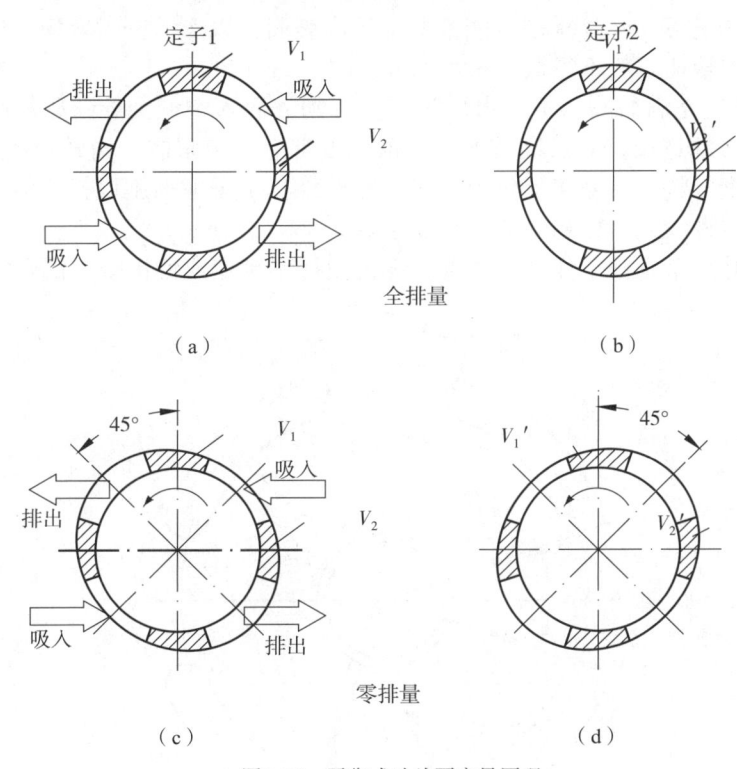

图2-20 平衡式叶片泵变量原理

五、叶片泵正常工作条件

由叶片泵的工作原理可知，无论是非平衡式叶片泵还是平衡式叶片泵，为保证其正常工作都必须满足下列条件：

（1）叶片随转子转动的同时，应能在转子叶片槽内灵活移动，无卡阻现象。其目的是使叶片伸出转子外圆的长度可以随定子内曲线的变化而改变，形成吸油腔和压油腔密封容积大小的变化，以实现吸油和排油。

（2）叶片顶部与定子内表面紧密接触，沿定子内表面滑行，不发生脱空，以形成密封的工作容积。

（3）各相对滑移运动表面，包括叶片与转子叶片槽之间，转子端面、定子端面及叶片端面与两侧板（配流盘）之间要有可靠的密封，限制压油腔与吸油腔之间的泄漏。为此，要严格控制这些表面的配合间隙。

（4）相邻两叶片间的密封容积在吸油区逐渐扩大到最大时，首先应与吸油腔切断，然后迅速转移到压油腔，以防压油腔与吸油腔直接沟通。为此要求配流盘吸、排油窗口之间沿圆周的间隔，即封油角 α_1、α_2（如图2-21所示）应等于或稍大于相邻两叶片之间的夹角 $\theta = 2\pi/z$（z 为叶片数，不考虑叶片厚度），同时，为了避免发生困油现象，应使两封油叶片之间的容腔在 α_1 及 α_2 角度范围内移动时，其容积大小保持不变，即保证圆弧段的包角 $\beta_1 \geqslant \alpha_1$ 及 $\beta_2 \geqslant \alpha_2$。

（5）泵在起动时要有足够的转速产生必要的离心力将叶片甩出，使叶片在根部尚无油液压力作用的情况下，叶片顶部也能紧贴定子内表面，以形成密封容积，使泵进入吸、压油工作状态。此转速一般不得低于 600 r/min。

（6）吸油腔应充满油液，不得出现吸空；否则，混入空气会导致压油腔不能正常建立压力。为保证吸油连续，对最高转速和油液黏度都有一定限制。当转速超过 1 800 r/min时，由于吸油速度太快，油液可能供给不足，除非结构上采取措施以扩大吸油通道；油液过于黏稠，流动阻力较大，也容易造成吸油不足。

以上条件对叶片泵正常工作至关重要，无论设计、制造或使用维护都必须严格满足。

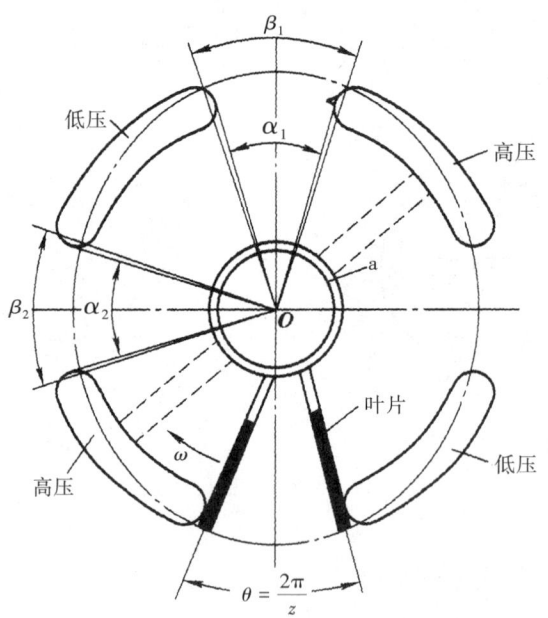

图2-21　相邻叶片间的夹角 θ，配油窗口间的夹角 α 和圆弧角 β 之间的关系

六、叶片泵有关零件的修复

1.定子

定子内曲面的磨损若不严重，仅是表面稍有纹路沟纹，此时可用较粗糙的双胶纸或马粪纸顺着圆弧进行抛光，亦可用砂布反面或用过的极细的砂布仔细修磨。

严重磨损时或表面有割手感的锯齿状时，可在内圆磨床装有与定子内曲线相吻合的凸轮工具上修复，但往往只能在制造厂或定点修理单位才能办到。因为双作用叶片泵定子真正正常磨损的地方仅在吸油区及定子圆弧过渡之处的曲面上，此处进行认真修磨抛光后，只要将定子翻面180°重新安装，使原来的压油区曲面成为现在的吸油区曲面即可。现在定子上的定位孔都对称180°加工，共有两个，若厂家仅加工一个定位孔，则必须自己在对称位置重新加工一个定位孔才行。

2.转子

转子两端面磨损，轻者用油石将毛刺和拉毛处修磨平整，严重者则必须利用心棒放在外圆磨床上精磨端面。但要注意，转子端面磨去多少，叶片也同样磨去多少，定子也要相应磨去多少，以保证三者间的间隙控制。

精磨转子两端面时，须保证本身平面度在0.008 mm以内，与内孔垂直度在0.01 mm以内。

3.配流盘

配流盘或侧板磨损不太严重时，可将配流盘或转子的端面在精密平板上进行研磨，使端面恢复平整光洁。

当磨损严重，有明显的擦伤、烧伤或磨痕较深时，应在磨床上进行磨削（配流盘为铜件或铸件时，可在车床上精细车削），然后在平板上研磨，降低粗糙度。但要注意：必须保证加工端面与内孔垂直度在0.01 mm以内及平面度在0.008 mm以内，且只允许端面中凹，不允许中凸。

由于配流盘已改成可浮动式，所以磨（车）削掉的尺寸可自动补偿，但加工量太多，配流盘过薄容易变形，会产生密封不佳的不良后果。

4.叶片

叶片的磨损部位主要是顶部尖端接触棱边和叶片的两侧边缘。若是尖端倒棱部位磨损，可采用研磨的办法，使叶片加工到原来倒棱的形状和尺寸，并要求倒棱与叶片两侧边缘面保持垂直。若是两侧边缘面磨损，则与转子、定子两端面同时修磨，保持规定的轴向间隙。

5.叶片泵主要零件的材料及技术要求

目前，叶片泵主要零件采用以下几种材料：

泵体——采用HT30~54铸铁。

叶片——采用高速钢（18WCr4V），热处理采用软氮化，HRC=60~64，以增加耐磨性，叶片材料很难用其他碳钢材料代替，因为其他碳钢红硬性差，很快会磨损。

定子——采用GCr15、Cr112MoV或38CrMoAl，热处理淬火HRC=60，38CrMoAl氮化HRC=65~70。

转子——采用40Cr、20Cr或12CrNi3，热处理HRC=50~60，20Cr和12CrNi3要渗碳淬火。

配油盘——采用锑铜铸铁、铝青铜。

轴——采用40Cr，热处理HRC=48。

为了保证泵能正常工作和保证应有的性能，制造零件配合时，一定要满足工艺要求和装配要求：

（1）叶片在转子槽内的配合间隙既要使叶片和槽间的泄漏很小，又要使叶片在槽内能自由滑动，当叶片厚度δ=2.25 mm时，其配合间隙为0.01~0.02 mm。

（2）叶片宽度比转子宽度小0.01 mm，转子宽度比定子宽度小0.02~0.04 mm。

（3）定子两端面的平行度允差为0.002 mm。

（4）定子两端面和孔垂直度允差为0.008 mm。

（5）转子两端面平行度允差为0.003 mm。

（6）叶片槽对转子端面垂直度允差为0.02 mm。

（7）叶片槽两平面平行度允差为0.01 mm。

（8）定子内表面曲面粗糙度为0.4~0.1 μm。

（9）叶片滑动工作表面粗糙度为0.1 μm。

（10）叶片槽和转子端面粗糙度为0.2~0.1 μm。

（11）配油盘表面粗糙度为0.2 μm。

七、叶片泵常见故障及其产生的原因、排除方法

叶片泵常见故障及其产生的原因、排除方法如表2-2所示。

表2-2　叶片泵常见故障及其产生的原因、排除方法

故障现象	产生的原因	排除方法
不排油或无压力	原动机和液压泵转向不一致	纠正转向
	油箱油面过低	补油至油标线
	吸油管或滤器阻塞	清洗吸油管或滤油器,使其畅通
	起动时转速过低	使转速达到液压泵的最低转速以上
	油液黏度过大或叶片运动不灵活	检查油质,更换黏度适合的液压油或升高油温
	配油盘与泵体接触不良或叶片在滑槽内卡死	修理接触面,重新试调,清洗滑槽和叶片,重新安装
	进油口漏气	更换密封元件或接头,修理密封面
	组装螺钉过松	拧紧螺钉
流量不足或压力不能升高	吸油管或滤油器部分堵塞	除去脏物,使吸油畅通
	吸油端连接处密封不严,有空气进入	在吸油连接处涂油,若有好转,紧固连接件;更换密封元件
	个别叶片运动不灵活	逐个检查,不灵活叶片应重新研配
	叶片装反	纠正叶片方向
	泵盖螺钉松动	适当拧紧
	系统泄漏	对系统进行顺序检查
	定子内表面磨损,叶片与其接触不良	更换定子
	侧板端面磨损严重,漏损增加	更换零件

续表

故障现象	产生的原因	排除方法
噪声严重	吸油管或滤油器部分堵塞	除去脏物,使吸油畅通
	吸油端连接处密封不严,有空气进入	在吸油端连接处涂油,若有好转,紧固连接件;更换密封元件
	从泵轴油封处有空气进入	更换油封
	泵盖螺钉松动	适当拧紧
	联轴器不同心或松动	重新安装,使其同心,紧固连接件
	油液黏度过高,油中有气泡	改用黏度适当的液压油,提高油液质量
	吸入口滤油器通过能力太小	改用通过能力较大的滤油器
	转速太高	使转速降至允许最高转速以下
	泵体腔道堵塞	清理或更换泵体
外部漏油	油封或密封圈损伤	更换油封或密封圈
	密封表面不良	检查修理

第四节 柱塞泵

柱塞泵根据结构的不同可分为径向柱塞泵和轴向柱塞泵,根据流量是否可调节可分为定量泵和变量泵。径向柱塞泵因其结构复杂,体积较大,已经较少应用。轴向柱塞泵的基本工作原理和结构已经在"船舶辅机"课程中介绍过。本节主要介绍以下几种轴向变量泵的变量控制原理及其主要元件的修理等。

一、限压式变量泵

限压式变量泵在工作压力低于设定值时,全排量工作;在工作压力超过设定值时,排量迅速降低,可限制泵的工作压力过高,类似上节的限压式叶片泵。图2-22所示的带压力补偿器的限压式斜盘泵,这种泵的斜盘倾角由轴线与传动轴1平行的变量柱塞8来控制。

当油泵排压较小时,油压因不能克服压力补偿器弹簧6的张力,故压力补偿器阀芯7保持原位,变量柱塞8右侧油腔中的油液即经压力补偿器阀芯7、泄油管道a泄入泵壳之内,因此,斜盘复位弹簧9就会将斜盘推到最大排量的位置。

当排出油压超过压力补偿器弹簧6的设定值时,压力补偿器阀芯7就会上移,泵排出的压力油液经内部通道进入变量柱塞8右侧的油腔中,并克服复位弹簧9的张力,使斜盘向排量减少方向偏转。这样,如果排出压力p再升高,泵的流量Q就会迅速减小,这可使排出压力保持在一定范围内,成为限压式变量泵。

其$Q-p$特性曲线$ABCD$如图2-22(b)所示。显然,转动调节螺栓5,增大压力补偿器弹簧6的张力,即可调节限压值,使B向B'移动;相反,调松压力补偿器弹簧6,则B向B''方向移动。至于BD的斜率,则取决于复位弹簧9的刚度。

如果将复位弹簧9的刚度选得足够小，则可构成恒压式变量泵。

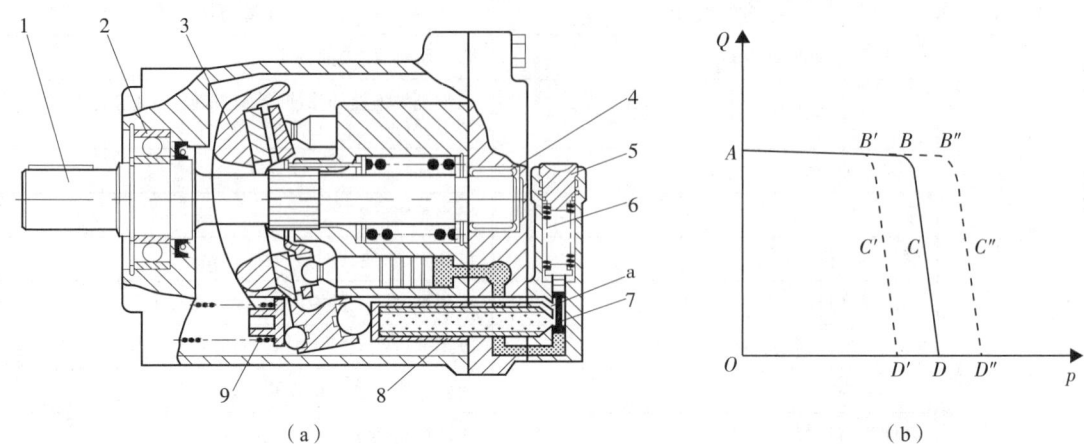

（a）   （b）

图2-22　带压力补偿器的限压式斜盘泵

1—传动轴；2—轴承；3—斜盘；4—轴承；5—调节螺栓；6—压力补偿器弹簧；
7—压力补偿器阀芯；8—变量柱塞；9—复位弹簧；a—泄油管道

二、恒功率变量泵

把泵的自动变量机构设计成使流量Q随排出压力p的变化，近似地符合$pQ =$ 常数（双曲线）的恒功率形式，称为恒功率变量泵。这种泵通常会使感受工作油压的变量元件（如图2-22中的变量柱塞8所示）与两个弹簧相平衡（如图2-22中的复位弹簧9由两个弹簧构成弹簧组），并使其中一个弹簧在变量控制元件的位移量增大到一定数值后再参与工作，这样，即可使泵的$Q-p$特性曲线如图2-23中的折线$ABCD$所示。当排出油压增加到p_A，平衡弹簧之一就开始压缩，使流量按AB线所示那样随排压的升高而降低；当油压进一步增大到p_B以后，由于两个弹簧同时参加工作，于是泵的排量会按图2-23中BC线所示那样随压力的升高而降低；直至油压超过p_C后，泵的流量即受到限位螺钉的限制而不再降低，如图2-23中CD线所示。整个折线$ABCD$与等功率曲线（双曲线）HK大致相近。

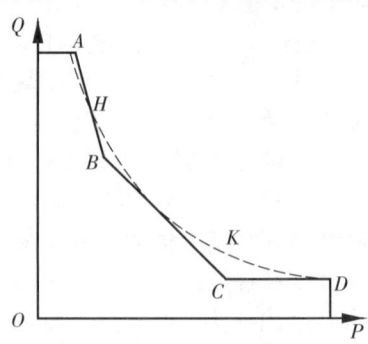

图2-23　恒功率变量泵的特性曲线

三、恒流量变量泵控制机构

读者看到此标题"恒流量变量"这一概念时，是否有困惑？当驱动液压泵的原动机转速不稳定时，泵的输出流量就要发生变化，而在某些工况下，保持泵的输出流量恒定是十分必要的。因此，恒流量变量泵应运而生。其基本原理是在一定范围内，使泵的转速和排量按反比例规律变化，使流量保持恒定。

图2-24所示为恒流量变量泵的工作原理图，其采用并联式流量控制阀作为测量和先导控制元件，利用滑阀上的弹簧检测串联在主油路上锐边节流口前后压差(p_1-p_2)的变化，并利用滑阀控制变量活塞动作。当转速上升时，流量增大，节流口前后压差增大，滑阀右移，油路通道按左位工作，右端阀口开启，差动缸大腔卸压，变量活塞右移，斜盘倾角变小，泵的排量减小，使泵的流量减小，直至节流口两侧的压差与检测弹簧的调定力相平衡于中间（即阀口关闭）位置，此时，尽管泵的转速增加，但由于泵的排量在一个减小的位置，所以流量恢复到调定值。

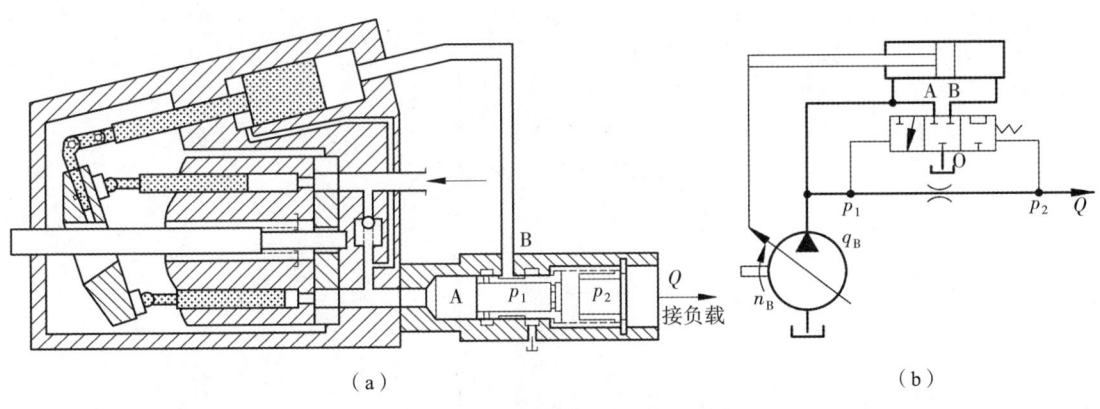

图2-24　恒流量变量泵的工作原理图

若转速下降、流量减小，则节流口前后压差减小，滑阀左移，油路通道按右位工作，压力油同时进入差动缸大小腔，差动活塞左移，斜盘倾角增大，泵的排量增大，使泵的流量增大，直至压力差(p_1-p_2)的作用与弹簧调定值又平衡于中间位置，流量恢复到调定值为止。

四、轴向柱塞泵的伺服变量机构

前文介绍的各类限压式变量式泵、恒功率变量泵、恒流量变量泵等，都需要通过控制变量泵排量的伺服机构来实现，下面介绍几种常见的伺服变量机构类型。

1.液压伺服变量机构

图2-25所示为液压伺服变量机构的原理图，它是由一个双边控制阀和一个差动液压缸组成的一个伺服系统。活塞移动的是能量泵本身。当伺服阀芯左移时，A腔经油路D与T相通。A腔因油液回至油箱而压力降低，这时因为$P_{sA}=0$，所以$P_{sB}A_2 > P_{sA}A_1$，因此差动活塞左移，改变斜盘倾角实现变量，直至差动活塞移动的距离等于伺服阀芯左移的距离时，差动活塞本身切断D与T的通路而停止左移。当阀芯右移时，油路C使B腔与A腔沟

通，两腔压力相等，即 $p_{sB} = p_{sA} = p_s$，但是由于 A_1 大于 A_2，$p_sA_1 > p_sA_2$，在 $(A_1 - A_2)$ 的作用下，差动活塞跟踪伺服阀芯右移，改变斜盘角度实现变量，直到差动活塞移动的距离等于阀芯移动的距离，由于差动活塞本身切断了油路 C 而停止运动，泵将在设定的排量下工作。

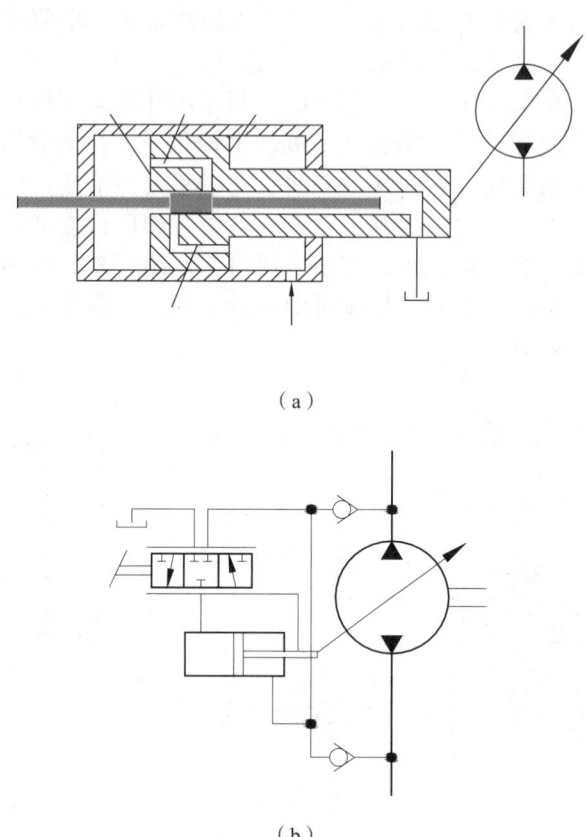

（a）

（b）

图 2-25　液压伺服变量机构的原理图

2. 手动比例遥控伺服变量机构

图 2-26 所示为手动比例遥控伺服变量机构的结构原理图和符号图。减压阀由阀芯 6、调压弹簧 5、复位弹簧 7 等组成。控制油是恒压油，由 P_1 口进入。T 口接油箱。工作口 a、b 接变量活塞或换向阀两端的控制腔。工作时，由手动比例减压阀产生与手柄倾角 α 成比例的控制压力 p_2（减压后压力），在被控制侧，变量机构应是弹簧对中型对称小油缸［如图 2-26（d）所示］，依手柄倾角 α 而设定的每一个压力 p_2 值，通过与弹簧力的平衡关系，得到变量活塞一个确定的位置，使泵的斜盘产生一个确定的倾角，从而达到连续比例遥控变量的目的。下面说明手动设定压力的原理。

手柄中位时（指 $\alpha = 0° \sim 3°$），阀芯在复位弹簧作用下处于最上端，如图 2-26（a）中的阀芯 6′。工作油口 b 与回油口 T 相通，输出压力为零。

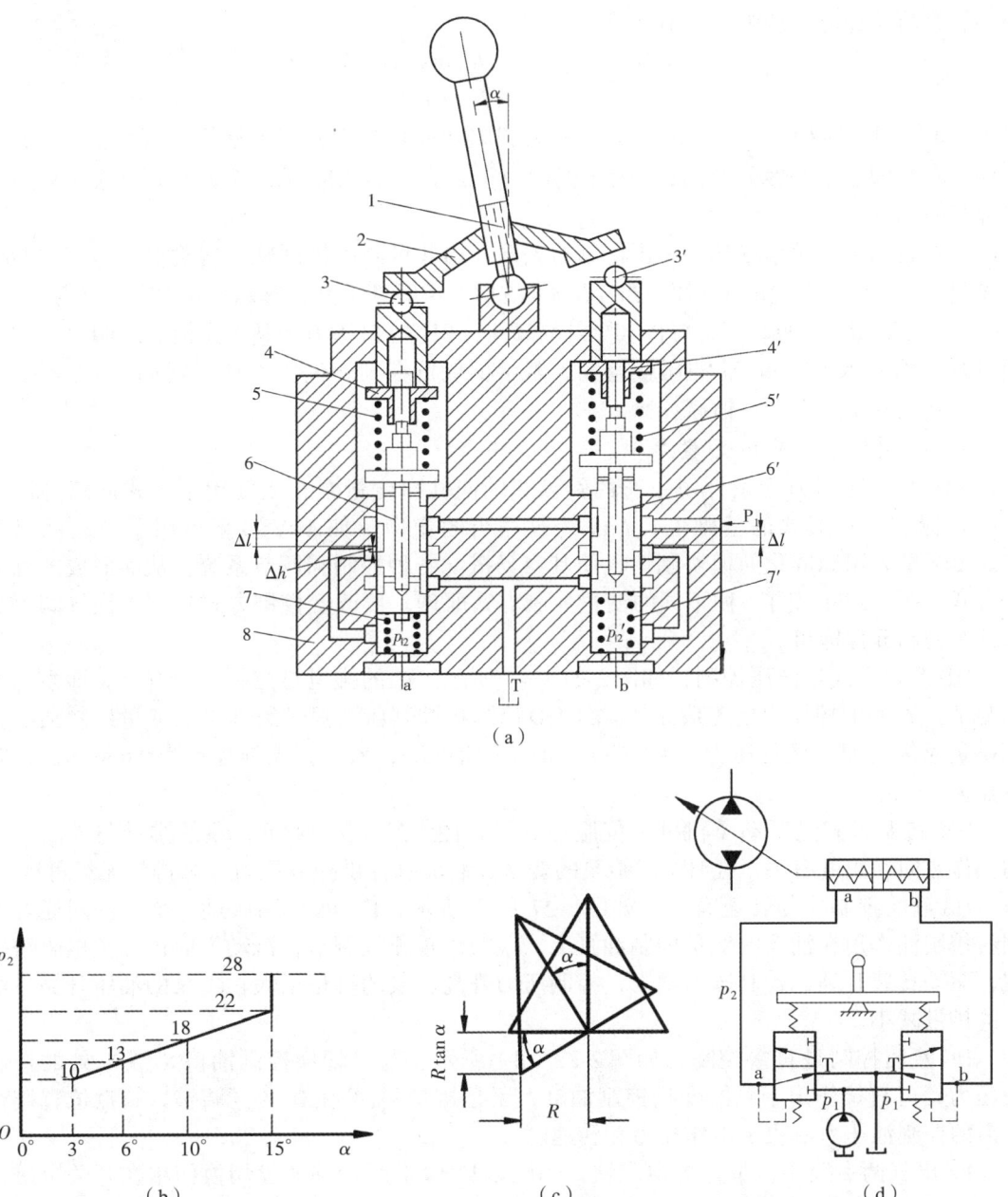

图2-26　手动比例遥控伺服变量机构的结构原理图和符号图

1—手柄；2—蝶形盘；3—触头；4—弹簧座；5—调压弹簧；6—阀芯；7—复位弹簧；8—阀体

当手柄倾角 α 增大时，蝶形盘2压下触头3并经弹簧座4、调压弹簧5推动阀芯6下移，走过封油长度 Δl，打开减压口 Δh，切断a至T的通路。p_1 经减压口 Δh 降为 p_2，则 $p_2 < p_1$，二次油压 p_2 作用在阀芯下端向上，与调压弹簧作用力相平衡，力的平衡关系为：

$$p_2 A + S_7 + (\Delta l + \Delta h)k_7 = S_5 + (R \tan \alpha - \Delta l - \Delta h)k_5$$

式中：k_7 为复位弹簧刚度，数值较小，$(\Delta l + \Delta h)$ 也很小，故两者乘积可忽略。减压口 Δh

很小，为简化计算，认为 $\Delta h = 0$，则有

$$p_2 A + S_7 = S_5 + (R \tan \alpha - \Delta l) k_5$$
$$p_2 = (S_5 - S_7)/A + (R \tan \alpha - \Delta l) k_5/A$$

式中：A 为阀芯面积；p_2 为输出压力；S_5 为调压弹簧预紧力；S_7 为复位弹簧预紧力；R 为手柄中心至阀芯中心线的距离；α 为手柄摆角；Δl 为封油长度；Δh 为减压口开度；k_7 为复位弹簧的刚度。

上式表明 p_2 与手柄摆角 α 呈正比例的关系，由此可画出比例减压阀输出压力特性曲线〔见图 2-26（b）〕。由图可知，当 α 在 3°~15°时，p_2 线性上升，其斜率由 $R K_5/A$ 决定。

阀芯 6 平衡时，使油道 a 与 P_1 和 T 口都隔断，保持 a 口压力为某一定值。很明显，调压弹簧被压缩得越多，a 口的油压就越大。若手柄保持在某一位置不动，则 a 口压力不变，因此，其实际上是一个定值减压阀。

3. 不同控制方式的变量泵

A4V 泵是德国力士乐公司生产的斜盘式轴向柱塞变量泵，主要用于闭式回路静压传动。在标准结构形式的基础上，A4V 经过适当的变型，如 A4VSO 泵可用于开式回路系统。A4V 泵采用标准化的模块制造，使其容易搭配各种控制和调节系统，从而形成多种变量方式。图 2-27 给出了 6 种不同的变量控制方式原理。要改变控制方式只需更换导阀等少数几个控制元件即可。

HD 控制方式是液压控制，如图 2-27（a）所示，泵的排量与控制压力有关。即泵的流量与 Y_1、Y_2 的液控压力之差成正比，经 HD 控制将控制压力提供给油泵的变量控制油缸，泵排量无级可调。液控压力 $p_{st} = 0.6 \sim 1.8$ MPa（油口 Y_1、Y_2）。控制起点为 0.6 MPa，控制终点为 1.8 MPa。

HW 控制方式是手动（机械）伺服控制，如图 2-27（b）所示，泵的排量与控制手柄的操作方向和角度有关，经 HW 阀给泵的变量控制油缸提供控制压力。泵排量无级可调。

DA 液压控制，与转速有关，如图 2-27（c）所示，由 DA 控制通过一个三位四通方向阀将控制油作用在油泵的变量控制油缸上。泵的排量无级调节，流动方向由开关电磁铁确定。驱动转速升高，控制压力增大；控制压力升高，泵的排量增大；主泵的油压升高，油泵的排量减小。

DG 液压控制是直接控制，如图 2-27（d）所示，通过切换控制油口 X_1 或 X_2 处的控制油压力，可直接作用于泵的变量控制油缸，于是排量 V_{g0} 可在 $0 \sim V_{g\max}$ 调整。斜盘位置调节所需的控制油压力取决于工作压力和转速。

EZ 电气两点控制，带开关电磁铁，如图 2-27（e）所示，通过切换作用在开关电磁铁（a 和 b）的控制电流，使泵的变量控制油缸得到相应方向的控制油，这样，斜盘及排量 V_{g0} 在 $0 \sim V_{g\max}$ 调整。

EP 电气比例控制，如图 2-27（f）所示，带比例电磁铁三位四通阀根据比例电磁铁的输入电流，输出相应压力的控制油，控制油泵的变量控制油缸，并使活塞向相应的方向移动，实现泵的流量无级可调，这种泵称为电液比例泵。

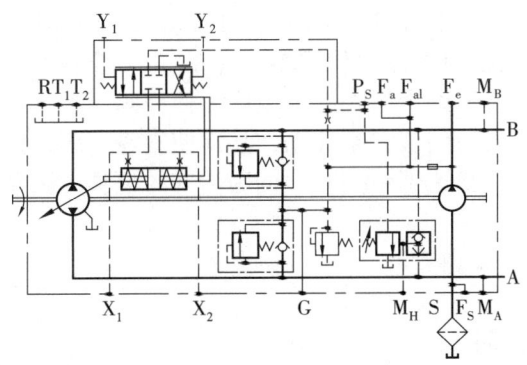

（a）HD液压控制，与控制压力有关

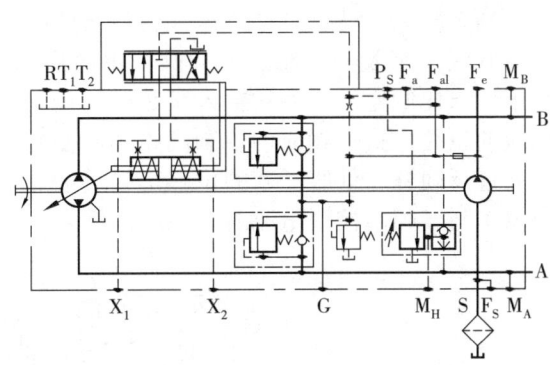

（b）HW手动（机械）伺服控制，规格
28和250不带F_{al}和F_S油口

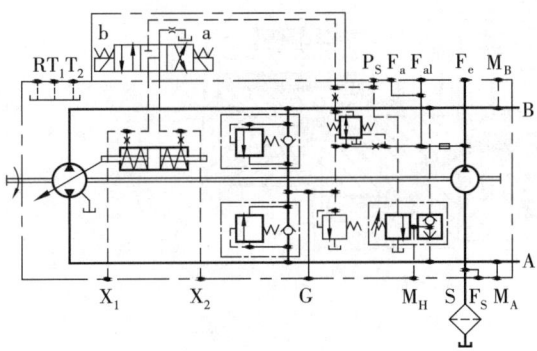

（c）DA液压控制，与转速有关

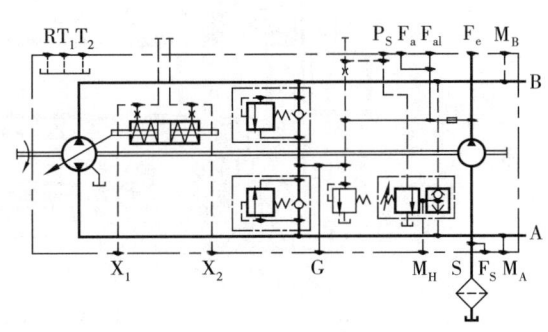

（d）DG液压控制，为直接控制，规格
28和250不带F_{al}和F_S油口

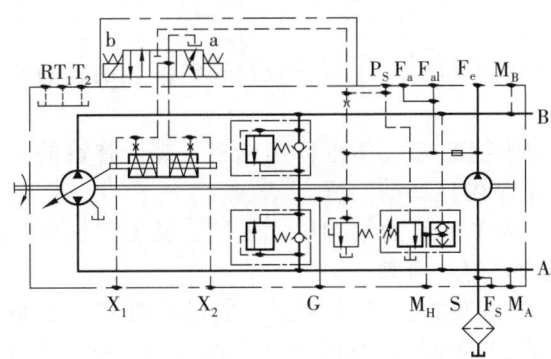

（e）EZ电气两点控制，带开关电磁铁

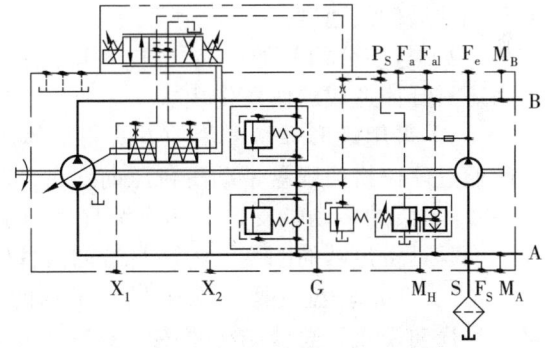

（f）EP电气比例控制，带比例电磁铁，
规格28和250不带F_{al}和F_S油口

图2-27　A4V泵的不同变量控制方式原理图

A、B—工作油口；T_1—泄漏油口或加油口；T_2—泄漏油口或放油口；
M_A或M_B—工作回路A、B的测压接口；R—放气口；S—辅助回路的吸油口；X_1、X_2—控制压力油口；
G—辅助回路的压力油口；P_S—控制压力供油口；F_a—过滤器出油口；F_{al}—过滤器出油口；
F_e—过滤器进油口；F_S—从过滤器至吸油管接口（冷起动）；
M_H—并行的高压油口；Y_1、Y_2—远程控制油口（仅对HD控制）

图2-28所示为A4VG斜盘式变量泵的结构图，示出了带有辅泵（内齿轮泵）的A4VG斜盘式变量泵及安全阀、补油阀和电磁比例伺服控制元件。如图2-27中的（f）控制方式所示，当比例电磁线圈被输入某数值的控制电流时，则产生相应的电磁力使导阀阀芯产生相应的位移，接通相应的控制油路，使变量油缸内的伺服活塞移动，从而使斜盘倾斜，同时通过反馈杆将伺服活塞的位移信号反馈到导阀。当达到平衡时，伺服活塞的位移（主泵流量）与导阀的控制电流的大小成比例。

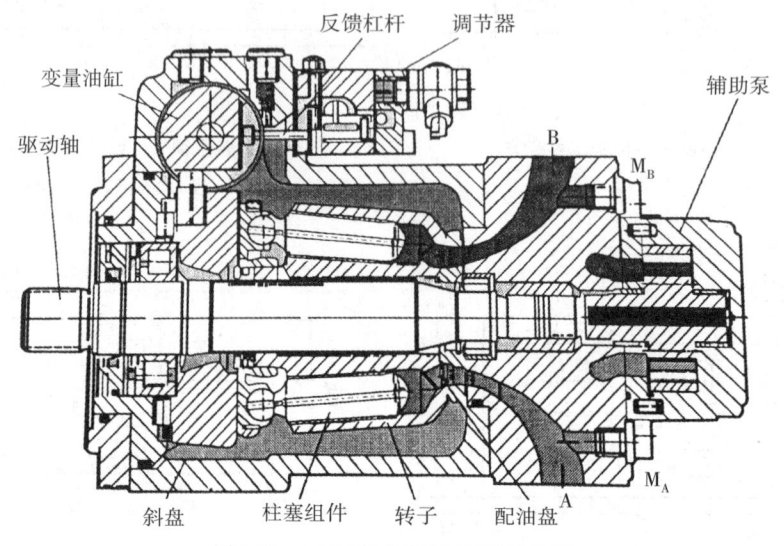

图2-28　A4VG斜盘式变量泵的结构图

A4VG斜盘式变量泵的主要特点有：

（1）常有9个实心柱塞，呈锥形分布，柱塞运行方向与泵轴成5°夹角，这样，可利用一部分离心力的分力帮助柱塞回程，利于减小配流盘的直径尺寸，并可降低缸体——配流盘副的运动线速度。

（2）与该公司其他产品一样，其配流盘也是球面的，有利于减轻轴向偏载引起的附加力矩对缸体造成的倾覆作用。

（3）采用蝶形弹簧撑紧的方式将缸体压向配流盘和泵体进行预密封，蝶形弹簧的另一端通过球铰将回程盘带动滑靴压向斜盘，利于泵内柱塞的回程。

（4）泵的传动轴支撑在两个滚柱轴承上，为了使泵的结构尺寸紧缩，又要保证轴颈较涩而且具备足够的刚度，配流盘端的滚柱轴承采用无内圈式。

（5）变量斜盘支撑于两个只有半圆的有保持架的滚子轴承上，变量油缸垂直于泵轴，呈横向设置，总体结构紧凑。变量油缸上安装不同的控制阀则可实施手动伺服、液压比例、电液比例和速度可调的液动控制等变量形式。

该泵配流盘轴端装有辅助油泵，泵上还装设两只补油单向阀、两只高压安全阀和一只辅油泵安全阀。该泵的额定压力和最高压力分别为35 MPa和40 MPa，辅油泵额定压力和最高压力分别为2.5 MPa和4 MPa。

起动前泵壳体内必须灌满工作油，并且在工作过程中保持充满工作油。初次起动时，要求不带负载低速运行，直至系统完全排净空气。长期停机时，泵壳内的油液会泄空，因此，再次使用时，必须还要保证壳体灌满工作油。S油口的最低吸油压力不能低于0.08 MPa

（绝对压力）。

五、关键零件的修理

（一）柱塞与滑靴

1. 柱塞的常见结构形式

常见的柱塞的结构形式有以下两种：

（1）点接触式柱塞，其头部与斜盘成点接触的形式，接触应力大，柱塞头部容易磨损，常用于中低压泵。

（2）带滑履的柱塞，它与斜盘接触面大，接触应力小，斜盘与滑履间有一层油膜，减小了磨损与摩擦，使其使用寿命大大延长，这种结构是一种重大的改进。为了减轻柱塞的重量，其中间部分被挖空，但增加了残留的液体容积，会影响泵调节过程的动态品质，并降低泵的容积效率。美国 Sand Strand 公司在生产的斜盘式轴向柱塞泵中采用了充填塑料的柱塞。因充填塑料会脱落，现在国内有些制造厂已改为端部封死的空心柱塞，而且一般取球头直径比柱塞直径略小。实践经验表明，在高压使用时，直轴式泵的颈部直径常是其薄弱环节。

柱塞上常加工环形沟槽，称平衡槽，该槽可起匀压和储存脏物的作用。国外新设计的柱塞泵中，其柱塞有不开平衡油槽的柱塞，外圆是圆锥形的，底部直径略小于头部直径，如图 2-28 所示的柱塞就是这种类型的。

2. 柱塞与滑靴的修理

在实际使用中，柱塞会出现如下所述的常见问题：

（1）球头配合松动。这种情况下，要用压合胎具在压力机上再次压合，或在车床上再滚压包球。在操作过程中要注意控制滚轮进刀的尺寸和速度。

（2）柱塞圆柱表面咬毛、拉伤。如果问题不太严重，通常采用研磨的办法解决。操作时，可将研磨外套夹固在转动的车床上，手握滑靴部位，在柱塞圆柱面上涂敷合适的研磨剂，然后细心谨慎地插入旋转的研磨外套的孔中，并做适当的前后往复运动，以使在柱塞圆柱面的全长范围内获得均匀一致的研磨效果。

（3）柱塞咬死在缸体孔中。碰到这种情况，必须将缸体等全部零件拆下检查，而且损坏的零件往往很难修复，所以通常是更换新元件。

（二）缸体与外套

缸体通常用青铜制造，外套用轴承钢制造。缸体内有沿圆周均匀分布的若干个柱塞孔，柱塞孔的进出口呈长腰圆形，其宽度与配流盘上的吸排窗口相适应。腰圆孔的通流面积比柱塞孔小，因此，当柱塞压油时，油液就对缸体产生轴向推力。该推力再加上中心弹簧的作用力，就形成了缸体对配流盘的总压紧力，这对于维持缸体与配流盘运动表面之间的密封和泵的正常工作十分重要。对 CY14-1B 型泵，如果发现缸体端面有轻微磨损或划伤，可将该端面放在二级精度以上的研磨平板上进行研磨，使该平面度的允差达到小于 0.005 mm。若磨损较为严重，应以缸体外套的轴承滑道的端面为基准，将缸体置于平面磨床的工作台下，把磨损或黏坏痕迹磨去，然后抛光至 Ra0.32 μm 的表面粗糙度，并保证该端面平面度的允差不大于 0.005 mm。缸体配流盘端面常见故障及其产生原因与修理方法如表 2-3 所示。

表2-3　CY14-1B型泵缸体配流盘端面常见故障及其产生原因与修理方法

常见故障	产生原因	修理方法
缸体与配流盘贴合面磨损或烧坏	1.向油箱加油时未经过滤,或油箱中隔板间的滤油网破裂而使杂质污物吸入泵内	1.修整隔层油网,对油液重新进行过滤,清除油液中的杂质污垢
	2.因停车时间较长,而起动油泵前未能给泵内加注工作油液,使配流盘与缸体贴合面产生干摩擦	2.起动油泵前,必须将泵内加满工作油液,特别是停车时间较长后重新开车;否则不许起动
	3.缸体材质低劣、含有杂质或软硬不均匀	3.检查或更换缸体
	4.配流盘端面硬度太低	4.检查或更换配流盘
	5.配流盘在高温条件下长时间工作,并因高油压作用而导致应力变形	5.检查、排除油温升高的故障,必要时增加油液冷却装置,检修或更换配流盘
	6.配流盘与缸体相互配合的两个端面其中某一端面或两端面平面度超差,且成凹形	6.研、抛配流盘或平磨缸体,使两者平面度、表面光洁度(表面粗糙度)符合技术要求
	7.缸体上的柱塞孔精铰时深度未达到,或者孔有锥度,导致柱塞在缸体孔内卡死	7.检修缸体柱塞孔的深度、锥度等形位精度,保证在允差范围内
	8.泵壳(中间泵壳体)的内支撑孔与传动轴的同轴度超差	8.拆检泵壳上内支承面与传动轴的同轴度,并调整至允许范围内,超差太大无法调整时,应更换泵壳或传动轴
	9.缸体与轴承配合间隙过大	9.更换缸体或轴承,适当减小配合间隙
	10.缸体花键孔与传动轴花键配合间隙太小	10.调整或修理传动轴花键,适当增大间隙,使花键能滑入花键槽中
	11.缸体配流面与其轴承支撑面不垂直	11.检修、调整或更换有关零件
	12.传动轴弯曲或大、小轴承未装正	12.更换或修理传动轴,重新装配轴承
	13.配流盘与缸体之间高、低压过渡区困油现象严重	13.用什锦锉刀修锉相关部位的三角槽尺寸,使其符合卸压要求

（三）配流盘

1.配流盘的作用与加工工艺

配流盘是泵内的关键零件。盘上的两个弧形透槽,即为旋转缸体配流的吸、排油窗口。为了提高盘的强度和结构刚性,每槽的中部保留薄连片。两槽之间的过渡处加工有两个点眼坑形的阻尼孔（中心小孔直径约为1 mm）,当配流盘正确安装后,通过泵体上开挖的细小油槽,阻尼孔可与对应的吸、排油窗口相通,以此来减小和消除油液进出柱塞孔时的困油现象和液压冲击。过渡区还钻有5个直径为1.5~2 mm的盲孔,深度为2~3 mm,起储油润滑作用,以防缸体在盘上滑动时出现干摩擦。盘外缘附近处的环形槽称作卸压槽。环形槽外侧的各扇平面是配流盘提供缸体的辅助支撑,并由径向浅槽提供润滑。配流盘在工作中要求长期稳定不变形,其加工工艺要保证:

（1）加工后的配流盘成品表面粗糙度在Ra0.16 μm左右。两端平行度允许误差在0.01 mm以内,端面平面度允许误差不大于0.005 mm,且只许内凹,不许外凸。

（2）通过研磨修理的配流盘,用煤油洗净,抛光后,表面不应发灰,应当呈白色,一般要求表面粗糙度为Ra0.16 μm（光洁度达▽10级）。该零件的平面度也应达到规定要求，不大于0.005 mm。用刀口平尺紧贴被测平面对光测量时，刀口处最好不透光，凹心越小越好，并不允许中间凸起。

若配流盘磨损较严重，在条件许可的情况下，应当在平面磨床上对两个端面进行精密平磨，并使平行度在0.01 mm的允差范围内，这样可减少研磨工作量。

2.配流盘的烧盘现象

配流盘严重烧损并已使零件退火发黄，则必须更换配流盘。配流盘烧盘的原因是缸体和配流盘之间的油膜被破坏，导致金属与金属直接接触。由于缸体和配流盘之间存在着高速旋转运动，直接接触的金属会引起大量的摩擦热，使缸体和配流盘因过热而引起金属材料组织的改变，产生咬合、黏结，进一步加剧磨损与摩擦，最后导致金属因此产生裂纹并烧坏，运动副零件无法修复而报废，使泵完全停止工作。

针对烧盘的现象，我国专家、学者及厂家在设计和制造中采取了不少行之有效的措施，如上所述的配流盘辅助支撑强迫润滑，以及正确设计缸体与配流盘间的静液压平衡，减小配流盘反向的推开力等。

在修理、使用、装配过程中，为防止泵工作时的烧盘，还必须注意以下几方面：

（1）合理选用工作油液，严格保持清洁，用油污染程度需要控制在泵的许用范围内。

（2）缸体和配流盘的运动端面要达到规定的平面技术要求，使两者均匀接触。

（3）保证安装时泵轴、轴承、缸体等零部件的有关部位的同轴度；泵体、配流盘、缸体配流面对花键、轴承孔的垂直度；配流盘两端面的平行度。所有这些的根本目的是使泵在运转时，缸体和配流盘之间不出现楔形间隙，防止两者间的局部接触，确保两者间均匀、全面地贴切，以减小相互间的接触比压，从而避免烧盘。

六、柱塞泵的常见故障及其产生原因、排除方法

柱塞泵的常见故障及其产生原因、排除方法如表2-4所示。

表2-4　柱塞泵的常见故障及其产生原因、排除方法

常见故障	产生原因	排除方法
流量不足或不能给出压力	吸油阻力过大(吸油管路装有滤油器,阀门通径小,管路过长)或油箱油面过低	减小吸油管路上的阻力(去掉滤油器,增大阀门通径,缩短管路或提高油面)
	吸入端漏气	检查漏气部位,加强密封
	油液黏度过高或使用温度过低	更换黏度适合的液压油,增设加热器
	配流盘与泵体之间有脏物,或配流盘与转子接触不良	拆卸清洗,重新装配试调
	变量机构有故障,偏角太小	修理变量机构,保证偏角正确
	泵在高压工况下,流量太小,温度过高则不能给出压力	降低油温,更换由于温度高而漏损过大的元件
噪声过大	吸油不足,吸油阻力过大	减小阻力
	油箱油位过低	提高油位
	油液黏度过高,温度过低	更换黏度适合的液压油,升高温度
	吸油管路有空气进入	排除漏气

续表

常见故障	产生原因	排除方法
噪声过大	回油管露出油面	使回油管伸入油面以下 200 mm
	柱塞与滑靴球头连接严重松动或脱落	检查修理
	内部零件损坏	更换损坏的零件
	原动机轴与泵轴不同心	更新安装调整
	闭式系统管路中空气未排除	排除空气
回油管漏油严重	配流盘与泵体磨损严重	修配或更换
	滑靴与变量头磨损严重	修配或更换
	油液黏度过低	更换黏度适合的液压油
温度过高	油液黏度过高	更换黏度适合的液压油
	油箱容量过小	加大油箱或增设冷却装置
	泄漏过大	更换泄漏过大的元件
	转速过高	降低转速
	不正常磨损	拆泵检查，更换零件
操纵杆停不住（手动伺服变量式）	伺服阀芯对阀套油槽遮盖量不够	检查阀套位置
	伺服阀芯卡死	拆开清洗，必要时更换阀芯
	变量机构活塞磨损严重,间隙增大	更换活塞，保证间隙
	伺服阀芯端部拉断	更换伺服阀芯
变量速度不够（液控变量式）	控制油压力不足	提高控制油压力到3.0~5.0 MPa
	控制油流量太小	增加控制系统液压泵流量

第三章 液压执行元件

第一节 液压马达

一、液压马达概述

液压马达是液压传动系统中的执行元件，它将来自液压泵的液压能转变成回转运动的机械能，从而驱动负载旋转工作。液压马达通常可分为高速和低速两大类。

额定转速高于500 r/min的液压马达常被称为高速液压马达，其主要形式有齿轮式、螺杆式、叶片式、轴向柱塞式。其特点是转速较高，转动惯量小，排量也小，起动、制动、调速及换向方便，但输出扭矩不大，通常为几十到几百牛·米，相当多的情况下不能直接满足工程负载对扭矩的要求，需要配置机械减速机构，因此，其在使用上受到一定的限制。

额定转速低于500 r/min的液压马达常被称为低速马达。低速马达排量大，体积也大，转速在低到每分钟几转甚至零点几转时，仍能稳定输出几千甚至几万牛·米的扭矩，所以，也常称其为低速大扭矩液压马达。其主要形式有多作用内曲线柱（球）塞式液压马达和曲柄连杆式、静压平衡式等径向柱塞式液压马达。它适用于直接连接并驱动负载，无须减速机构，且起动、加速时间短，性能好，由于输出扭矩大，因此在工程设备中得到广泛的应用。

液压马达的一般分类如图3-1所示。

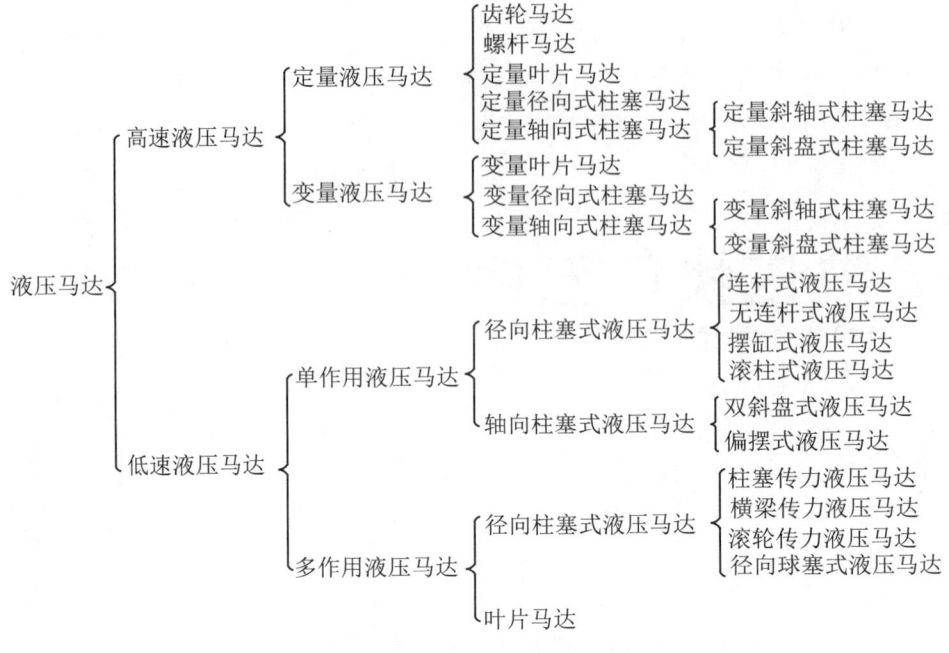

图3-1 液压马达的一般类型

二、液压马达的性能参数及基本特性

1.压力

液压马达与液压泵一样，其压力大小均由负载决定。不同之处是，液压泵的工作压力是指其出口处，液压马达则指其入口处。马达入口压力和出口压力的差值称为马达的工作压差 Δp。

2.排量

液压马达的工作形式为输出扭矩，其大小数值并不由马达本身决定而是决定于负载。但是，同样负载工况下，工作容腔大的马达的压力要低于工作容腔小的马达的压力，因此工作容腔的大小是液压马达工作能力的一个重要指标。

液压马达工作容腔的大小常用几何排量 q 来表示，单位为 m^3/rad 或 mL/r，通常是指马达主轴每转一周，由其密封容腔几何尺寸变化计算而得的液体体积量。

3.流量与容积效率

为达到指定转速，单位时间内输入马达入口处的流量称为马达的实际输入流量 Q_S，每转一周马达密封容腔变化所需要的流量称为马达的理论输入流量 Q_{th}；实际流量与理论流量之差值，即为马达的泄漏量。

液压马达的理论输入流量 Q_{th} 与实际输入流量 Q_S 之比值，即为容积效率：

$$\eta_v = Q_{th}/Q_S \times 100\%$$

4.转速

马达的理论输出转速 n_{th} 等于理论输入流量与排量之比值，即

$$n_{th} = Q_{th}/q$$

式中：Q_{th}——理论流量（L/min）；q——马达排量（L/r）；n_{th}——理论转速（r/min）。

计算实际转速时还要考虑容积效率。

5.液压马达的理论输出扭矩

根据能量守恒定律，有：

$$M_{th} \times 2\pi n_{th} = \Delta p Q_{th} = \Delta p q n_{th}$$

$$M_{th} = \frac{\Delta p q}{2\pi}$$

式中：M_{th}——理论输出扭矩（N·m）。

6.机械损失与机械效率

机械损失是指由于各零件间相对运动及流体与零件间相对运动的摩擦而产生的能量损失。液压马达的机械损失表现在实际输出扭矩的降低。

机械效率等于运行状态的实际输出扭矩与理论输出扭矩的比值，即

$$\eta_m = M_S / M_{th} \times 100\%$$

式中：M_S——实际输出扭矩。

7.实际输出扭矩

因液压马达存在机械损失，故计算实际输出扭矩 M_S 时应计及机械效率，则

$$M_S = M_{th} \eta_m = \frac{\Delta p q \eta_m}{2\pi}$$

8.起动扭矩

液压马达很重视其起动性能。在同样的工作压力情况下，液压马达在由静止状态到开始转动的起动状态的输出扭矩，称为起动扭矩，它要比运行中的扭矩小，这给液压马达带载起动带来了困难。物体的静摩擦系数最大，起动扭矩降低的原因主要是一旦滑动后摩擦系数明显减小。这是由机械摩擦的一般性质与规律所决定的。

不同结构形式的液压马达的起动性能是不同的。经比较，多作用内曲线式液压马达的起动性能最好。

9.爬行现象

当液压马达工作转速过低时往往保证不了运转的均匀性，而产生一种时快时慢、时动时停的不稳定状态，这就是所谓的爬行现象。

产生爬行现象的原因和低速摩擦阻力的特性有关。另外，液压马达排量本身及泄漏量也随转子转动的相位角变化做周期性波动，这也会造成马达转速的波动。在低速时，这种波动难以被转动惯量所掩盖而清楚地表现出来，形成爬行现象。

10.最低稳定转速

最低稳定转速是指液压马达在额定负载时，不会出现爬行现象的最低工作转速。

对于我国生产的各种液压马达，其最低稳定转速范围一般为：

（1）多作用内曲线马达，最低稳定转速范围为0.1~1 r/min。

（2）曲柄连杆式马达，最低稳定转速范围为2~3 r/min。

（3）静压平衡式马达，最低稳定转速范围为2~3 r/min。

（4）行星内啮合摆线转子式马达，最低稳定转速范围为2~3 r/min。

（5）轴向柱塞式马达，最低稳定转速范围为30~50 r/min（个别结构可达1.5~5 r/min）。

（6）高速叶片式马达，最低稳定转速范围为50~100 r/min。

（7）低速大扭矩式叶片马达，最低稳定转速范围为4~6 r/min。

（8）高速齿轮马达，最低稳定转速范围为200~300 r/min（个别结构可达50~150 r/min）。

11. 液压马达的调速范围

当工作负载在从低速到高速的很宽的区域内变动时，也要求液压马达能在相应的较大的调速范围内进行驱动；否则要设置减速机构，使整机布置庞大。调速范围宽意味着马达的低速稳定性好，又有良好的高速工作性能。通常，马达的调速范围常以允许的马达最高转速与最低转速的比值来表示，即

$$K = n_{max}/n_{min} = \omega_{max}/\omega_{min}$$

但最高转速受多方面因素的限制，如磨损、机械效率、背压等。我国生产的液压马达最高使用转速范围一般为：

（1）齿轮式液压马达，最高使用转速范围为1 500~3 000 r/min。

（2）叶片式液压马达，最高使用转速范围为1 500~2 000 r/min。

（3）摆线齿轮式液压马达，最高使用转速范围为500~600 r/min。

（4）轴向柱塞式液压马达，最高使用转速范围为1 000~3 000 r/min。

（5）曲柄连杆式液压马达，最高使用转速范围为400~500 r/min。

（6）静压平衡式液压马达，最高使用转速范围为500~600 r/min。

（7）多作用内曲线马达，最高使用转速范围为250~350 r/min（个别类型可达800 r/min）。

12. 制动性

液压马达在停车工况时，压力油的泄漏就表现为液压马达转动轴的反向缓慢转动。为防止停转时重物下落和车辆在斜坡上自行下滑，对液压马达的制动性有要求。柱塞式马达的制动性能最佳。液压马达不能完全避免泄漏现象，因此，必须采取其他制动措施，如起货机中起升液压马达的机械刹车装置。

13. 液压马达的理论功率

不计各种损失时，液压马达的理论功率为

$$P_{th} = \Delta p Q_{th} = \Delta p q n_{th} = M_{th} \times 2\pi n_{th}$$

14. 液压马达的输入功率

因液压马达内部存在泄漏，故液压马达的实际输入功率比理论功率大。实际输入功率为

$$P_{in} = \Delta p Q_S = \Delta p Q_{th}/\eta_v$$

15. 液压马达的实际输出功率

液压马达的实际输出功率（简称输出功率）为

$$P_{out} = M_S \times 2\pi n = M_{th} \times 2\pi n \eta_m$$

式中：n——液压马达的实际转速。

16. 液压马达的总效率

液压马达实际输出功率与实际输入功率之比为总效率，即

$$\eta = P_{out}/P_{in} = M_{th} \times 2\pi n \eta_m/(\Delta p Q_S) = \eta_v \eta_m$$

上式表明，液压马达与液压泵一样，其总效率为容积效率与机械效率之乘积。

液压马达性能参数基本关系式如表3-1所示。

表3-1　液压马达性能参数基本关系式

名称	计算式	单位
理论扭矩	$M_{th} = \Delta p q/(2\pi)$	N·m
实际输出扭矩	$M_S = M_{th}\eta_m = \Delta p q/(2\pi)\eta_m$	N·m
理论转速	$n_{th} = Q_{th}/q$	r/min
实际输出转速	$n = n_{th}\eta_v$	r/min
理论流量	$Q_{th} = n_{th}q$	L/min
实际需要输入流量	$Q_S = Q_{th}/\eta_v = n_{th}q/\eta_v$	L/min
输出功率(轴功率)	$P_{out} = M_S\pi n/30$	kW
输入功率(液压功率)	$P_{in} = \Delta p Q_S/60 = P_{out}/\eta$	kW

三、活塞连杆式马达（斯达法马达）

活塞连杆式马达的常见故障及其产生原因、排除方法如表3-2所示。

表3-2　活塞连杆式马达的常见故障及其产生原因、排除方法

常见故障	产生原因	排除方法
1.旋向与预定方向相反	配油轴装反	拆下端盖,取出配油轴,旋转180°后重新装入
2.转速下降,运转不正常	(1)系统其他部分毛病; (2)马达严重外泄漏; (3)配油轴严重泄漏; (4)连杆瓦静压支撑失效	(1)检查系统,并排除。 (2)检查球铰副的结合面。 (3)检查连杆瓦面与偏心轴间的接触情况;检查活塞与缸体间的密封。 以上因素处理后,检查油的黏度和工作油温。 (4)检查密封环损坏情况,并予以更换;检查节流器是否堵塞;检查过滤帽,清洗或更换
3.无压力或压力很高,而马达不运转	(1)无压力油或压力未达到使用要求; (2)十字接轴折断; (3)运动件摩擦副相互咬死	(1)检查供油系统; (2)拆换更换零件; (3)拆卸检修
4.输出扭矩下降	(1)配油轴与配油体严重磨损或咬死; (2)球铰副咬坏; (3)活塞与缸体严重磨损; (4)连杆瓦面烧坏; (5)轴承损坏或滚子咬坏	分别检查,予以调整修复或更换 检查系统中油的过滤精度,使之达到说明书要求
5.内部噪声过大	(1)连杆抱环断裂; (2)连杆瓦面巴氏合金脱落; (3)故障3中部分原因	更换零件 同故障3中排除方法
6.马达爬行	(1)摩擦阻力大小不均匀,不稳定,摩擦副油膜破裂; (2)泄漏不稳定	(1)拆检零件磨损和润滑状况; (2)选择合适黏度的干净油液,检查泄漏部位,采取防漏措施
7.温升太快	(1)系统冷却不够; (2)注意零件磨损严重,同故障3中部分原因	(1)检查、改善; (2)同故障3中排除方法
8.结合面和轴封处油液渗漏	(1)螺栓未拧紧,紧固程度不均匀; (2)有关O形密封圈、油封老化或损坏; (3)壳腔压力高	(1)检查后重新紧固; (2)更换密封件; (3)检查系统油路是否符合说明书的要求

续表

常见故障	产生原因	排除方法
9.异常声响	(1)油泵进油口滤油器被堵塞； (2)有空气进入内部； (3)油液被污染,有气泡混入； (4)联轴器不同心； (5)油黏度过大； (6)马达脱空与撞击； (7)外界振动	(1)清洗滤网、滤芯； (2)检查有进气部位的密封； (3)更换油； (4)校正同轴度； (5)更换黏度较小的油； (6)增大回油腔背压； (7)采取防振措施

四、轴向柱塞液压马达

XM系列、TXM系列轴向柱塞液压马达的常见故障及其产生原因、排除方法如表3-3所示。

表3-3　XM系列、TXM系列轴向柱塞液压马达的常见故障及其产生原因、排除方法

常见故障	产生原因	排除方法
压力升不上去	(1)供油泵损坏； (2)溢流阀调整压力太低或阀有故障； (3)系统有泄漏； (4)主要摩擦副磨损,内泄漏太大	(1)检查油泵； (2)调整溢流阀压力或检修溢流阀； (3)对系统管道和元件进行检查； (4)拆开检查修理零件
过度发热	(1)油的黏度过高； (2)不正常磨损； (3)工作压力过高； (4)转速过高； (5)冷却器作用不大； (6)没有冷却器,油箱容量太小； (7)环境温度过高	(1)更换推荐用油； (2)拆开马达检查； (3)检查管路阻力及负荷； (4)减小供油泵排量； (5)增大冷却面积,检查冷却器故障； (6)增大油箱容量； (7)吹风或采取其他降温措施
噪声太大	(1)进油管吸入空气； (2)油的黏度太高； (3)马达输出轴与被传动机械不同轴； (4)马达转速太高； (5)超负载运行	(1)检查排除漏气部位； (2)更换合适黏度的油； (3)重新安装调整； (4)减小供油泵排量； (5)降低被传动机械工作载荷
内泄漏量大	(1)油的黏度太低； (2)配流盘、斜盘、缸体、柱塞、滑靴等主要零部件严重磨损或损坏； (3)配流盘与壳体平面没有贴紧； (4)缸体花键与平面垂直度超差	(1)变换推荐用油； (2)拆开马达检查零件,修复或更换； (3)拆开重新装配； (4)检查后修正

五、叶片式和齿轮式液压马达

叶片式和齿轮式液压马达的常见故障及其产生原因、排除方法如表3-4所示。

表3-4　叶片式和齿轮式液压马达的常见故障及其产生原因、排除方法

常见故障	产生原因	排除方法
转速达不到要求	流量不足或内泄漏太大	检查流量和内部零件,必要时更换
回转方向不对	油路接反	重新连接
扭矩达不到要求	(1)溢流阀未达到额定压力； (2)回油阻力过大； (3)零件磨损	(1)检查管路,减少管路损失,增大液压马达进口压力； (2)增大回油阻力； (3)更换零件

续表

常见故障	产生原因	排除方法
换向阀关闭,液压马达不能立即停止	(1)换向阀泄漏过大; (2)工作机构惯性大; (3)溢流阀额定压力不当	(1)检查换向阀,修复或更换; (2)增设制动回路,控制惯性; (3)重新调整

第二节　液压缸

　　液压缸又称液压油缸,是液压传动中的一种执行元件,用来实现机械的直线往复运动或摆动。液压缸的结构形式很多,按运动形式分,有直线往复运动液压缸和摆动液压缸;按作用分,有单作用液压缸和双作用液压缸;按结构形式分,有柱塞式、活塞式、伸缩套筒式以及组合式液压缸等;此外还有单出杆式液压缸和双出杆式液压缸之分,以及差动液压缸等。

一、液压缸的主要技术参数和设计步骤

(一)液压缸的主要技术参数

液压缸的技术参数包括工作参数和结构参数,主要有:

(1)油缸缸径,内径尺寸。

(2)进出口直径及螺纹参数。

(3)活塞杆直径。

(4)油缸工作压力,试验压力,最低起动压力。

(5)油缸行程。

(6)是否有缓冲。

(7)油缸的安装方式。

(8)速度及速比,最低稳定速度。

(9)内部泄漏量。

(10)容积效率,机械效率。

(二)液压缸的设计步骤

　　了解并掌握液压缸的设计步骤,在我们设计液压缸时是非常重要的,因为知道了这些步骤,才能有条不紊地进行设计,更好地设计出质量好的液压缸。一般设计工作可参考下列步骤依次进行:

(1)掌握原始资料和设计依据,主要包括:

①主机的用途和工作条件。

②工作机构的结构特点、负载状况、行程大小以及动作要求。

③液压系统所选定的工作压力、流量。

④材料、配件和加工工艺的实际情况。

⑤相关的国家标准和技术规范等。

(2)根据设计依据中对主机的动作要求,对液压缸进行受力分析,选择液压缸的类

型和各部分结构形式、安装方式。

（3）根据液压缸所能承受的外部载荷作用力（包括重力、外部机构运动摩擦力、惯性力和工作载荷等），确定液压缸在行程各阶段负载的变化规律及必须提供的动力数值等相关的技术数据。

（4）根据液压缸的工作负载和选定的额定（工作）压力来确定活塞端面面积并计算活塞直径（即缸筒内孔直径）和缸筒外径。

（5）根据缸径和运动速度之比或者工作负荷和材料的许用应力，确定活塞杆的直径。

（6）根据运动速度、工作出力和活塞直径，确定液压泵的压力和流量。

（7）选择缸盖的结构形式，并计算缸盖与缸筒的厚度和连接强度。

（8）根据工作行程的要求，确定液压缸的最大工作长度，一般要求最大工作长度不能小于活塞杆的直径。若活塞杆细长，应进行纵向弯曲强度、刚度校核和液压缸稳定性的计算。

（9）设计导向、密封、防尘、排气和缓冲等装置。

（10）绘制装配图和零件图，编制技术文件。

（11）审定全部设计计算资料，进行修改补充。

液压缸的设计内容不是一成不变的，根据具体的情况，可省略或添加某些内容。

设计过程中可能要经过反复修改，才能得到正确、合理的设计结果。

（三）液压油缸常用计算公式

液压油缸的常用计算公式如表3-5所示。

表3-5　液压油缸的常用计算公式

项目	公式	符号意义
液压油缸面积（cm²）	$A = \pi D2/4$	D:液压缸有效活塞直径（cm）
液压油缸速度（m/min）	$V = Q/A$	Q:流量（L/min）
液压油缸需要的流量（L/min）	$Q = V \times A/10 = A \times S/(10t)$	V:速度（m/min） S:液压缸行程（m） t:时间（min）
液压油缸出力（kgf）	$F = p \times A$ $F = p_1 \times A_1 - p_2 \times A_2$ （有背压存在时）	p_1:进油腔压力（kgf/cm²） p_2:回油腔压力（kgf/cm²） A_1:进油腔面积（cm²） A_2:回油腔面积（cm²）

二、液压缸的典型结构

图3-2所示为活塞式液压缸的结构图，这种液压缸由缸底2、活塞8、缸筒11、活塞杆12、导向套13、耳环21和缸盖15等主要部件组成。缸筒11一端与缸底2焊接，另一端与缸盖15用螺纹连接，以便拆装检修。缸筒11的两端有进、排油口A和B。活塞和活塞杆用卡环5连接，用挡环4和弹簧挡圈3固定，便于拆装。缸内两腔之间的密封依靠活塞与活塞之间的密封圈10（O形）和两个背靠背的密封圈6（Y形）和挡圈7来保证。活塞8上套有耐磨塑料制成支撑环9，用来避免活塞拉伤缸壁。缸盖15处设有用青铜或铸铁制成的

导向套13以保证活塞杆12不偏离轴心线，避免损坏密封件。活塞杆与缸盖之间装有密封圈16（Y形）和防尘圈19。活塞8的端部结构与缸底2、导向套13相配合，构成缓冲结构，当活塞运行至两端终点之前，迫使油液只能从配合间隙里挤出，实现缓冲，油嘴1用来向销孔供给润滑油。

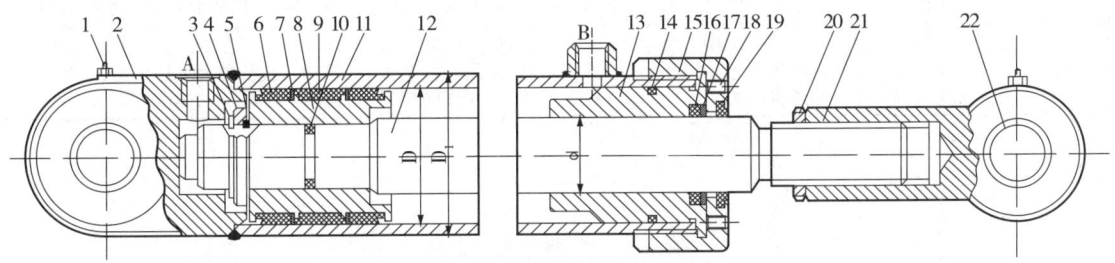

图3-2 活塞式液压缸的结构图

1—油嘴；2—缸底；3—弹簧挡圈；4—挡环；5—卡环（由2个半圆组成）；6—密封圈；7—挡圈；
8—活塞； 9—支撑环；10—活塞与活塞杆之间的密封圈；11—缸筒；12—活塞杆；13—导向套；
14—导向套和缸筒之间的密封圈；15—缸盖；16—导向套和活塞杆之间的密封圈；17—挡圈；
18—锁紧螺钉；19—防尘圈；20—锁紧螺母；21—耳环；22—耳环衬套圈

三、液压缸的拆卸、检查

液压缸工作一段时间后，要做定期检查，在拆卸及组装时要注意：

（1）首先应开动液压系统，将活塞移到适于拆卸的顶端位置。

（2）在进行拆卸之前，首先要松开溢流阀，使液压回路内的压力降低为零，然后切断电源，使液压装置停止运动。

（3）为了将液压缸从设备上卸下，应卸下进出油口的配管，活塞杆端的连接头和安装螺栓等需要全部松开。注意，在拆卸的时候，应严防损伤活塞杆顶端的螺纹、油口螺纹和活塞杆表面。

（4）由于液压缸的结构和大小不同，拆卸的顺序也稍有不同。一般，应先松开端盖的紧固螺栓或连接杆，然后将端盖、活塞杆、活塞和缸筒按顺序拆卸。注意，在拆出活塞与活塞杆时，不应强行将它们从缸筒中打出，以免损伤缸筒内表面。

（5）在液压缸的拆卸或组装过程中，采用洗涤油或汽油等将各部分洗净，再用压缩空气吹干，然后在缸筒内表面及密封圈上涂一些润滑脂。这样，不仅能使密封圈容易装入，而且在组装时能保护密封圈不受损坏。

（6）注意密封的方向性。O形密封圈和活塞环是没有方向性的，但V形密封圈、Y形密封圈等必须要有正确的方向，一般高压朝着密封圈的唇口一边，如果密封方向错了，就会有大量的油泄漏出来。

四、液压缸的常见故障及其产生原因、排除方法

液压缸的常见故障及其产生原因、排除方法如表3-6所示。

表3-6　液压缸的常见故障及其产生原因、排除方法

常见故障	产生原因	排除方法
外泄漏	(1)活塞杆碰伤或拉伤； (2)防尘圈挤出或翻唇； (3)柱塞或活塞杆上密封件磨损或拉伤； (4)安装定心性不良，活塞杆伸出困难	(1)用油石修磨活塞杆，如损伤严重，予以更换； (2)拆开检查，更换防尘圈； (3)更换密封件； (4)拆下检查，测量有关零件尺寸，重新安装或更换零件
爬行	(1)液压缸内有空气或油中有气泡； (2)活塞杆各部摩擦力不均或压力过低； (3)活塞杆运动速度过低	(1)排除气体； (2)排除导致摩擦力不均的因素，增大工作压力； (3)在允许的情况下，提高活塞杆运动速度

第四章 液压辅件

第一节 油箱

一、油箱的作用

油箱的主要用途是充分供给液压系统一定温度范围的清洁油液，并对回油进行冷却，分离出所含的杂质和气泡。

如油箱容量太小，会使油温上升，油温一般应在30~50 ℃，最高不超过65 ℃。油箱的有效容积（油面高度为油箱高度80%的容积）一般设计为泵每分钟流量的3~7倍，根据不同的用途选择相应的系数，或根据系统的发热量和散热量，从热平衡的角度计算出油箱容积。

要求当所有管路及元件均充满油时，油面需高出过滤器50~100 mm。

二、油箱形式及结构

油箱可分为开式和闭式两种形式，开式油箱中油的液面和大气相通，而闭式油箱中油的液面和大气隔绝。液压系统大多数采用开式油箱。

开式油箱大部分用钢板焊接而成。图4-1所示为工业上使用的典型焊接式油箱的结构。

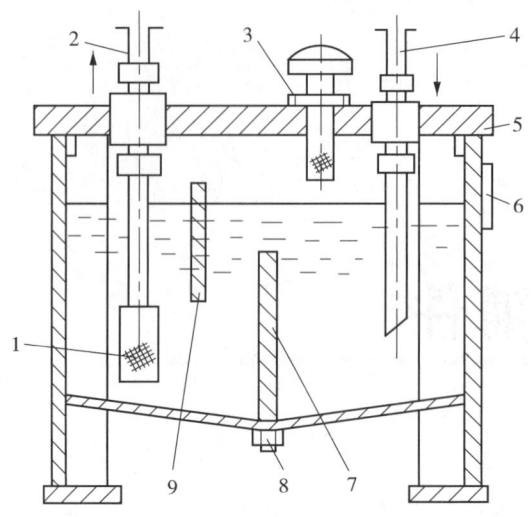

图4-1　典型焊接式油箱的结构

1—吸入过滤器；2—吸油管；3—空气过滤器；4—回油管路；5—油箱盖；6—液位计；
7，9—隔板；8—放油阀

为了达到沉淀杂质、分离气泡及散热的目的，需要特别考虑油箱隔板及配管的安装位置。隔板装在吸油侧和回油侧之间，油箱中常见的配油管有回油管、吸油管及排泄管等，有关安装尺寸如图4-2所示。吸油管的口径应为其余供油管口径的1.5倍，以免泵吸入不良，回油管末端要浸在液面下且其末端切成45°倾角并面向箱壁，以使回油冲击箱壁而形成回流，以利于冷却油温，又利于杂质的沉淀。排泄管应尽量单独接入油箱。各类控制阀的排泄管端部应在液面以上，以免产生背压；泵和马达的外泄油管其端部应在液面之下，以免吸入空气。

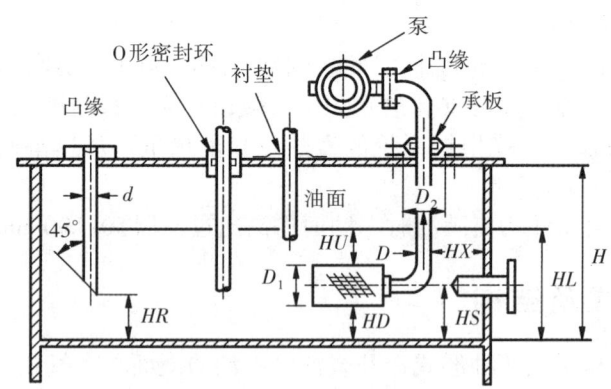

图4-2　配油管的安装尺寸

图4-2中的尺寸关系应该满足：回油管：$HR \geq 2d$；吸入管：$D_2 > D_1$；吸入位置：$HS = H/4$为基准；HD、HU在50~100 mm；$HX > 3D$。

三、附设装置

为了监测液面，油箱侧壁应装油面指示计。为了检测油温，一般在油箱上装温度计，温度计直接浸入油中。但在有些油箱的设计中，把液位计和温度计组合成一体，安装在油箱侧面，如图4-1中的6所示。在油箱上亦装有压力计，可用以指示泵的工作压力。

第二节 滤油器

液压系统中，不可避免地会使系统内形成或系统外入侵污染物，这些污染物会加速液压元件的磨损或阀件小孔的堵塞，卡住阀芯，使系统出现故障。因此，必须对液压油中的杂质和污染物进行清理，目前，最有效的方法就是使用滤油器。它的主要功能就是对液压油进行过滤，控制油的洁净程度。

一、滤油器的结构

滤油器一般由滤芯（或滤网）和壳体构成，由滤芯上无数个微小间隙或小孔构成通流面积。当混入油中的污物（杂质）大于这些微小间隙或小孔时，杂质就会被阻隔而滤清出来。

表面型滤油器靠介质表面的孔隙阻截液流中的杂质颗粒，常用的有金属网式和金属线隙式（金属线绕在框架上）。表面型滤油器过滤精度低、纳垢量小，但压降小，可清洗后重新使用。为便于清洗，油液都是从外向内流过过滤材料。

深度型滤油器的过滤层有一定的厚度，内有无数曲折迂回通道，杂质的滤除发生在过滤介质的纵深范围内。其特点是过滤精度高、纳垢量大，但压降较大，不易清洗。主要类型有金属粉末烧结型、不锈钢纤维型、化学纤维型等。纸质滤芯是介于表面型和深度型之间的中间型，一般多将其归入深度型。它的过滤精度可达 $5\sim30~\mu m$，通流能力大，适用于 32 MPa 的高压，价格较低，使用十分普遍。其主要缺点是无法清洗，脏堵后必须更换滤芯。

深度型滤油器具体常用的结构形式主要有折叠圆筒式和圆柱筒式。前者过滤材料可采用浸树脂的木浆纤维纸或化学纤维织品。后者滤芯可采用金属粉末烧结、微孔塑料或纤维做成。

按工作原理分，滤油器有表面型滤油器、深度型滤油器和磁性滤油器。

磁性滤油器是以高磁能永久磁铁吸附分离油中的磁敏性金属颗粒，一般与前两类滤油器组合在一起用。

二、滤油器的种类及用途

根据滤油器在系统中的位置，滤油器的种类及用途如表4-1所示。

表4-1 滤油器的种类及用途

种类	用途
吸油滤油器	保护液压泵
高压滤油器	保护泵下游元件不受污染
回油滤油器	降低油液污染度

续表

种类	用途
离线滤油器	连续过滤保持清洁度
泄油滤油器	防止污染物进入油箱
安全滤油器	保护污染抵抗力低的元件
通气滤油器	防止污染物随空气侵入
注油滤油器	防止注油时侵入污染物

三、滤油器的选用和管理

选择滤油器时应根据其在系统中的位置和所用系统的要求，选择合适的过滤精度、公称压力、公称流量和允许压力损失。具体选用和管理时应考虑以下几个方面：

1.过滤精度

原则上，大于滤芯网目的污染物就不能通过滤芯。滤油器上的过滤精度常用能被过滤掉的杂质颗粒的公称尺寸大小来表示。系统压力越高，过滤精度越低。表4-2所示为滤油器过滤精度推荐值。

表4-2 滤油器过滤精度推荐值

系统类型	润滑系统	传动系统			伺服系统
压力/MPa	0~2.5	<14	14~21	>21	21
过滤精度/μm	100	25~50	25	10	5

对于开式液压系统，通常在液压泵的吸入口装100~150目的吸油滤油器；而回油总管上的油过滤器精度达10~20 μm。

对于闭式液压系统，则多在辅泵的吸油管路上设粗滤器，并在其排油管路上设细滤器。

2.液压油通过的能力

液压油通过的能力即流量大小，与滤芯的通流面积有关。一般可根据要求通过的流量选用相对应规格的滤油器（为减小阻力，滤油器的通流量为泵流量的2倍以上）。滤油器通油能力可按下式计算：

$$Q = KA\Delta p/\mu \times 10^{-6}$$

式中：Q——过滤器通油能力，m^3/s。μ——液压油的动力黏度，$Pa \cdot s$。A——有效过滤面积，m^2。Δp——压力差，Pa。K——滤芯通油能力系数，不同类型，其值各异，如网式滤芯$K=0.34$，线隙式滤芯$K=0.17$，纸质滤芯$K=0.006$，烧结式滤芯$K = 1.04D^2/\delta \times 10^3$（$D$为粒子平均直径，m；$\delta$为滤芯的壁厚，m）。

3.耐压

选用滤油器时，它的强度及压力损失是需重点考虑的因素，尤须注意系统中冲击压力的发生。滤油器的耐压包含滤芯的耐压和壳体的耐压。一般滤芯的耐压为0.01~0.1 MPa，这主要靠滤芯有足够的通流面积，使其压降小，以避免滤芯被破坏。滤芯被堵塞，压降便增大。必须注意，滤芯的耐压和滤油器的使用压力是不同的，且与滤芯的耐压无关，当增大使用压力时，要考虑壳体的承压能力。

4.使用滤油器时应注意的因素

使用滤油器时应注意滤油器两端的压力降、通流能力、过滤精度等。一般，吸油管路上的压降不应大于0.015 MPa，回油管路上的压降不应大于0.03 MPa。

除此之外，油液黏度也是使用滤油器时应重视的参数，如果液体黏度太大，会损坏滤芯，在这种情况下应使用旁通阀进行循环，直至液体的黏（温）度升至正常值。

还应经常检查滤油器上的故障指示器和报警器。

5.网式滤油器的筛目与过滤精度的对照关系

过滤器的过滤精度是指过滤器对各种不同尺寸的颗粒物的滤除能力，最常使用的过滤材料是金属丝网编织的网式滤布，其规格通常用筛目表示。不同筛目的丝网能够过滤颗粒物的粒径如表4-3所示。

表4-3 过滤系统常用筛目与粒径对照表

筛目	粒径/μm	筛目	粒径/μm	筛目	粒径/μm	筛目	粒径/μm
20	850	70	212	270	53	1 000	13
25	710	80	180	325	45	1 250	10
30	600	100	150	400	38	1 670	8.5
35	500	120	125	450	32	2 000	6.5
40	425	140	106	500	28	5 000	2.5
45	355	170	90	600	23	8 000	1.5
50	300	200	75	700	20	10 000	1.3
60	250	230	63	800	18	12 000	1.0

注：目是指每平方英寸筛网上的空眼数目，如50目就是指每平方英寸上的孔眼是50个，500目就是500个。目数越高，孔眼越多。除了表示筛网的孔眼数外，它同时用于表示能够通过筛网的粒子的粒径，目数越高，粒径越小。

四、滤油器的安装位置

滤油器可分成液压管路中使用和油箱内部使用两种。油箱内部使用的滤油器亦称滤清器和粗滤器，用来过滤掉一些太大的（在0.1 mm以上）容易造成泵损坏的杂质。

滤油器可以安装在油泵的吸油管路上或某些重要零件之前，也可以安装在回油管路上。

图4-3列出了液压系统中滤油器几种可能的安装位置。

1.滤油器1

滤油器（滤清器）1安装在泵的吸入口，主要用来保护液压泵，但液压泵中产生的磨损生成物仍将进入系统。要求滤油器有较大的通流能力和较小的阻力（不大于0.01~0.02 MPa），为此一般采用过滤精度较低的网式过滤器，其通流能力至少是泵流量的2倍。

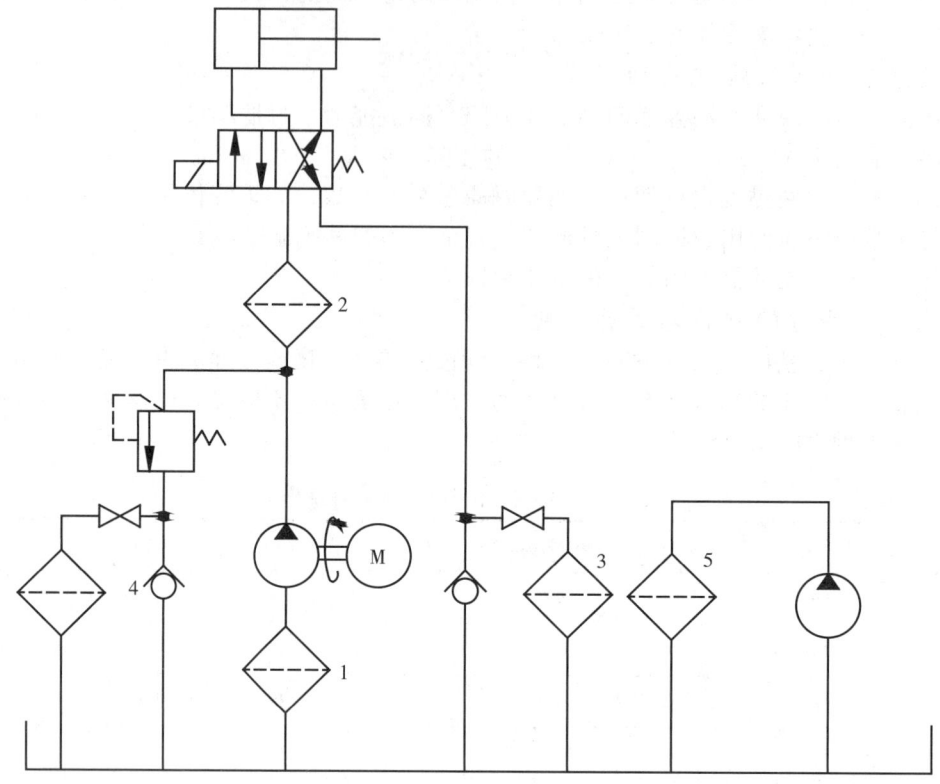

图4-3　滤油器的安装位置

2. 滤油器 2

滤油器2安装在泵出口，属于压力管路用滤油器，保护泵以外的其他元件。滤油器应能承受工作压力和冲击压力，过滤阻力不应超过0.35 MPa。一般装在溢流阀下游管路上和安全阀并联，以防止滤油器被堵塞时泵形成过载，能够使液压泵的全部流量通过。

3. 滤油器 3

滤油器3安装在回油管路上，属于回油管用滤油器，可滤掉液压元件磨损后的生成物。滤油器的壳体耐压性可较低，但仍需安装并联的旁通单向阀，能够使液压泵的全部流量通过。

4. 滤油器 4

滤油器4安装在溢流阀的回油管上，因其只通流泵部分的流量，故滤油器容量可较小。如其容量与滤油器2、3相同，则通过流速降低，过滤效果更好。

5. 滤油器 5

滤油器5为独立的过滤系统，其作用在于不断净化系统中的液压油，常用在大型的液压系统里。

五、空气滤清器

为防止灰尘进入油箱，通常在油箱上方通气孔安装空气滤清器。有的油箱将此通气孔当作注油口。空气滤清器的容量必须使液压系统即使达到最大负荷状态，油箱液面仍能保持大气压力的作用。

第三节 密封装置

液压系统中的工作液体是在液压元件（包括管道）的容腔内流动或暂存的。由于压力结合面之间有间隙等原因，会有少量的液体越过容腔边界流出，液体的"越界流出"现象称为泄漏。泄漏分为内泄漏和外泄漏两种。

内泄漏是指液压元件内部有少量液体从高压腔泄漏到低压腔，如液体从液压泵的高压腔向低压腔的泄漏。

外泄漏是指少量液体向液压系统外部泄漏，如管接头、固定结合面、轴向滑动表面、旋转轴的伸出处等。

泄漏会造成系统压力不稳、执行机构速度不稳、效率低、污染环境，甚至引起控制失灵。因此，必须控制液压系统的泄漏。本节主要研究液压系统的外泄漏控制。

一、密封与密封装置的作用、种类和特点

密封就是在两个相互接触的零件表面的间隙中阻挡液体通过。在液压传动中，采用密封装置来防止工作液体的外泄漏及外界的气体、灰尘等侵入。

密封装置按照其工作状态的不同，可分为两大类：

1.静密封装置

静密封装置，即被密封的部位在两个耦合件之间，在机器的运动过程中，没有相对运动。

2.动密封装置

动密封装置，即被密封的部位在两个耦合件之间，在机器的运动过程中，具有相对运动。动密封装置又有以下两种结构形式：

（1）往复运动式密封装置。在液压传动中，这是一种最常见的密封装置。如液压缸中的活塞和缸筒之间的密封装置。对于往复运动耦合件来说，这是最简单和通用性最广的结构形式。

（2）旋转运动式密封装置。密封运动耦合件是转动的。

密封件的具体结构根据使用环境、用途、机械机构形式的不同有多种分法，如接触式、非接触式、组合式、封闭式、径向密封、轴向密封、固定间隙密封、可控间隙密封、多级密封、混合密封、机械密封、垫片密封、填料密封、O（或V、Y、U）形密封等。而O形密封圈是液压传动系统中使用最广泛的密封元件。

二、O形密封圈

液压系统中液压传动的密封大多使用O形密封圈。

O形密封圈的主要优点是：密封性好，使用寿命长，结构紧凑，所占空间小，动摩擦阻力小，对油液、温度和压力的适应性好，而且制造简单，拆装方便，成本低等。

恰当地选择合成橡胶的种类和配方，所制成的O形密封圈可在−6~200 ℃的温度使用。用于静密封装置的O形密封圈，其密封压力可达7 MPa；用于动密封装置的O形密封圈，一般可达40 MPa，而实验室用动密封压力已高达120 MPa。

用于高压密封时，为了防止O形密封圈的间隙挤出，往往采用由聚四氟乙烯、皮革等制成的保护挡圈来填充。

（一）O形密封圈的密封原理

1.在静密封装置中使用

O形密封圈装入密封沟槽后，其截面一般受到15%~30%的压缩变形。其在以下三种压力环境下的特点为：

①在无液体压力或压力较低的情况下，O形密封圈具有良好的弹性，此时自身的弹性变形使密封接触面受到预载荷的作用，即可形成密封，图4-4（a）所示为此时密封圈横截面的接触压力分布图。

②当油液压力较高时，密封圈被挤在槽的一侧，变成图4-4（b）所示的形状。这时密封面的接触压力除上述自身弹性变形所形成的接触压力外，还要加上由于油液压力的作用而产生的接触压力，这样就大大地增强了密封效果。

③当压力超过一定限度时，密封圈容易在高压油的作用下挤入间隙内而损坏，如图4-4（c）所示。这时，要在O形密封圈的侧面安放厚度为1.2~1.5 mm的挡圈，挡圈一般用聚四氟乙烯制成。单向受力时，在密封圈受压力的另一侧安放一个挡圈，如图4-5（a）所示；双向受力时，则在密封圈的两侧各安放一个挡圈，如图4-5（b）所示。

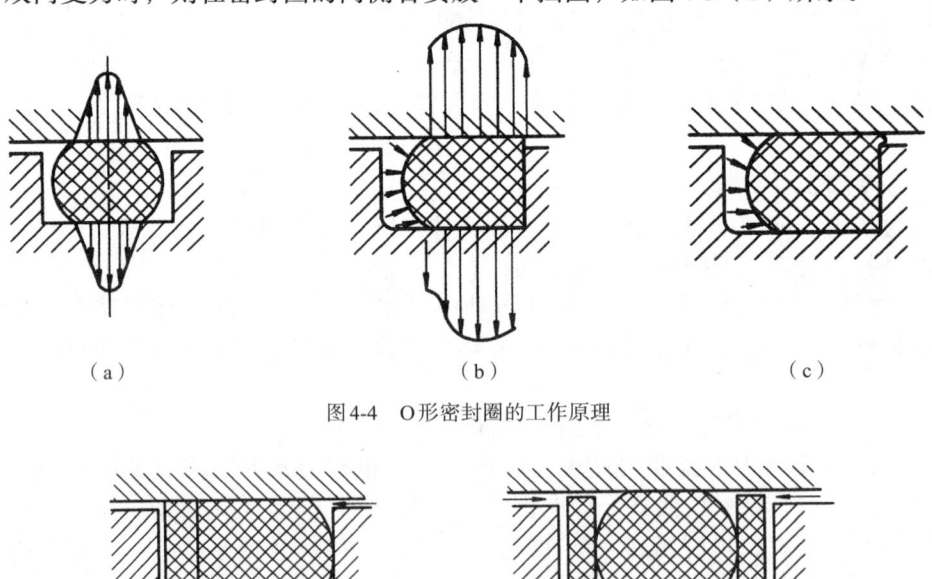

（a）　　　　　　　　　　（b）　　　　　　　　　　（c）

图4-4　O形密封圈的工作原理

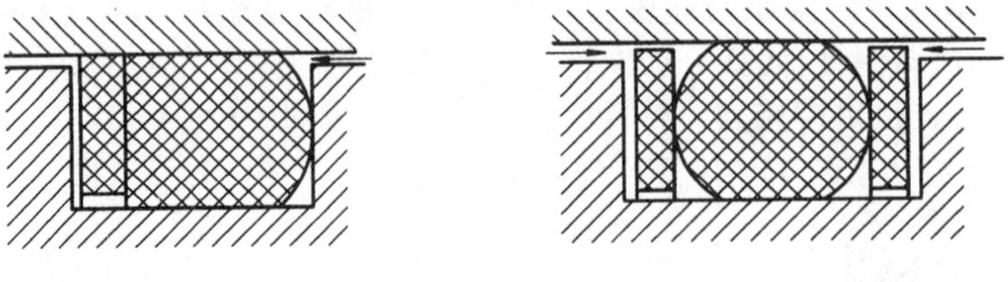

（a）　　　　　　　　　　　　（b）

图4-5　O形密封圈加用挡圈

2.在动密封装置中使用

动密封装置所用的O形密封圈的密封原理较为复杂。下面用流体力学的观点来解释往复运动式密封装置的泄漏。

液体在压力的作用下，由于液体分子与金属表面相互作用的结果，油液中所含的"极性分子"在金属表面上紧密而整齐地排列起来，形成一个坚固的边界层油膜，且对轴产生极大的附着力（也称"呆滞力"）。这种液体薄膜始终存在于密封元件与往复运动的轴之间。从泄漏来说，它是有害的，但是对于运动密封实现再润滑异常重要。当往复运动的轴向外伸出时，轴上的液体薄膜便与轴一起被拉出。由于密封元件具有"擦拭"作用，当往复运动的轴缩回时，液体薄膜便被密封元件阻留在外边，即所谓的泄漏。

3.O形密封圈的压缩率

O形密封圈密封是典型的压缩型密封，如图4-6所示。O形密封圈截面直径d_0的压缩率W是衡量密封性能和使用寿命的重要参数。通常用下式表示：

$$W = (d_0 - h)/d_0 \times 100\%$$

式中：d_0——O形密封圈在自由状态下的横截面直径，mm；h——O形密封圈槽底与被密封表面的距离，即O形密封圈压缩后的截面高度，mm。

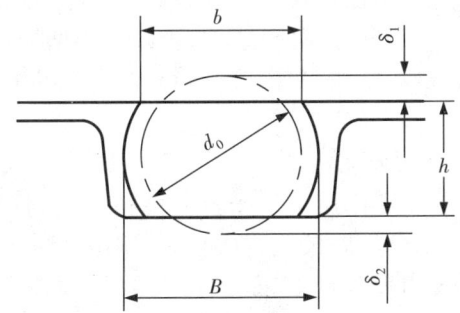

图4-6　O形密封圈的压缩变形示意图

d_0—O形密封圈在自由状态下的横截面直径；h—O形密封圈压缩后的截面高度；
B—O形密封圈变形后的宽度；b—O形密封圈的接触宽度；δ_1、δ_2—O形密封圈内、外径变形量

对静密封而言，O形密封圈压缩率的推荐值为：

（1）圆柱面静密封装置和往复运动密封装置一样，一般取$W=10\%\sim15\%$。

（2）平面静密封装置取$W=15\%\sim30\%$。

对动密封而言，W的推荐值可分为三种情况：

（1）往复运动密封一般取$W=10\%\sim15\%$。

（2）旋转运动密封在选取压缩率时必须考虑卡夫–焦耳效应。一般来说，旋转运动用O形密封圈的内径比轴径大3%~5%，外径的压缩率$W=3\%\sim8\%$。

（3）低摩擦运动用O形密封圈，为了减小摩擦阻力，一般均选取较小的压缩率，即$W=5\%\sim8\%$。

O形密封圈的密封性能还与安装后密封圈的拉伸量及接触宽度（包括O形密封圈变形后的宽度B及与O形密封圈的接触宽度b，如图4-6所示）都有密切的关系，而这些参数与密封沟槽的尺寸有关。

4. O形密封圈安装沟槽的设计

密封沟槽尺寸的设计与选择对密封圈的密封性和使用寿命的影响都很大，是液压传动中的密封装置设计的重要内容。在密封沟槽中，矩形沟槽是应用最广的一种。此外，还有V形、半圆形、燕尾形和三角形等形式的沟槽。

矩形沟槽设计的主要尺寸是宽度B'和深度H。这种沟槽的一个优点是在最坏的情况下仍能使O形密封圈具有必要的压缩量。按体积计算时，通常要求矩形沟槽的尺寸比O形密封圈的体积大15%左右，以适应O形密封圈装入沟槽后的变形和液体温度引起的橡胶圈的膨胀以及在运动情况下O形密封圈可能产生的轻微滚动。

另外，沟槽的外边口一般采用较小的圆角半径，即$r=0.1\sim0.2$ mm。这样可以避免该处形成锋利的刃口，O形密封圈也不易发生间隙挤出。至于沟底圆角半径R：动密封沟槽可取$r=0.3\sim1$ mm，静密封沟槽可取$R = d/2$。

由密封原理可知，保证合适的压缩率是提高密封性能的关键，但其大小主要取决于O形密封圈截面直径d_0和被密封表面的距离。因此，要求：

（1）沟槽的深度加上间隙S至少必须小于自由状态下的O形密封圈截面直径d_0。

（2）沟槽的宽度则按使用条件而定，一般取为d_0的$1.1\sim1.5$倍。静密封装置的压缩率较大，可取较大值。动密封装置的压缩率较小，可取较小值。装配后的O形密封圈与槽壁之间留有适当间隙是必要的，但是间隙不能过大；否则，会增加O形密封圈的磨损。

密封沟槽的表面光洁度，既影响密封装置的密封性，又影响沟槽的工艺性，因此必须合理选取。

（二）O形密封圈的间隙挤出

由于密封圈具有弹性，在油压作用下，密封圈被挤入密封间隙的现象，称为间隙挤出。O形密封圈的间隙挤出会引起间隙咬伤。O形密封圈的材质越软，工作压力越高，间隙挤出的现象就越严重。当压力超过一定限度时，O形密封圈会损坏并发生泄漏，如图4-4（c）所示。

为了防止O形密封圈在高压系统中被挤出，必须相应减小密封间隙，同时采用O形密封圈保护挡圈，如图4-5所示。它不仅大大改善了O形密封圈的工作条件，延长了其使用寿命，同时也改善了液压元件的工艺性，这对长缸筒的制造而言意义更加重大。

（三）O形密封圈的扭转

在使用过程中，O形密封圈的扭转也常引起O形密封圈的损坏与泄漏。往复运动中O形密封圈的扭转现象经常发生在使用初期。一旦发生扭转，O形密封圈即被切断而泄漏。被切掉的O形密封圈进入液压系统可能造成重大事故。产生扭转的主要原因是密封沟槽偏心、密封圈截面直径过小以及尺寸不均、润滑不足等，以致O形密封圈的局部摩擦过大。

使用中防止扭转的方法有：

（1）安装前，O形密封圈和密封沟槽都涂敷润滑脂。

（2）提高缸筒和活塞杆的表面光洁度并保持清洁。

（3）尽量选用较大截面直径的O形密封圈。因此，动密封用O形密封圈的截面直径一般大于静密封用O形密封圈的截面直径。

此外，直径过大的密封装置应当尽量避免采用O形密封圈，而用Y形密封圈、X形密封圈、三角形密封圈等。

（四）O形密封圈的安装

O形密封圈的安装质量对其密封性与其使用寿命均有重要影响。泄漏问题往往是由安装不良所造成的。因此，在安装时需注意以下几方面：

1.引入角与导套

为了防止O形密封圈被尖角和螺纹等锐边所切伤或划伤，在安装时，当O形密封圈需通过外螺纹时，应使用薄壁金属导套。如果O形密封圈需通过孔口，应将孔口倒成坡口形状。

2.注意O形密封圈挡圈的安装方向

当工作压力超过一定值而需用挡圈时，应特别注意挡圈的安装方向。单边受压，应装于反侧，切勿装错，如图4-5（a）所示为正确安装。

3.切勿漏装

在装配时，预先把需装的O形密封圈如数备齐，放入油中，分别装上。装配完毕，O形密封圈应无剩余，否则必须重装。

4.防止使用报废的O形密封圈

安装时换下来的或在安装过程中弄坏的O形密封圈，一定要立即剪断收回。从地上收集到的O形密封圈，必须仔细检查，确认是合格品后，才能留用。

（五）O形密封圈的保管

O形密封圈是一种易损件，是必不可少的随机备件之一。在保管O形密封圈时必须做到：

（1）避免放在阳光直射、潮湿及空气流通的地方。存放O形密封圈的适宜温度为0~20℃，适宜的空气湿度在70%以上。

（2）O形密封圈的存放处必须离开加热设备1 m以外，而且不允许放在有酸、碱的室内。

（3）O形密封圈存放时，不允许使其受压，以免引起压缩永久变形。

（4）放置O形密封圈的聚乙烯塑料袋，必须记载制造及出厂日期，以便按先后次序使用。橡胶O形密封圈的保管有效期一般为2~5年。

（六）O形密封圈的选用原则

O形密封圈是液压系统中应用最广泛的密封件，选用密封圈前一定要弄清楚应用场景，是动密封还是静密封，是内压还是外压，只有明确应用场景才能正确地选用密封圈。

1.压缩变形率选择

对于不同密封形式，压缩率的选取有所不同，一般断面有7%～30%的压缩变形率，径向密封一般取10%~15%；轴向密封取15%～30%；动密封：往复动密封取10%～15%；旋转用O形密封圈的内径比轴径大3%～5%，外径的压缩率为3%～8%；低摩擦运动用O形密封圈取5%～8%。

2.内压、外压选择

使用O形密封圈时，要考虑所受的环境是内部压力还是外部压力。

（1）内部压力是指系统加压时施加在O形密封圈内径上的力，会承受内部压力。该压力将O形密封圈推向压盖壁，可增强密封效果。

（2）外部压力是指施加在O形密封圈外径上的力。外部压力会影响O形密封圈的密封效果和耐用性。

3.适用压力及材料选择

（1）适用压力选择

静密封：无挡圈时，压力可达5 MPa；有挡圈时，压力可达40 MPa；有特殊挡圈时，压力可达200 MPa。

动密封：无挡圈时，压力可达5 MPa；有挡圈时，压力可更高。

（2）材料选用

O形密封圈可根据对应的环境工况，比如耐高低温需要多少度、耐什么类型的化学物质、有没有水和水蒸气、需要耐压的范围等来选择不同的材质。

4.尺寸选择

O形密封圈尺寸，国标采用"内径×线径"的标记方法。

（1）内径，可以根据轴径选取相应尺寸的O形密封圈内径。一般而言，轴用的可以选择比内径小一些的，这样套上去紧，不容易掉，孔用的要大一些，这样不容易被挤坏。

（2）线径，O形密封圈线径采用国标标准尺寸，如2.65 mm、3.55 mm，在外径大于30 mm、结构尺寸允许的情况条件下，尽量选用3.55 mm的O形密封圈，以达到更大的压缩量和接触面积。

三、油封

在旋转运动式密封装置中广泛应用油封，以防止工作介质的泄漏，以及灰尘、水和空气等侵入工作机体内部。

1.油封的密封原理

油封的结构是比较简单的，图4-7所示为其横断面，油封主要由油封体1、加强骨架2及自紧螺旋弹簧3组成。油封体按不同部位又分为底部4、腰部5、刃口6和密封唇7等。

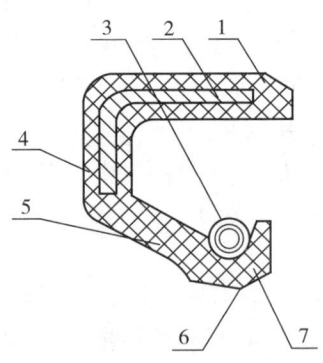

图4-7　油封结构

1—油封体；2—加强骨架；3—自紧螺旋弹簧；4—底部；5—腰部；6—刃口；7—密封唇

使用结果表明，旋转轴密封被破坏者有50%以上是在轴与油封接触的地方发生表面磨损。

油密封是一种动密封元件。润滑油膜的存在是保证油封刃口实现润滑摩擦所必不可少的。旋转用油封在使用过程中，在运转初期的50~100 h发生微量渗漏是允许的。

2.油封的安装与拆卸

油封的安装质量对油封的使用具有不容忽视的影响。安装时应保证油封刃口不受损伤。专用工具的使用，是保证油封装配质量的重要手段，也是安全生产的一种标志。

（1）油封装入座孔的方法

油封装入座孔较为合理的方法是采用专用工具，均匀地将油封从正面或背面放入座孔中。安装前，在两者的接触面上涂敷润滑油。

（2）油封装到轴上的方法

油封装入座孔后，应随即将其套在密封轴上。此时应特别注意保护油封刃口，使其在通过螺纹、键槽、花键等时不致被划伤。安装时，在轴上与油封刃口处一定要涂敷润滑油，防止油封在初运转时发生干摩擦而使刃口烧坏。

四、唇形密封圈

唇形密封圈是指各种断面形状的往复运动所用的密封元件，最初是用皮革制作，因此国内也称"皮碗"，与油封的称谓一样。

唇形密封圈的种类繁多。其共同的缺点是：结构较复杂，体积大，摩擦阻力大。在许多情况下，唇形密封圈已被O形密封圈所代替。

V形密封圈是唇形密封圈中应用最早的一种。其缺点是：结构复杂，需配用压环和支撑环，体积大，摩擦阻力大。

对于U形密封圈来说，其摩擦力随工作压力的增大而急剧增大，而且容易翻转，需加压环。

在所有唇形密封圈中，Y形密封圈是比较好的一种。

1.Y形密封圈的特点及密封原理

Y形密封圈一般也用耐油橡胶制成，它的断面形状呈Y形。其主要尺寸如图4-8所示，尺寸D和d分别是Y形密封圈的公称外径和内径，图4-8所示为自由状态，两唇向内外侧张开。Y形密封圈安装后两唇收拢，预压缩变形使唇边与密封面紧贴，如图4-9所示。

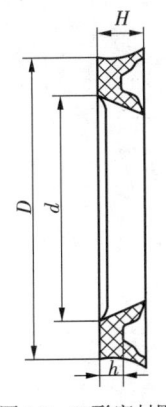

图4-8　Y形密封圈

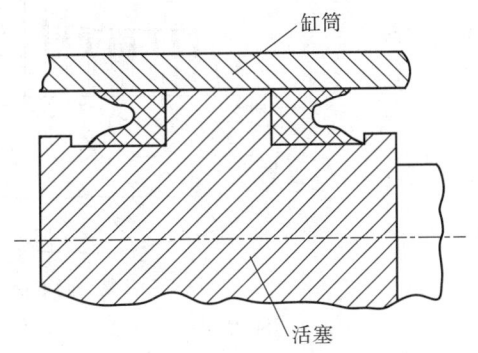

图4-9　Y形密封圈安装图

通低压油时，唇边靠自身的预压缩变形来保证密封。当油液压力升高时，压力油作用在唇边上，使唇边与被密封表面贴得更紧，从而提高了密封能力。装配时一定要注意，唇边必须面对有压力的油腔。由于一个Y形密封圈只能对一个方向的高压液体起密封作用，因此当两个方向交替出现高压时，应安装两个Y形密封圈，它们的唇边分别对着各自的高压油液，如图4-9所示。

　　Y形密封圈一般用于往复运动密封，如液压缸的活塞与缸筒之间的密封、活塞杆与端盖之间的密封等，工作压力可达21 MPa。由Y形密封圈改进设计而成的YX形密封圈，由于增大了断面的高宽比，因而增大了支撑面积，其密封原理与Y形密封圈相似。YX形密封圈采用聚氨弹性材料制成，因此具有较好的耐油性能和优良的机械性能，可以在-40 ℃的低温和小于100 ℃的高温下长期工作，其工作压力可达31.5 MPa。

　　2.唇形密封圈的安装

　　安装唇形密封圈时应当注意的事项如下：

　　（1）安装密封圈的各部位，应有15°~30°的倒角。

　　（2）安装密封圈时，如需通过外螺纹和退刀槽，应在它们各自的部位上套上专用套筒。

　　（3）当工作压力超过20 MPa时，除复合唇形密封圈外，都要加挡圈，以防密封圈的间隙挤出。

五、复合唇形密封圈

　　近年来，往复运动用唇形密封圈有一个发展动向是将纯胶和夹布橡胶并用，制成一个复合密封体，再与两个塑料抗挤压挡圈配合使用，构成三元复合唇形密封圈。这种密封圈可在更苛刻的条件下使用，所以也称重型密封圈。

　　1.结构特点

　　复合唇形密封圈的结构如图4-10所示。其由塑料挡圈1、夹布丁腈支撑环2和丁腈橡胶密封体3等组成。其特点是，其唇部是一个具有两唇尖的凹槽（如图4-10中间部位所示），能够承受两个方面的压力，可用于双向密封，不会发生O形、Y形等密封元件通常出现的间隙挤出现象，所以无须另加挡圈。

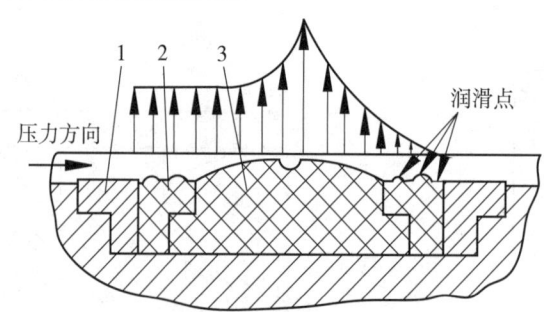

图4-10　复合唇形密封圈的结构

1—塑料挡圈；2—夹布丁腈支撑环；3—丁腈橡胶密封体

　　2.密封原理

　　复合唇形密封圈同其他形式的密封圈一样，也是依靠密封唇的过盈量和工作介质压力所产生的径向压力来实现密封作用的。

　　当压力油从左侧进入时，密封唇的左侧凸缘收缩，产生一定的游隙，压力油沿游隙进入中间凹槽，同时推起右侧凸缘，使其紧贴缸壁，实现了可靠的密封。压力油从右侧进入时，原理也是如此。

六、防尘圈

液压缸活塞杆表面总是黏附有一定量的油膜。工作环境中的灰尘和沙粒等被油膜黏结，随同活塞杆的往复运动而带入缸内是不可避免的。硬粒一旦停留在唇部刃口下面，就会划伤刃口或滑动表面，引起泄漏。

在活塞杆密封圈外部设置靴形防尘圈，可以防止外部灰尘、沙粒等异物进入液压缸内，以延长液压元件和密封件的使用寿命。

防尘圈装于沟槽后，因其唇部对活塞杆具有一定的过盈量而使唇部刃口紧抱活塞杆表面。当活塞杆往复运动时，黏附其上的灰尘、沙粒等也就被清除。防尘圈的唇部后段与活塞杆之间的间隙可以减小防尘圈唇部与活塞杆之间的摩擦阻力，以延长防尘圈的使用寿命；这个间隙还有助于防止背压的产生。

防尘圈有骨架式和无骨架式两种。国内通常采用无骨架式，因为无骨架式防尘圈结构更简单，拆装更方便。

第四节　蓄能器

蓄能器是一种用来储存和释放液压能的装置。

一、蓄能器的用途

1.储存液压能作能源使用

间歇运行的液压执行部件对油泵供油量的要求差别很大。若按最大负载时的压力和运动速度来选择油泵和电机，那么势必造成体积庞大和能量浪费等问题。这时可采用蓄能器作为系统的辅助动力源，因此可选用流量较小的油泵。

2.缓冲作用

在油泵带负载起动、换向阀切换和关闭或油缸突然停止时，会引起液压冲击，系统内的瞬时压力急剧增大，系统中若接入蓄能器，则可以平缓压力峰值。

3.消除压力脉动

油泵的流量脉动会引起液压执行机构的运动速度不均匀，同时使系统的压力产生脉动。使用蓄能器可以吸收回路的脉动压力，起安全保护作用，同时使执行机构获得均匀的运动速度。

此外，蓄能器还常用来实现系统的保压或作为停电时的应急能源。

二、蓄能器的种类和结构

1.弹簧式蓄能器

弹簧式蓄能器利用弹簧的压缩变形来储存液压能，结构简单，工作可靠，但受弹簧力的限制，只能用于低压或小容量的系统，如图4-11所示。

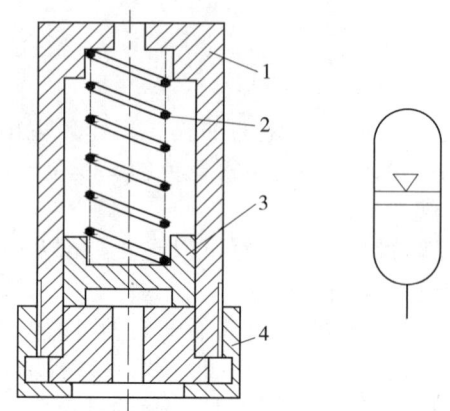

图4-11　弹簧式蓄能器及蓄能器结构原理及图形符号图

1—油缸；2—弹簧；3—活塞；4—蓄能器盖

2.活塞式蓄能器

活塞式蓄能器（如图4-12所示）的活塞将缸筒分为上、下两腔，上腔充气，下腔储液。活塞式蓄能器的优点是结构简单，使用寿命长；缺点是活塞惯性大，反应灵敏性差，加工精度要求高。

3.气囊式蓄能器

气囊式蓄能器（如图4-13所示）有用特殊耐油橡胶制成的气囊，气囊内充满气体，外部为压力油液，能使气液完全隔离。气囊惯性小，反应灵敏，但制造要求高，使用温度应大于−25 ℃。

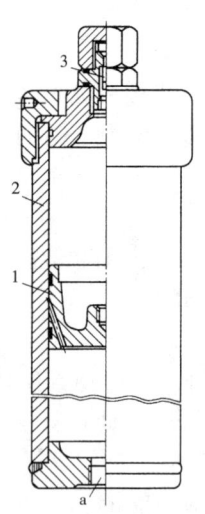

图4-12　活塞式蓄能器

1—活塞；2—缸筒；3—充气阀；a—进油口

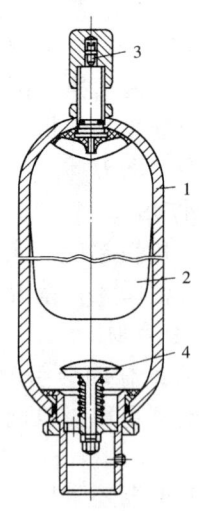

图4-13　气囊式蓄能器

1—壳体；2—气囊；3—充气阀；4—限位阀

三、蓄能器的安装及使用

液压蓄能器作为液压系统中的重要辅件，其作用是储存能量、吸收脉动、减小压力波动，以及作为应急动力源等。正确安装与使用液压蓄能器，对于保证液压系统的稳定性和可靠性至关重要。

1. 蓄能器的安装

（1）选择合适的位置

蓄能器应安装在便于检查和维护的位置，同时避免阳光直射和高温环境。此外，应确保安装位置有足够的空间，以便在需要时能够轻松地对蓄能器进行操作和维修。

（2）连接管道与接口

在安装过程中，应确保蓄能器与液压系统的连接管道和接口密封良好，防止漏油现象的发生。连接管道应选用能够承受系统工作压力和温度的材质，并确保管道的弯曲半径符合规范，以减少压力损失和流体脉动。

（3）预充压力设定

蓄能器在使用前需要进行预充压力设定。预充压力的大小应根据液压系统的实际需求进行设定，以确保蓄能器能够在需要时迅速释放或吸收能量。在设定预充压力时，应使用专用的预充工具，并遵循蓄能器制造商的推荐值。

（4）安装附件与保护措施

根据需要，蓄能器可能需要安装压力表、安全阀等附件，以便实时监测蓄能器的工作压力和状态。同时，为了确保蓄能器的安全运行，还应采取相应的保护措施，如安装防护罩、设置警示标志等。

2. 蓄能器的使用

（1）定期检查与维护

蓄能器在使用过程中应定期进行检查与维护，包括检查蓄能器的外观、连接管道和接口的密封性、预充压力的稳定性等。如发现异常情况，应及时进行处理，以确保蓄能器的正常运行。

（2）避免过度使用

蓄能器虽然具有一定的储能能力，但并不意味着可以无限制地使用。在使用过程中，应避免长时间连续工作，以免蓄能器内部温度过高、压力波动过大等。同时，在液压系统停机或检修时，应及时将蓄能器内的压力释放掉，以延长蓄能器的使用寿命。

（3）注意使用环境

蓄能器的使用环境对其性能和使用寿命有着重要影响。因此，在使用过程中应注意保持环境的清洁和干燥，避免水分、油污等杂质进入蓄能器内部。此外，还应避免蓄能器受到撞击或振动等不良影响。

（4）合理选用蓄能器类型

蓄能器的类型多种多样，包括气囊式、活塞式、弹簧式等。在选择蓄能器时，应根据液压系统的实际需求和工作条件进行合理选用。不同类型的蓄能器具有不同的特点和适用范围，只有正确选用才能充分发挥其作用。

第五章 船舶液压甲板机械实例

第一节　舵机液压系统实例

我们在"船舶辅机"课程中已经学习了液压舵机的组成和工作原理，本节主要介绍"育鲲"轮上使用的一种新型转叶式液压舵机的实例。

一、概述

Tenfjord液压舵机的SR（spherical rotary）型是采用球形转子的转叶式舵机。主油泵由电动机驱动，应急操作时由齿轮泵提供液压油。

液压动力单元包括油箱、液压泵、油冷却器、联轴器、电动机和过滤器。控制阀安装在分配阀上，然后通过法兰安装在转舵机构上。

控制阀包括阻尼阀芯、节流阀芯、单向阀及电磁先导阀控制的主阀。主阀通过液压锁紧方式使舵叶停止在任意舵角上。

系统有2台主泵，其中1台为备用。停用的主泵自动与系统隔离。

舵工或自动舵发出的舵角信号传送到控制阀的电磁线圈，会驱动主阀芯移动，来自动力单元的液压油进入相应的转舵机构油腔，舵叶因此转至相应的转向和舵角并锁住。

转舵机构通常由2套独立的动力单元提供压力油，动力单元由独立的电源供电。电气和液压系统是独立的，因此，一旦某一系统发生故障，不会影响另一系统的正常工作。

该舵机系统能够接收自动舵发出的模拟信号或开关信号，也能接收舵柄或动态定位系统发送的信号。

驾驶台的主控制屏上有舵角遥控、监视、警报系统模块。

在无须操作任何阀件的条件下，转舵机构可以由单泵驱动，也可以由双泵同时驱动。当停止某一系统时，相应的控制阀能够自动隔离停用的系统。当某一系统中的泵、控制阀、管路等出现机械故障或系统出现电气故障时，不会影响另一系统的正常工作。

设置在舵机间的齿轮泵在应急操作时提供压力油。操作时，通过驱动控制阀用电磁线圈的接通时间来控制舵角。

系统还设有随动舵（follow-up steering）功能，即当控制杆转到所希望的舵角时，舵就会转到相应的舵角。

Tenfjord液压舵机的参数描述：

型号：　　　　　　　　　　　SR723 FCP

最大工作压力：　　　　　　　125 bar

设计压力：　　　　　　　　　156 bar

最大扭矩：　　　　　　　　　412 kN·m

试验压力：　　　　　　　　　234 bar

舵柱直径：　　　　　　　　　320 mm

舵角：　　　　　　　　　　　2×44°机械停止

舵角：　　　　　　　　　　　2×43°电气停止

转舵时间（单泵/双泵）：　　28/14 s（30°~0°~35°）

安全阀设定压力：　　　　　　156 bar

液压连接器：

舵柱直径：　　　　　　　　　Ø 320 mm

伸长度：　　　　　　　　　　28 mm

油泵：

型号：　　　　　　　　　　　FCP-75

安全阀设定压力：　　　　　　125 bar

试验压力：　　　　　　　　　188 bar

电动机：

型号：　　　　　　　　　　　NORM IEC 160LB-4

转速：　　　　　　　　　　　1 450 r/min

额定功率：　　　　　　　　　17.5 kW（SI）

电压：　　　　　　　　　　　3×380 V

防护等级：　　　　　　　　　IP55

二、Tenfjord液压舵机结构特点

1.球形转子

"育鲲"轮舵机的转舵机构设计成球形转子SR（spherical rotor），转子和转叶做成一体，转子上的密封件由做成一体的合成材料制成，这样的结构使转舵机构承受或吸收较大的振动和冲击成为可能。三转叶在环形油缸内带动舵柱以恒扭矩转舵。最大舵角可达2×44°。球形转子使内摩擦力降低到最小，同时消除了舵柱可能弯曲而引起的对转舵机构的附加作用力。如图5-1所示为球形转舵机构结构图。

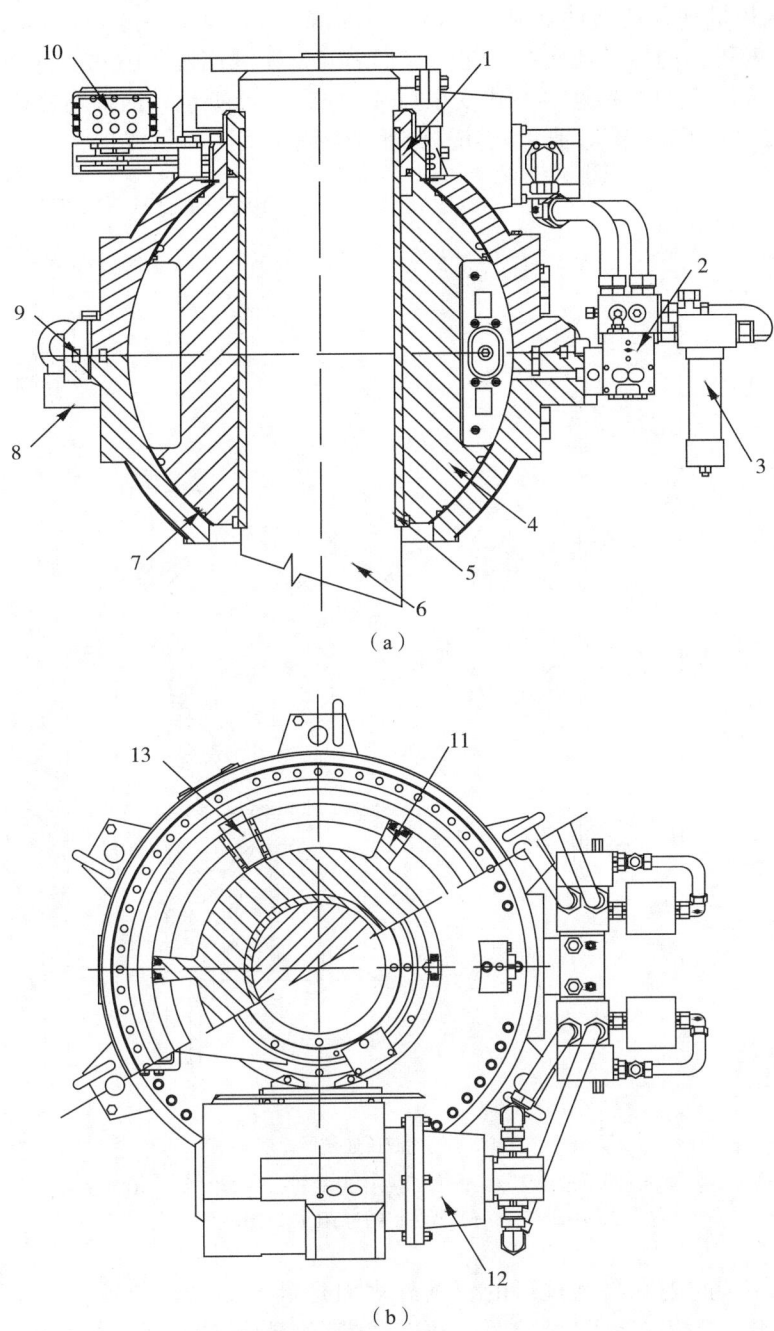

（a）

（b）

图 5-1　球形转舵机构结构图

1—安装活塞；2—阀块；3—过滤单元；4—转子；5—轴套；6—柱形舵柱；7—转子密封；
8—转舵机构基座；9—综合油路；10—反馈单元；11—动叶；12—动力油泵；13—静叶

2.液压连接器

液压静压技术不仅在船舶机械设备中得到了应用，而且应用到了轮机的安装方面，它可以对螺旋桨和轴系之间进行无键连接，以达到过盈的装配。"育鲲"轮舵机的转子和舵柱就是基于这种机理而建造的。基于SKF（hydraulic shrink fit principle）机理的液压连接器把舵柱和转舵机构的转子连接在一起。它们之间是无键连接，因此，拆装方便，无须大型专用工具。实践证明这种连接方式安全可靠，如图5-2所示。这种连接器主要由安装活塞1、密封圈2、转子3、锥形轴套4、舵柱5和O形密封圈6等组成。

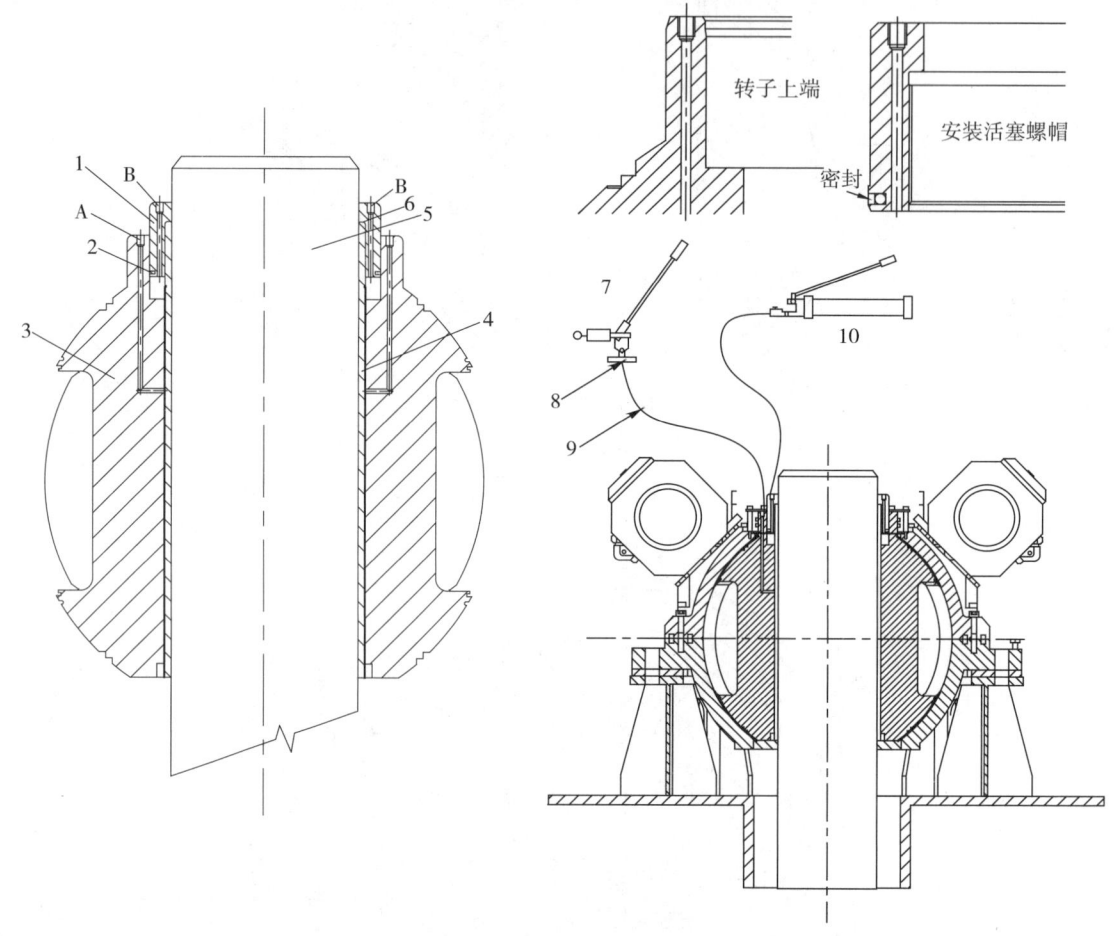

图5-2　舵柱液压连接器原理

1—安装活塞；2—密封圈；3—转子；4—锥形轴套；5—舵柱；6—O形密封圈；
7—注油泵；8—调节块；9—高压管；10—安装泵

其锥形轴套4的内孔是圆柱形的，其外表面是锥形的，它与转子3内孔的锥面相配合。当锥形轴套4安装在转子3上之后，再安装带有密封圈的安装活塞1。

由安装活塞1、锥形轴套4和转子3形成一个环形腔室，在腔室中通入有一定压力的液压油后，能够产生一个使转子3相对于锥形轴套4运动的力。连接器上有两个用于连接压力油的螺孔。注油泵和A口相连，使转子的内径扩张，安装泵和B口相连，使转子和锥形轴套产生相对运动。此时，舵柱是由其自身的舵承支撑在相应位置上的，其安装顺序如下。

首先把安装活塞1安装到锥形轴套4的上端，并用吊环吊起该组件。然后，从舵柱的上端往下安装。注意锥形轴套4内孔和舵柱上应绝对没有润滑剂。当锥形轴套4向下安装到距离基座下端的支撑钢板150 mm时，暂停安装作业，并卸下安装活塞1。

然后用润滑油涂于转子内孔上，并把转子3悬挂于舵柱上部，且使两者的中心线尽可能对中。再慢慢下放，使转子内孔与锥形轴套4有轻微接触。此时，一定要注意，不能让转子的全部重量压到轴套上。

再把安装活塞1安装到锥形轴套4上，且上紧至规定值。然后，撤销支撑锥形轴套4的钢板。此时，转子仍然处于悬挂状态。

最后装上注油泵和安装泵，按照说明书的要求提高油压，使锥形轴套和转子相对运动，直至规定的安装尺寸。

作业过程中注油泵7和转子3上的A口相连，这样就会在转子3和锥形轴套4之间形成一层薄的油膜，其中的油压使转子3内径增加。

安装泵通过安装活塞1上的B口和环形腔相连，在环形腔中通入液压油后，能够拉伸转子3内的锥形轴套4。

当转子3和锥形轴套4之间的液压油释放时，转子3将会收缩并产生压力。由此，在转子、锥形轴套和舵柱之间产生摩擦力用于传递转舵扭矩。

拆卸时，同样简单。如上方法，在转子3和锥形轴套4之间建立油膜，摩擦力消失，锥形轴套和转子分离。

操作中特别需要注意的是：

为了使转子3和锥形轴套4之间的运动可控，以免损坏接触面，必须在注油泵动作之前建立环形腔内的油压，通过控制环形腔内液压油的释放速度来控制轴套的移动速度。一定要仔细操作，避免转子内径的永久变形。另外，在锥形轴套4和转子3之间要保留足够的油膜，以便在拆卸时更容易分离两部件。

安装时，如果转子和轴套之间的运动出现跳动，则表明两者间的油膜不够，这样会拉伤表面。因此，需要加大注油泵的流量，以重新建立油膜。两者间的运动应该是平滑均匀的。

液压连接器安装完成后，要保持24 h不能转动，同时，在24 h之后把油孔A、B用专用旋塞封闭。

3. 液压系统

Tenfjord SR723泵控型舵机液压系统如图5-3所示。该系统中，液压泵、控制阀块、舵角电气反馈单元等组合在转舵机构上。驱动两台可反转液压泵的电动机受变频器控制。这种控制方式可以使舵机在起动、停止时十分平稳，并能实现精确的随动控制。

当驾驶台有转舵信号时，通过变频器控制主油液压泵3的转向和排量，同时，控制逻辑阀控制油的二位三通电磁换向阀10有电，工作于右位，控制油卸荷，逻辑阀11、12开启。油泵输出的压力油经单向阀、逻辑阀进入转舵油缸，转舵油缸的回油通过平衡阀8或9（或背压阀）进入回油滤器，然后，进入液压泵吸入口。当舵叶到达所需舵角时，液压泵停转，同时，二位三通电磁换向阀10失电，工作于左位，逻辑阀11、12关闭，锁紧油路，舵停留在所要求的舵角。为满足造船规范的要求，船上分别有两套动力单元和控制单元，实现互为备用，也可以同时工作，可保证在一台泵组出现故障后，能迅速自动隔离，保证另一台能正常工作。

这种系统的最大特点是：有转舵信号时，液压泵才工作，舵到达所需舵角时停止转动，缩短了液压泵的运转时间，使磨损、噪声、能量消耗都降低，延长了使用寿命。

设置在舵机间的应急齿轮泵可以在应急操舵时使用。

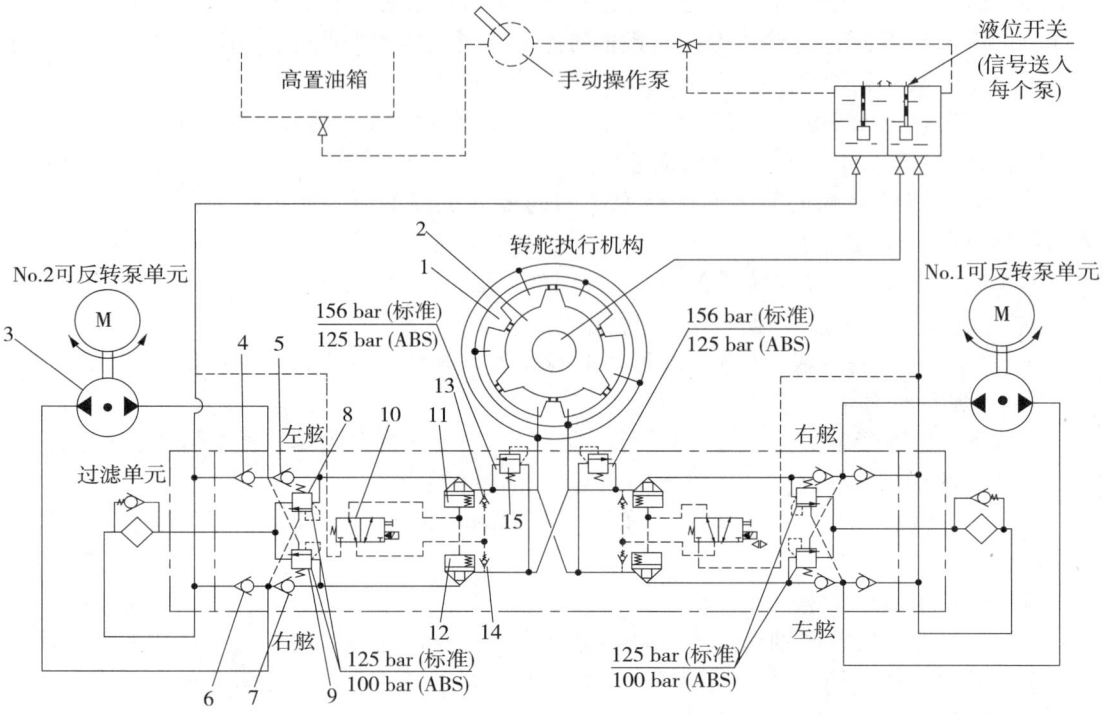

图5-3 Tenfjord SR723泵控型舵机液压系统原理图

1—定子；2—转子；3—主油液压泵；4，5，6，7，13，14—单向阀；8，9—平衡阀；
10—电磁换向阀；11，12—逻辑阀；15—放浪阀

4.故障分析

在舵机运行时，可能出现一个或同时出现多个故障现象。平时管理人员应该做好各参数的记录，遇到故障时，可参考表5-1进行综合分析。

表5-1 Tenfjord SR723舵机可能出现的故障、可能原因及排除方法

故障	可能原因	排除方法
舵叶只能单向转动	泵驱动信号故障	检查
	限位开关故障	
	线路接头松脱	
	控制阀阻尼孔堵塞	拆卸检查
	变频器故障	检查更换
没有转舵指令时，舵叶转至最大舵角	操纵杆微动开关故障	检查
	泵驱动信号故障	

续表

故障	可能原因	排除方法
外力作用下舵叶不能停住	由于油脏,复位弹簧失效,使分配阀上的安全阀卡死在开启位置	拆卸检查
	安全阀调节不当	重新进行常规调节
	柱塞密封磨损	做柱塞密封试验
舵叶转动不均,有脉动	系统中有空气	重新驱气
遇到阻力时,转舵停止	动力油泵超负荷保护	检查复位
	分配阀上的安全阀调节不当	做安全阀试验
	柱塞密封磨损	决定更换密封前,做泄漏试验
舵叶不能从最大舵角回中	反馈装置故障	检查
油泵噪声大	油泵进入空气	检查油泵和油箱接管
电气系统工作时,手动泵起动	连锁机构故障	检查
手动泵工作无效	手动泵吸入口堵塞	
舵叶转舵速度慢	油泵过载保护动作	
油箱溢流	泵壳内有空气	系统驱气
	通主泵的膨胀管路关闭	检查
转舵机构异常噪声	液压系统有空气	系统驱气
	转子轴承太紧	重新调整轴承间隙

第二节 液压起重机实例

一、麦基加 GLH 型船用起重机技术参数

麦基加 GLH 型船用起重机是一种重型起重机,最大可起重 320 t。主要技术参数如表 5-2 所示。

表 5-2 麦基加 GLH 型起重机的主要技术参数

参数 系统	最大起升能力/t	吊臂最小工作半径/m	吊臂最大工作半径/m	起升速度/($m \cdot min^{-1}$)		变幅时间(从最大到最小工作半径)/s	回转速度/($r \cdot min^{-1}$)
				低	高		
主起升系统	320	6	16	3		90	0.3
	250	6	20	4		90	0.3
	200	6	25	4		90	0.3
	125	6	32	7		90	0.3

续表

参数\系统	最大起升能力/t	吊臂最小工作半径/m	吊臂最大工作半径/m	起升速度/(m·min⁻¹) 低	起升速度/(m·min⁻¹) 高	变幅时间（从最大到最小工作半径）/s	回转速度/(r·min⁻¹)
主起升系统	65	6	32		11	90	0.3
副起升系统	35	4	35	25		90	0.7
	14	4	35		40	90	0.7

表5-2列出的各种起升能力是和吊臂工作半径相关的，即随着工作半径的增大，起升能力逐级减小，在最大吊臂工作半径时，并不能达到最大起升能力。

其电源频率为3~60 Hz，电压为380/400/440 V，控制电压为24/8 V，主电机功率为203 kW，电流为525 A，转速为1 784 r/min，控制电机功率为20 kW，油箱为960 L，液压油选用ISO VG 100HV。

液压系统整定压力：控制压力为3.2 MPa，补油压力为2.5 MPa，起升系统压力为42 MPa，变幅系统压力为42 MPa，回转系统压力为37 MPa。

在起重机停用时，将有一个独立的24 V电源为控制系统电路供电，专门用来加热，以防水汽凝结。

二、起重机的液压系统

这里以麦基加液压甲板起重机重型版的液压系统为例说明设备及其功能。对于同型号的某个起重机的液压系统可能会有微小的差别，但一般来说，起重机的液压系统由四个回路组成：起升回路（主、副绞车）、变幅回路、回转回路以及补油和控制回路。

每个工作回路都有一套泵组，补油控制油泵PF提供补给和控制油，它安装在油箱内。

在液压系统图中，每个液压元件都对应有自己的符号。主要元件的序号由4位阿拉伯数字组成，并且标记在起重机的主要元件上。第一位数字代表该元件所属的循环系统：1代表起升系统，2代表变幅系统，3代表回转系统，4代表补给和控制冷却系统。后面的3位数字代表各种液压元件。出于简化目的，油箱符号重复地在几处出现，实际上系统只有1个油箱。

起重机有2个控制手柄，一个用来控制主吊钩和副吊钩的起升和下降，另一个用来控制起重机的变幅和回转，如图5-4（a）、（b）所示。图5-4（c）、（d）表示控制主、副起升绞车（吊钩）的高速或低速运转的手柄位置，左侧控制低速，右侧控制高速。图5-4（b）、（c）、（d）表示的是同一个手柄。

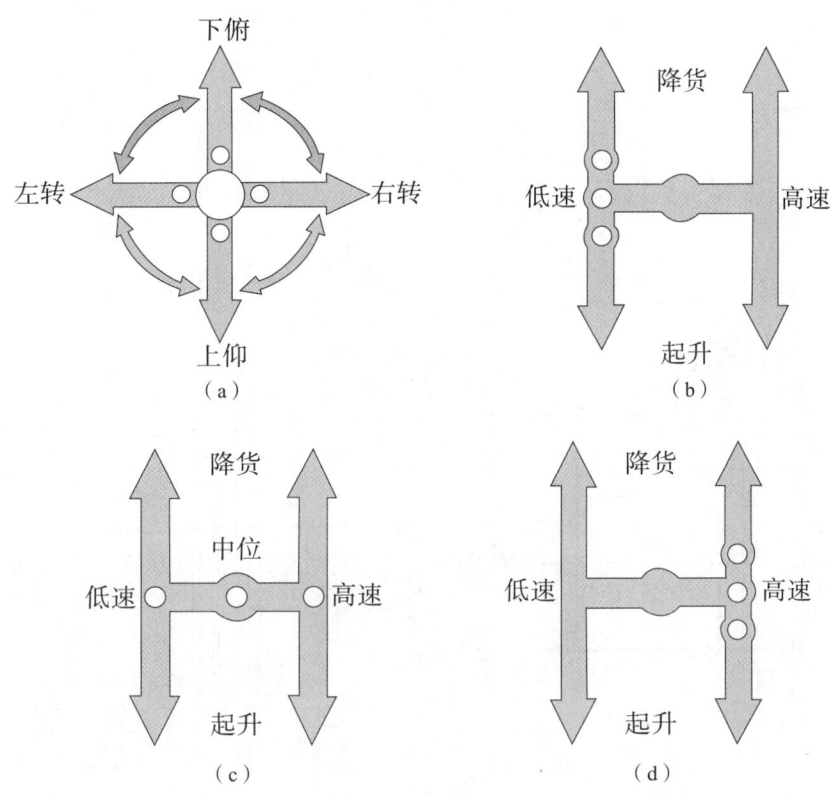

图5-4 起重机控制手柄示意图

液压起重机工作时，首先要有控制油压，所以下面从补油和控制油系统开始介绍。

（一）补油和控制油系统

如图5-5右端所示，液压起升系统的主要组成元件有油泵4114、4113，出口滤器4135，差动溢流阀4147，单向阀，背压阀4148，回油滤器4136，冷却器4211、4212等。

系统补油回路的主要功能是置换闭式系统中的高温液压油。补入系统的液压油通过单向阀进入系统低压侧，补油压力近似为2.5 MPa，由阀4148设定，可通过1号测压点测量。

系统控制油的功能是向刹车油缸和油泵的伺服变量机构提供压力油，即控制绞车速度、回转速度和工作方向。控制油压力为3.0~3.2 MPa，可通过2号测压点测量。

补油路线：油泵4114或4113→滤器4135-1或2→单向阀4177-1或2→补油总管（蓄能器4161或4162，测压点1）→各泵补油阀1113（1114或1111或1112）-2或3→补油的回油总管→背压阀4148→回油滤器4136-1→单向阀4222→冷却器4211或4212→单向阀4175→油箱。

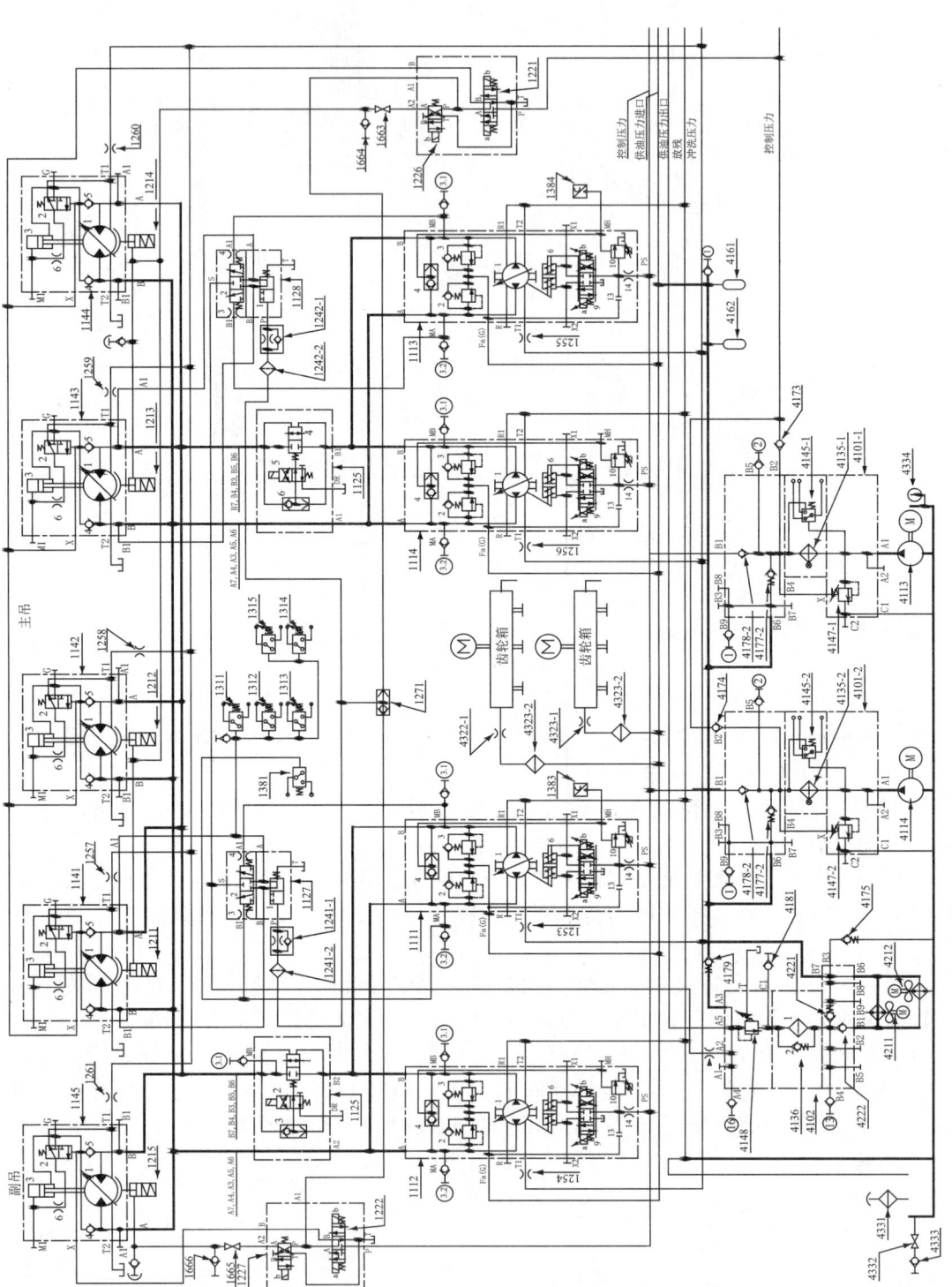

图 5-5　液压起升系统原理图

控制油路线：油泵4114或4113→滤器4135-1或2→测压点2→单向阀4178-1或2→控制油总管→各油泵变量伺服阀1113（1114或1111或1112）-14、9（油泵输出压力油，当压力超过34 MPa时，1113-10阀开启，控制油卸荷，油泵排油回零），另一路控制油经单向阀4173或4174到阀1221或1222，准备松开油马达刹车。

液压系统压力设定参考值如表5-3所示。

表5-3 液压系统压力设定参考值

测压点	液压回路	阀名称	设定压力参考值
1	补油总管		2.5 MPa±0.1 MPa
2	控制油总管	4177-1、2	3.2 MPa±0.1 MPa
3.1	起升回路冲击压力	1111、1112、1113、1114-3	42 MPa
3.1	压力开关	1111、1112、1113、1114-10	40 MPa
3.1	压力开关	1311	32 MPa
3.1	压力开关	1312	25.5 MPa
3.1	压力开关	1313	21 MPa
3.1	压力开关	1314	15 MPa
3.1	压力开关	1315	32.5 MPa
3.2	起升回路	1111、1112、1113、1114-2	10 MPa
5.1	变幅回路冲击压力	2111-3	42 MPa
5.1	压力开关	2111、2112、2113、2114-10	34 MPa
5.2	变幅压力	2111、2112、2113、2114-2	10 MPa
6.1,6.2	回转冲击压力	3111、3112、3113、3114-2	37 MPa
6.1,6.2	压力开关	3111、3112、3113、3114-10	34 MPa
13	冲洗压力		>0.3 MPa
16	补油压力回油	4148	1.9 MPa + 0.1/−0.3 MPa

（二）起升液压系统

如图5-5所示，起升回路包括以下几个主要部分：油泵1111、1112、1113、1114；主起升液压马达1141、1142、1143、1144；副起升液压马达1145；主起升马达刹车1211、1212、1213、1214；副起升马达刹车1215。马达刹车齿轮机构组合在一起构成卷筒，刹车设置在起升绞车齿轮箱内。

主、副吊钩的起升作业用同一个控制杆控制，通过控制面板上的选择开关设定主起升作业或副起升作业。当控制杆处于中位时，如图5-4（b）（起升主、副控制杆示意图）所示，泵运转但起升系统不工作，补油回路提供的液压油冲洗系统。

1. 主起升马达低速挡工况

当控制杆置于左位，且离开中位时，如图5-4（c）所示，马达此时工作在低速状态，阀1221（b）和1226（b）侧通电（1226相对1221稍微延迟动作）。控制油先通过选择阀1271，接通到加载阀1127-1和1128-1的左侧，使其工作在左位，使马达进出油口A、B隔离，即从空载旁通模式转换到加载模式。阀1226延时有电后，阀工作在左位，控制油接通到马达的刹车油缸，马达刹车松闸。

货钩上没有负载并且控制杆在刹车松闸位置时，如图5-4（c）中部，起升绞车应产生一个很慢的起升转动，称正向载荷。

2. 主起升马达高速挡工况

当控制杆置于右位，且离开中位时，如图5-4（d）所示，阀1221（a）和1226（b）侧通电（1226相对1221稍微延迟动作）。控制油通过加载阀1127-1和1128-1，使马达进出油口A、B隔离，即从空载旁通模式转换到加载模式。同时，也作用到马达控制阀1141-2、1142-2、1143-2和1144-2，阀2工作在下位，压力油作用在马达变量控制活塞3的上、下端面，使马达变量控制活塞下行，马达排量变小，工作在高速状态（排量最小），起升能力下降。只要把泵工作单元选择开关选定后，相应的电磁阀1125-2就有电，使泵管路接通。一旦泵起动，阀1125-1便工作在右位。阀1226延时有电后，控制油接通到刹车油缸，马达刹车松闸。

此时，如果没有起升或下降信号（手柄在中位），阀1127-1、1128-1会使泵旁通卸荷。

货钩上没有负载并且控制杆在刹车松闸位置时，如图5-4（d）中部，起升绞车会产生一个慢速的起升转动，称正向载荷。

3. 主起升马达高速挡超载工况

如果在高速挡时起升负载太大，超载保护装置会使阀1221（b）有电，则马达控制阀1141-2、1142-2、1143-2、1144-2中的阀2工作在上位，马达变量控制活塞（马达阀块中的元件3）上腔泄油，马达变量控制活塞上行，马达排量变大，转为低速挡（全排量）运转。转入低速大扭矩工况。

4. 副起升马达低速挡工况

当控制杆置于左侧时，如图5-4（c）所示，副绞车马达低速工作。阀1222（b）和1227（b）侧通电（1227相对1222稍微延迟动作）。控制油通过选择阀1271也作用到加载阀1127-1和1128-1，使其从空载挡转换为加载模式。阀1227延时有电后，控制油接通到刹车油缸1215，副起升马达绞车刹车松闸。

没有负载时，当控制杆置于刹车位置时，如图5-4（c）中部，起升绞车会产生一个慢速的转动，称为正向载荷。

5. 副起升马达高速挡工况

如图5-4（d）所示，当控制杆置于右侧时，阀1222（a）和阀1227（b）动作（1227相对于1222延迟动作）。控制油通过选择阀1271也作用到加载阀1127-1和1128-1（这两个阀工作在左位，使马达进出油路隔开），使其从空载挡转换为加载模式。同时，控制油也作用到副起升马达控制阀1145-2的下端，马达置于高速挡（排量最小），起升能力下降。阀1227延时有电后，控制油压作用在刹车油缸1215使其松闸。

空载时，控制杆在刹车松开位置，如图5-4（d）中部，副起升绞车会产生一个慢速的转动，称正向载荷。

6. 副起升马达高速挡超载工况

如果在高速挡时起升负载太大，超载保护装置使阀1222（b）有电，则副起升马达控

制阀1145-2工作在上位，马达转为低速挡（全排量）运转。

7.主、副起升马达的高、低速升降

控制杆从刹车松闸位置，往回扳动，如图5-4（c）或（d）下部所示，将会起动绞车以提升负载，处于低速或高速状态，油泵伺服阀1111-9、1112-9、1113-9和1114-9动作，泵1111、1112、1113和1114因而产生一个与控制杆位置相对应的流量。

如果把控制杆推向前方，如图5-4（c）或（d）上部所示，货物会下降，功能与起升相似，但油流向相反。

8.安全功能

起升回路包含4层安全保护：

（1）起升主泵限压阀：1111-2、1111-3，1112-2、1112-3，1113-2、1113-3，1114-2、1114-3。

（2）压力停止阀：1111-10、1112-10、1113-10、1114-10。

（3）压力传感器1383、1384和压力开关1311（过载保护阀），被用于过载保护系统的监测，详细功能参见操作说明书第3部分"起重机控制安全系统"。

（4）压力开关1381，在补油压力不足时，使起重机停止。

（三）变幅液压系统

变幅液压系统原理如图5-6所示。

主要元件包括：泵2111、2112、2113、2114；变幅液压马达2141、2142；刹车油缸2211、2212；变幅和回转运动控制手柄。

1.刹车松闸

根据负载大小，变幅绞车能工作在高速或低速状态。速度挡位由控制系统自动设定。

2.低速挡

当控制杆从中位离开，如向后扳动控制杆，如图5-4（a）所示，以升起吊臂，此时，阀2221（b）和阀2226（b）动作（阀2226相对阀2221延迟动作）。控制油使刹车油缸2211、2212松闸，同时，也作用于加载阀2127、2128右端，变幅马达进出油口隔断，即将其从空载挡转换为加载模式。变幅绞车会慢速升起吊臂，称正向载荷。

3.高速挡

当控制杆从中位离开，如向后扳动控制杆，以升起吊臂，此时，阀2221（a）和阀2226（b）动作（阀2226相对阀2221延迟动作）。控制油使刹车油缸2211、2212松闸，还使马达控制阀2141-2和2142-2动作（该阀工作于下位，使马达变量控制活塞下行。马达排量变小，工作于高速挡），马达工作在高速状态，同时也作用于加载阀2127，使变幅马达从空载挡转换为加载模式。

当控制杆处于刹车松闸位置时，变幅绞车会产生一个很慢的升起吊臂的动作，称为正向载荷。

4.吊臂的升起或降落

继续向后拉动控制杆，开始起动变幅绞车，泵的伺服阀2111-9、2112-9、2113-9和2114-9动作，因此，可以调节泵的排量。

如向前推动控制杆，则降低吊臂。除了液流方向外，各元件功能与起升相似。

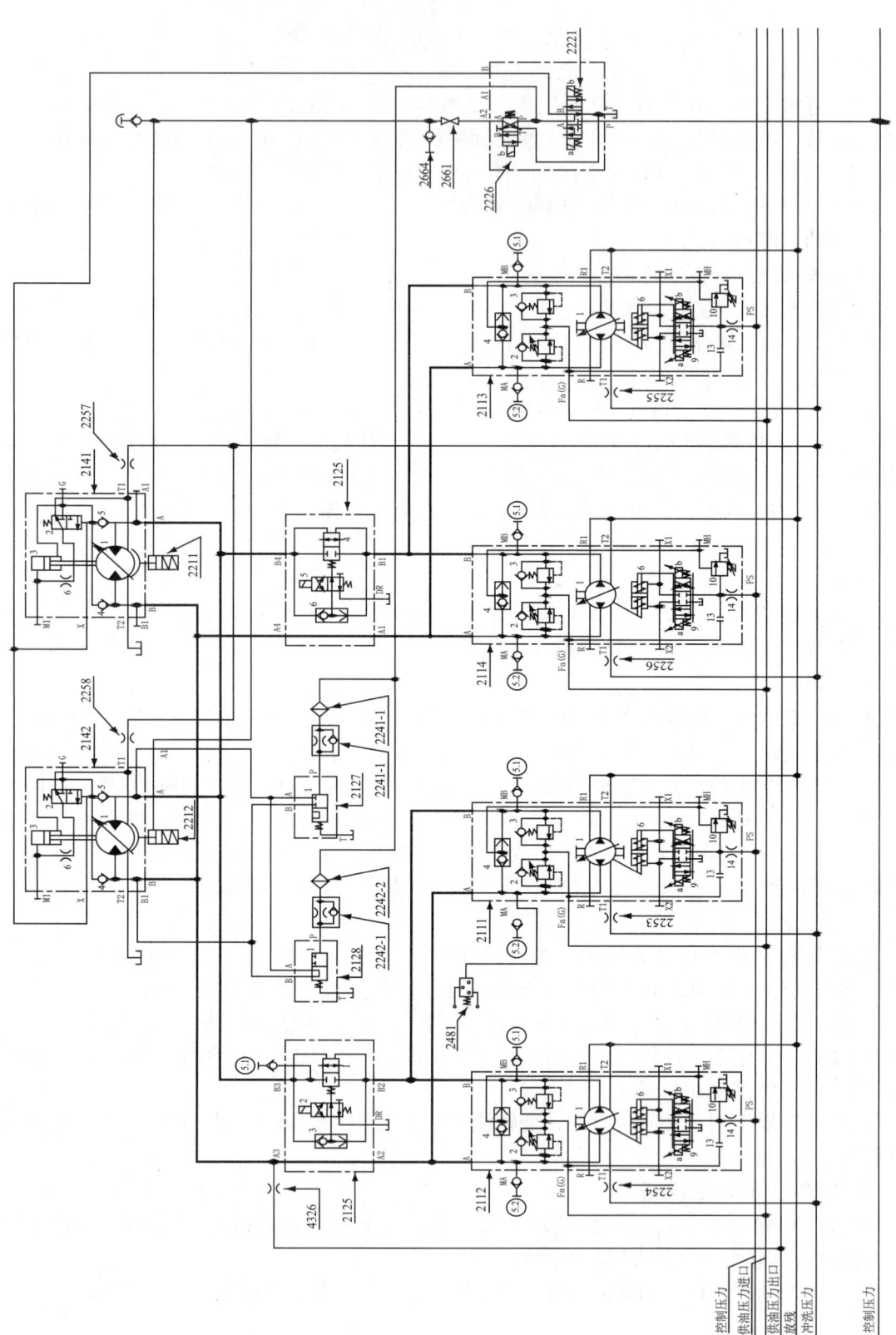

图 5-6　变幅液压系统原理图

5. 安全功能

变幅系统包含以下3层安全保护：

（1）变幅主泵限压阀2111-2、2111-3，2112-2、2112-3，2113-2、2113-3，2114-2、2114-3。

（2）压力停止阀：2111-10、2112-10、2113-10和2114-10。

（3）压力开关2481，在补油压力不足时，可使起重机停止。

注意：在没有与麦基加起重机服务部联系的情况下，不允许调整铅封的安全阀。

（四）回转液压系统

回转液压系统原理如图5-7所示，主要元件包括：泵3111、3112、3113、3114，液压马达3141、3142、3143、3144、3145、3146、3147，阀单元3127，刹车油缸3211、3212、3213、3214、3215、3216、3217，回转运动控制杆（也用于控制变幅运动）。

1. 刹车松闸

为使起重机向左回转（逆时针），则向左移动控制杆，如图5-4（a）所示，此时，阀3221（b）动作，控制油作用在回转马达刹车油缸3211、3212、3213、3214、3215、3216、3217，刹车此时松闸，同时，控制油作用在空载阀3127-1右端，即隔离回转液压马达，使其从空载旁通转换成加载模式。

2. 左右回转

如果继续推动控制杆向左，这时起重机将会按逆时针方向回转。回转主泵伺服阀3111-9、3112-9、3113-9和3114-9动作，从而使泵3111、3112、3113和3114产生一个与控制手柄位置相对应的流量。

如果向右移动控制手柄（顺时针），除了液流方向外，各元件功能与左转相似。

3. 安全功能

回转系统包含以下2层安全保护：

（1）回转主泵限压阀：3111-2、3111-3，3112-2、3112-3，3113-2、3113-3，3114-2、3114-3。

（2）压力停止阀：3111-10、3112-10、3113-10、3114-10。

（五）安全系统

主起升绞车安全保护信息采集系统主要包括以下元件：主起升绞车负载感受单元、压力传感器、限位开关（凸轮机构）、压力开关、起升绞车速度编码器、吊臂变幅位置编码器及船舶横倾传感器。

1. 安全保护基本原理

操作主起升绞车时，副起升绞车停转，并保持在卷满位置。由负载感受单元测得实际负载大小。负载感受单元是两个独立的电气单元，每个单元分别发送信息至相应的控制系统。CC2000系统对来自负载感受单元的信息与压力传感的信息进行比较。各系统也比较本系统所计算的负荷与另一系统所计算的负荷。作为CC2000监控程序，限位开关盒中的凸轮能够根据吊臂实际幅角，选择与最大负荷相应的压力开关。这个压力开关用以防止起重机过载。这些信息都将在显示屏上显示。

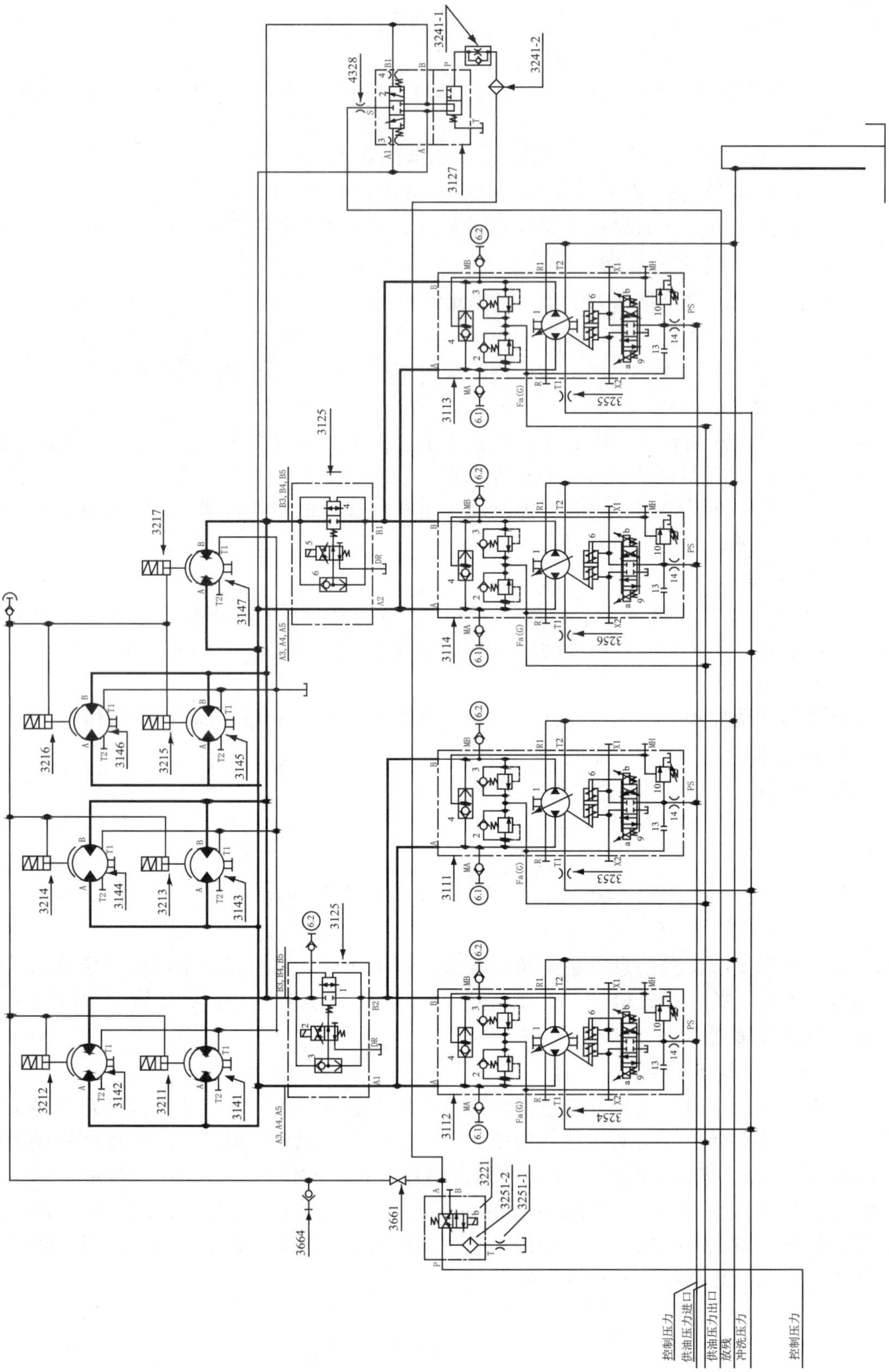

图5-7　回转液压系统原理图

2.安全模式

起重机控制系统通过比较所有传感器所感受的信号来检测每一传感器的工作状态。用其中之一的控制系统来操作起重机。操作室内的转换开关转至单泵站工作位（泵站1或泵站2），起重机才可重新起动。单泵站工作，速度减半。

例如：若两个控制系统分别测定的负载差别较大，将会由单泵站工作。这说明负载单元有误、压力开关有误或编码器有误。

3.过载

过载时仍然可以降低货物，并回转起重机。

4.高速模式

负荷小时，绞车以高速模式运行。一旦负荷超过系统设定的某个限定值，绞车会自动转至低速模式。

5.变幅选择

用操作室内的变幅选择开关，可以设定吊臂的最大伸出量为16 m、20 m和25 m。若将开关设定在自动位置，则吊臂最大伸出量可达到32 m。当然各吊臂的最大起重量是不一样的。

6.负载分级限位

过载保护系统随时感受负载，并选择与负载相应的最大起升速度和最大吊臂伸出量进行监控。当吊臂接近该级负载相应的最大伸出量时，操作室内的指示灯闪烁，当达到最大伸出量时，变幅动作停止，指示灯亮。

7.过热保护

起重机液压系统中温度调解器（BT2，此代码为实物中所标，无图与之对应，下同）断开主电动机的工作电路，当油温超过85 ℃时，驱动油冷却风扇的电动机起动。

将开关（S50）设置在"TEST"位置，同时按下操作室控制面板上的起动按钮，油被冷却，辅泵电动机与冷却风扇电动机一起起动。

8.油冷却器

补油泵正在运转时，当油温超过10 ℃时，油冷却器会自动起动。

9.油位开关

当油箱中油位降至最低允许高度时，浮子式油位开关（BLT1）将接通报警系统，警报灯（H2）亮；如果油位继续降低，开关（BLT1）将断开补油泵电机（M2）和主电机（M1）电路。

10.报警器

操作员可用操作室中的（SIREN）按钮提醒甲板人员。

11.通风风扇

通风风扇设置在起重机控制室，并由温度调节器（BT1）控制，设定温度25 ℃。

12.过载逻辑保护

过载逻辑保护是指一个或多个压力开关把负载信号输入过载传感器，并控制系统由高速转至低速或由低速转至停止。

13.主起升绞车限位开关

主起升绞车限位开关起到卷筒卷满或放空时使其减速或停转的作用。

14. 副起升绞车限位开关

副起升绞车限位开关起到卷筒卷满或放空时使其减速或停转的作用。

15. 变幅绞车限位开关

变幅绞车限位开关起到吊臂接近最小仰角或最低仰角时使其减速或停止变幅的作用。根据实际位置，由凸轮决定压力开关的动作。

16. 钢索松弛保护

钢索松弛保护的作用为：当起升和变幅钢索松弛时，保护装置将使起升绞车停止下降动作，变幅绞车也停止动作。

17. 回转限位开关

回转限位开关会使回转机构在接近最大转角时，减速或停止动作。

18. 过载保护

过载保护包括负载感受单元、压力传感器和压力开关。起重机的最大允许负载与吊臂幅角有关。操作室内的显示器能够显示出实际的负载与吊臂幅角，也能与船载PC同步显示出信息。

19. 防凝水加热器

为避免电子元件表面水蒸气凝结，密封在内部的电子元件应高出外部温度若干摄氏度。加热元件安装在接线柱排的后面。当系统停用时，该加热元件工作，通以24 V交流电。

副起升绞车液压系统有同样的安全保护设置。

（六）起重机工作模式

1. 单、双泵单元工作模式

该起重机液压系统有两套独立泵单元PU1和PU2，系统工作时，可设置为双泵单元工作模式，即正常工作时，两组泵单元同时工作。在应急工况下，一组泵单元能与系统脱开，此时，转速下降一半。

2. 双泵单元正常工况

起重机起动前，泵单元的工况选择开关设置在PU1+2的位置，那么当起重机起动时，先导阀1125-2、1125-5，2125-2、2125-5，3125-2、3125-5有电，阀工作在上位，使阀1125-1、1125-4，2125-1、2125-4，3125-1和3125-4导通，两组泵都连接到主系统回路上。

3. 单泵单元（应急）工况

起重机起动前，泵单元的工况选择开关设置在PU1（或PU2）的位置，那么当起重机起动后，先导阀1125-2、2125-2和阀3125-2（或阀1125-5、2125-5和阀3125-5）动作，使阀1125-1、2125-1和阀3125-1（或阀1125-4、2125-4和阀3125-4）导通，而阀1125-4、2125-4和阀3125-4（或阀1125-1、2125-1和阀3125-1）仍然隔断。这意味着泵1111、1112、2111、2112、3111和泵3112（或泵1113、1114、2113、2114、3113和泵3114）被连接到主系统回路中，而泵1113、1114、2113、2114、3113和泵3114（或泵1111、1112、2111、2112、3111和泵3112）将被隔离。

说明：单泵1111、1112为一组单泵单元，泵1113、1114为另一组单泵单元。所以，双泵单元工作模式表示有4台泵同时工作，而单泵单元工作模式表示只有2台泵同时工作。

三、起重机的应急操作

如果发生主电源失电故障，那么，需要使用另外配备的电动应急泵驱动起升、变幅、回转液压系统，使起重机运转到安全的状态。如果全船停电，那么需要接通岸电或应急柴油发电机供电。当然，在操作时，只能分别进行起升、变幅、回转动作。

（一）主起升绞车降落货物应急操作

应急降落货物时，松开刹车，由液压马达控制货物。应急电动泵输出的液压油输送到液压马达1141、1142、1143、1144的低压侧（B侧）和经接头1664进入刹车油缸1211、1212、1213、1214，当油压达到2.1~2.3 MPa时，刹车松闸。液压油从马达的高压侧（A侧），通过针阀3B和流量控制阀3A回到B侧，马达旋转降落货物。阀3A不受负载影响，如果负荷大于50%，那么可以关闭阀3B，以使货物尽量慢速下降。

（1）应急操作时，按照图5-8、图5-9、图5-10连接管路。

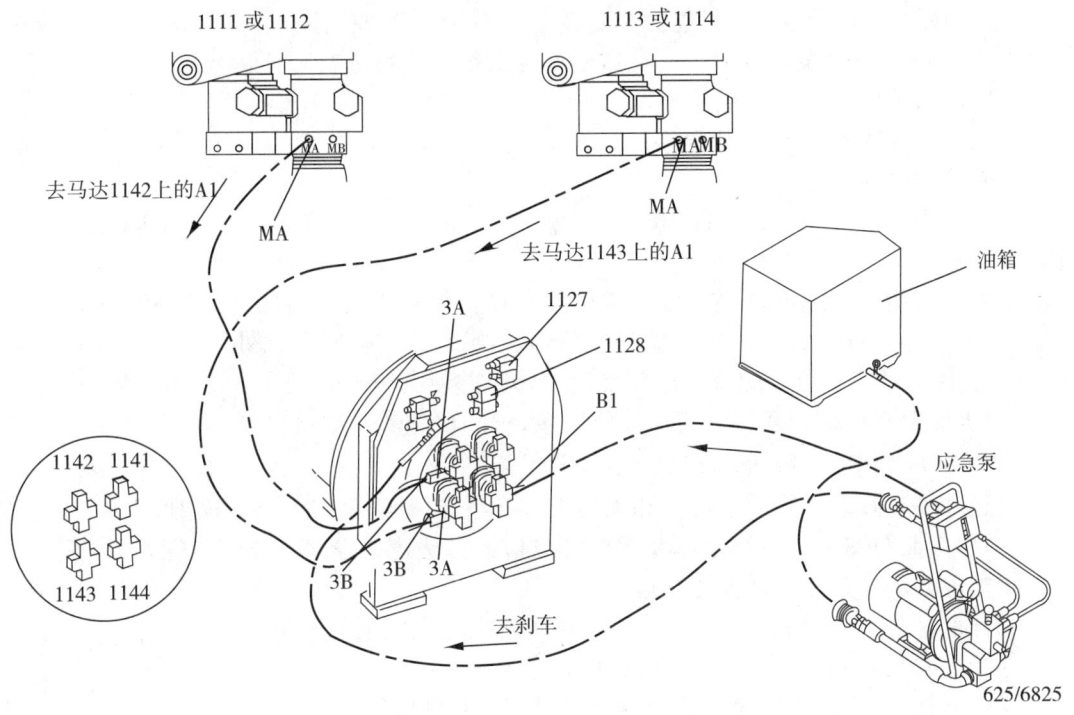

图5-8　应急泵与起升马达的连接

①把电动应急泵放置在油箱附近。
②拧下马达1144-B1的堵头，并用软管连接电动应急泵的输出口。
③拧下油泵1111-MA和1113-MA的堵头，并用软管连接。
④拧下马达1142-A1的堵头，连接节流旁通阀3A、3B。
⑤拧下马达1143-A1的堵头，连接节流旁通阀3A、3B。
⑥在1142-A1上的旁通阀和1111-MA之间连接上软管。

⑦在1143-A1上的旁通阀和1113-MA之间连接上软管。

⑧拧下加载阀1127-1和1128-1上的P口堵头，安装上衬套和螺栓，并拧入螺栓直到阀芯处在隔离进出油口的位置，如图5-9所示。

⑨关闭系统控制油输入阀1663，打开油箱出口阀4332，如图5-10所示。

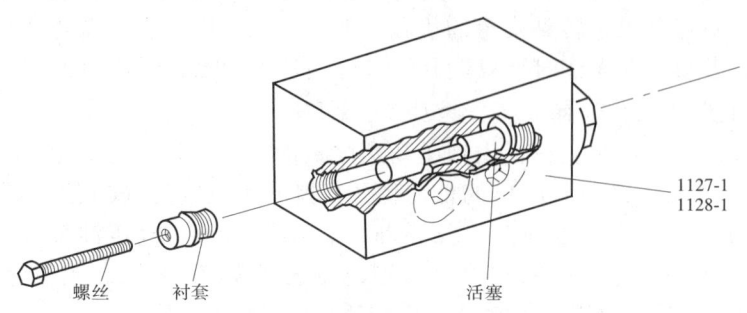

1127-1
1128-1

螺丝　　　衬套　　　　　　　　　活塞

图5-9　加载阀手动调节方法

（2）按照上述程序连接好管路后，确认已关闭系统控制油输入阀1663，开启油箱出口阀4332（电动应急泵进油口）。在这些准备工作完成后进行降落货物操作。

①关闭节流阀3B。

②开启溢流阀1B（电动应急泵出口安全阀）。

③起动电动应急泵。

④按下应急停止阀1C，关闭阀1B，慢慢增加油压，直至货物下降，实际上此时是依靠货物自重在下降。

⑤如果货物下降速度过慢，可适当开大阀3B。但每次调节要注意下降速度。

（3）操作过程中，要有专人按住应急停止阀1C，如果出现意外情况，必须立即松开阀1C，使其工作在下位，应急泵出口油回油箱，并使刹车油缸动作，实现制动。

（4）应急操作结束后，恢复原管路连接，开1663阀，关4332阀。

（二）副起升绞车降落货物应急操作

副起升绞车降落货物应急操作和上述主起升绞车降落货物应急操作相似。

（1）按照与图5-8、图5-9以及图5-11类似的方法连接管路，操作步骤如下。

①把电动应急泵放置在油箱附近。

②拧下马达1145-A1的堵头，并用软管连接电动应急泵的输出口。

③拧下油泵1111-MA，并用软管连接。

④拧下马达1145-B1的堵头，连接上节流旁通阀3A、3B。

⑤在1145-B1上的旁通阀和1111-MA之间连接上软管。

⑥拧下阀1127-1和1128-1上的P口堵头，安装上导套和螺栓，并拧入螺栓直到阀芯处在隔离进出油口的位置。

⑦关闭系统控制油输入阀1665，打开油箱出口阀4332。

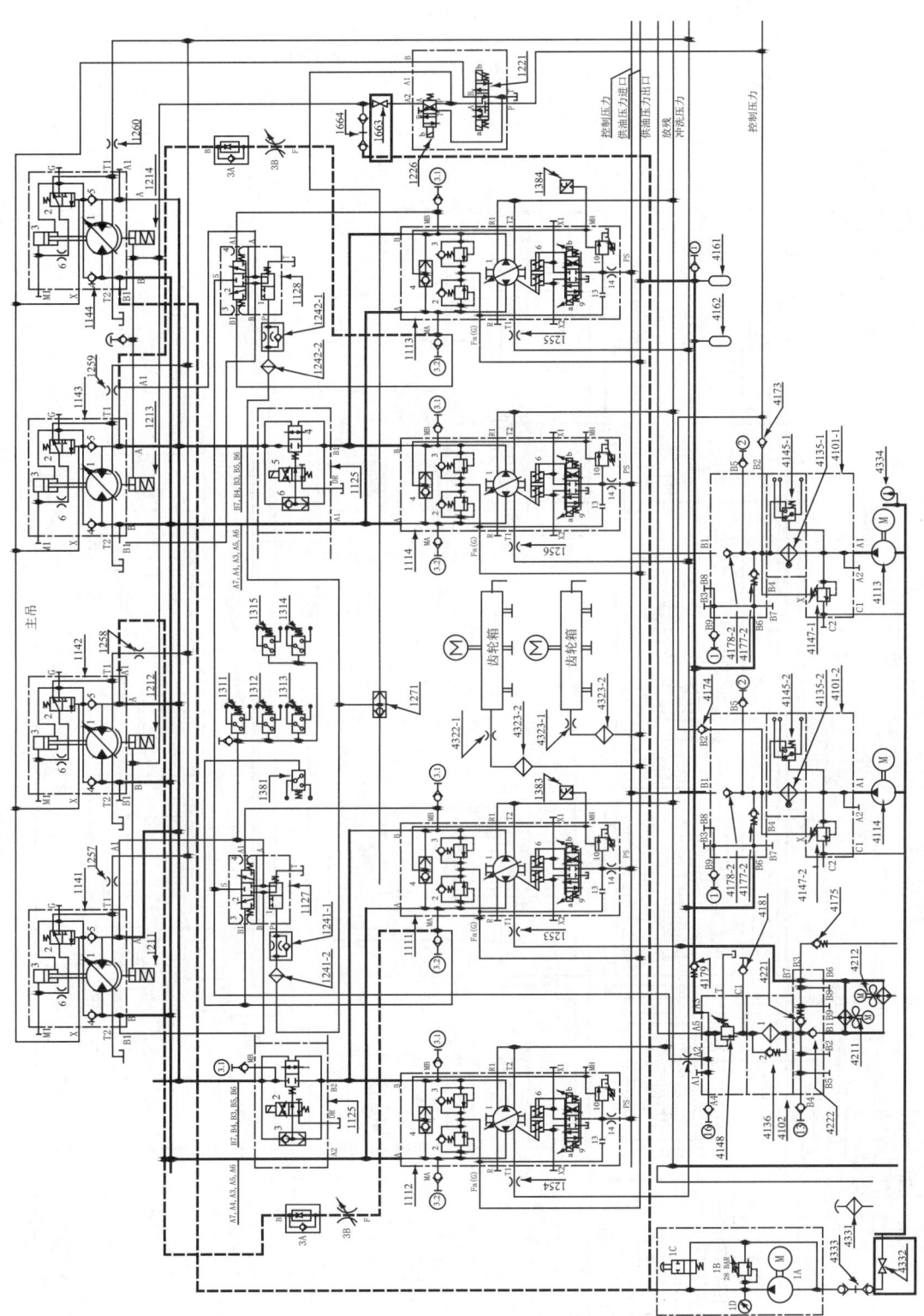

图 5-10 主起升及应急液压系统回路

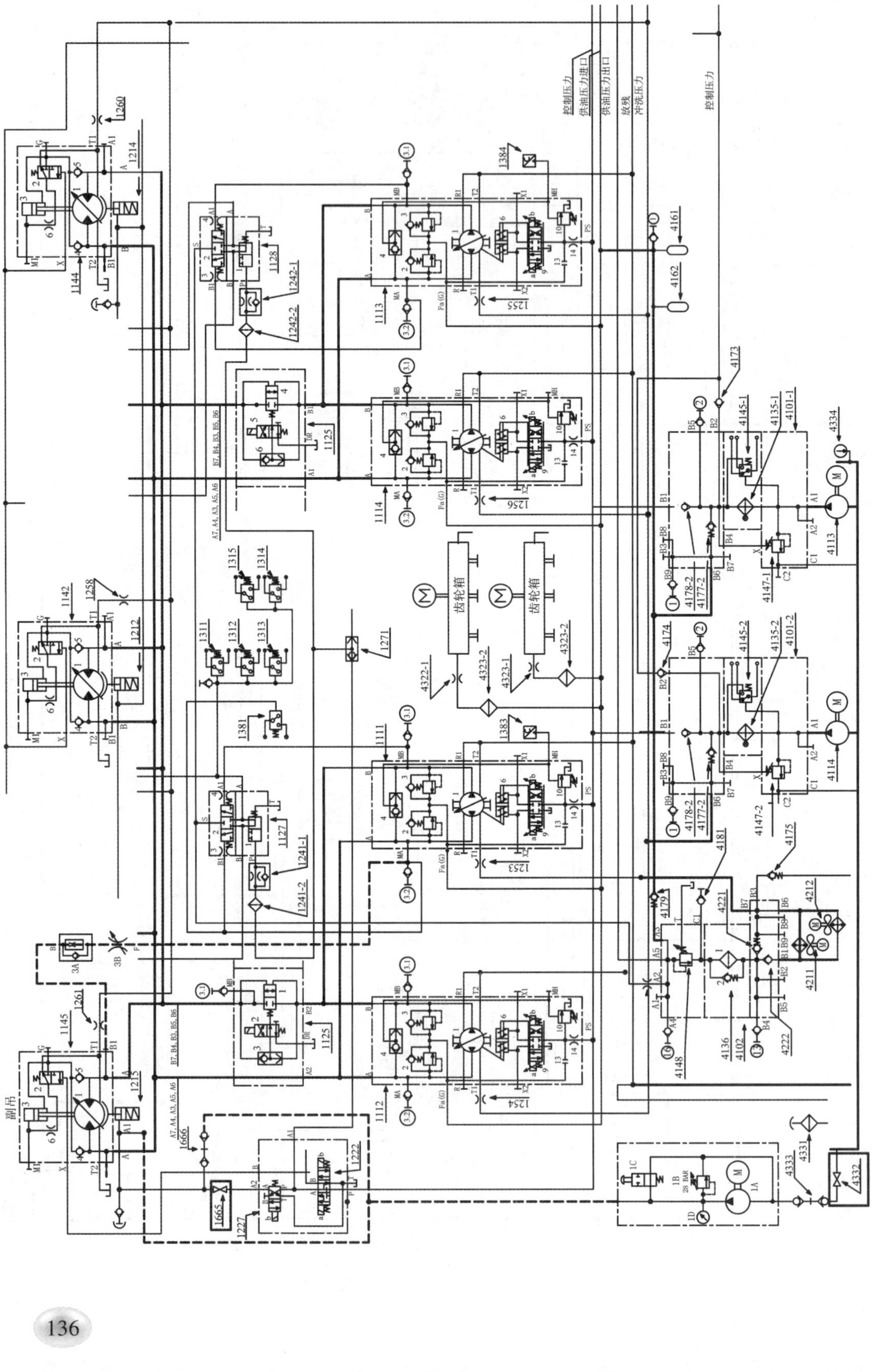

图5-11 副起升及应急液压系统回路

（2）按照上述程序连接好管路后，确认已关闭系统控制油输入阀1665，开启油箱出口阀4332（电动应急泵进油口）。这些准备工作完成后，进行降落货物操作。

①关闭节流阀3B。

②开启溢流阀1B（电动应急泵出口安全阀）。

③起动电动应急泵。

④按下应急停止阀1C，关闭阀1B，慢慢增加油压，直至货物下降。

⑤如果货物下降速度过慢，可适当开大阀3B。但每次调节，要多注意下降速度。

（3）操作过程中，要有专人按住应急停止阀1C，如果出现意外情况，必须立即松开阀1C，使刹车油缸1215动作，实现制动。

（4）应急操作结束后，恢复原管路连接，开1665阀，关4332阀。

（三）变幅绞车应急操作

与上述起升绞车降落货物应急操作相似，按照图5-12连接管路，不同之处只是关闭系统控制油的输入阀是2661。

（四）回转绞车应急操作

按照图5-13、图5-14连接管路，注意关闭系统控制油的输入阀是3661。操作时，首先打开溢流阀1B，然后起动电动应急油泵，再按下应急停止阀1C，并慢慢关闭溢流阀1B，以建立松开刹车油压力。作业时，如果起重机处于倾斜状态，那么，要格外小心。当回转速度加快时，可打开应急停止阀1C，使刹车油缸重新抱闸。如果起重机没有倾斜，那么，松开刹车后，需要使用其他吊车或绞车，让它旋转到一个新的位置。

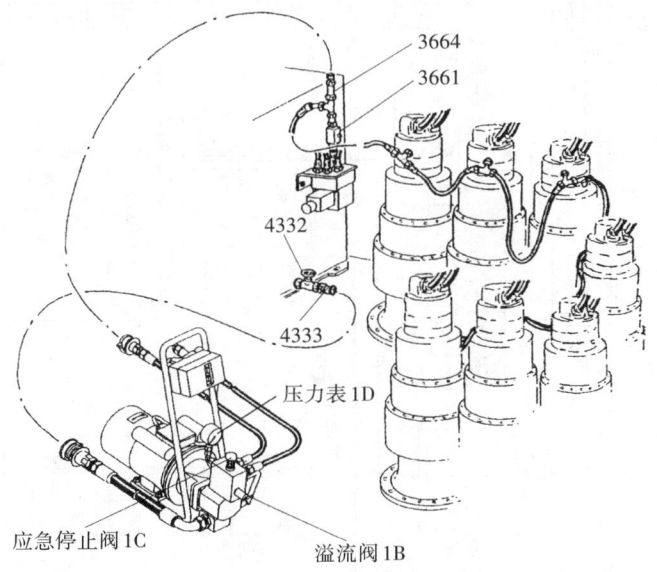

图5-12　应急泵与回转马达的连接

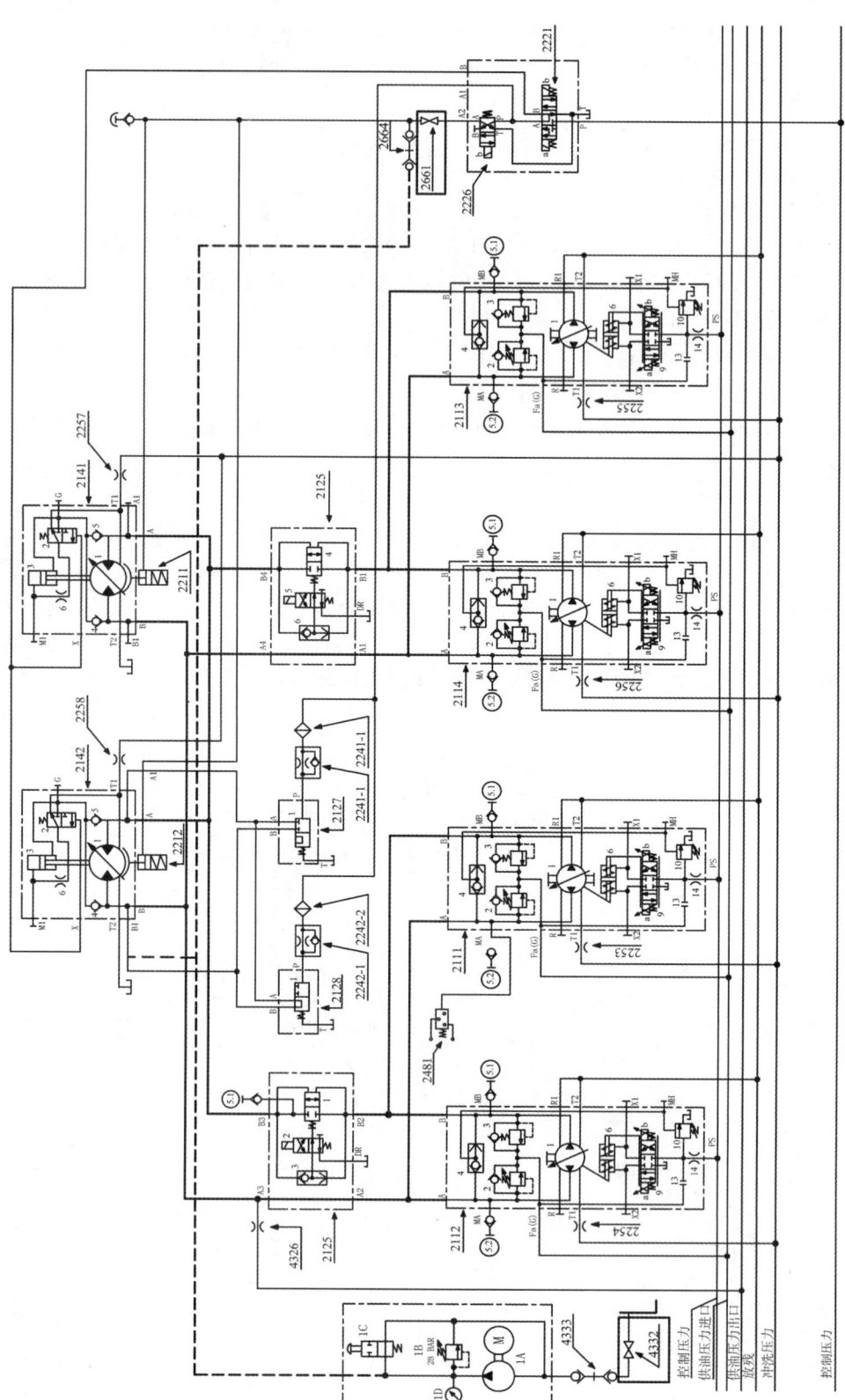

图 5-13　变幅及应急液压系统回路

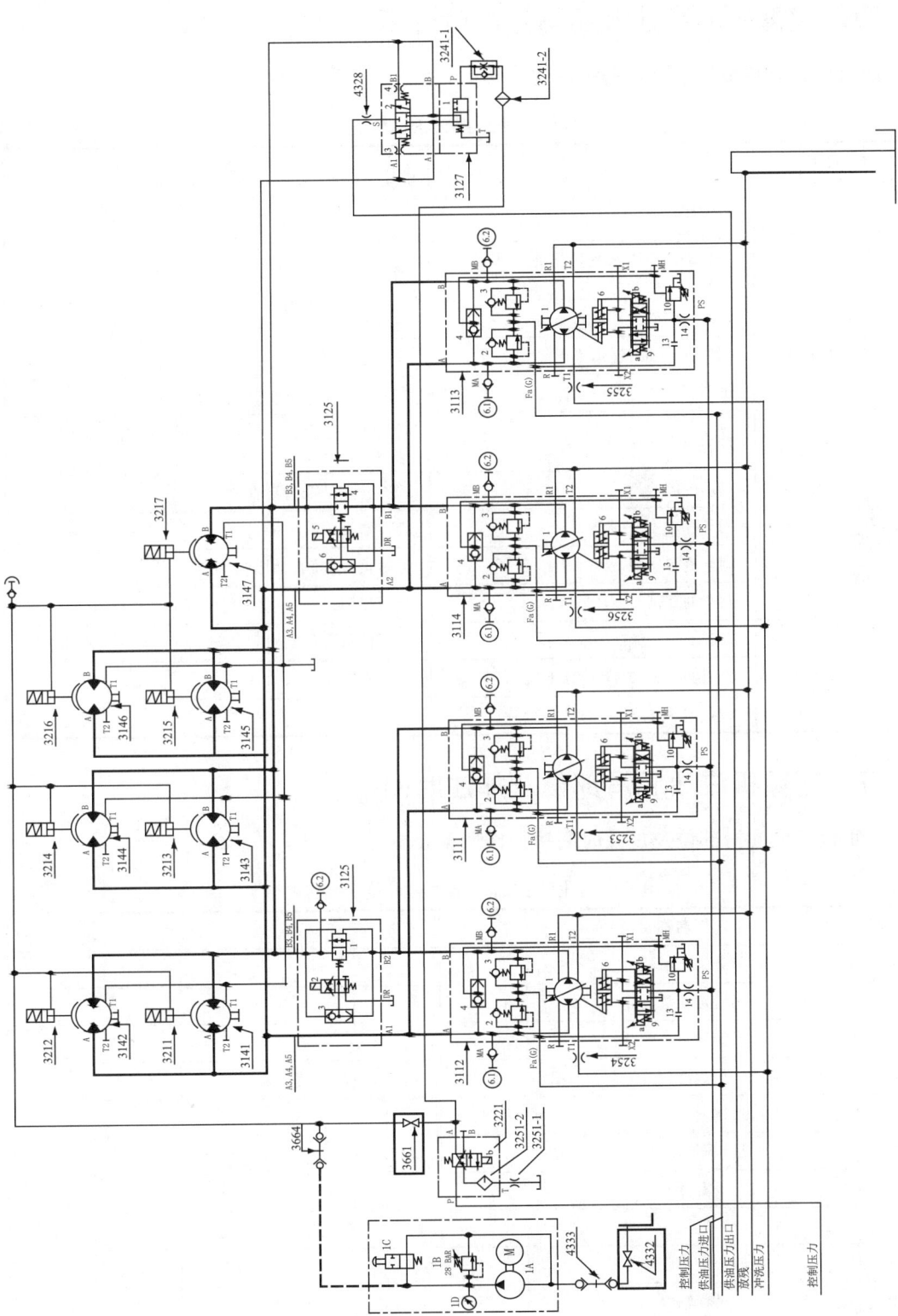

图 5-14 回转及应急液压系统回路

四、起重机的高速液压马达故障分析

起重机的高速液压马达故障分析见表5-4。

表5-4　起重机的高速液压马达故障分析表

故障现象	可能原因	处理措施
马达不转	机械停止	检查系统压力是否达到安全阀启阀压力,如达到则卸除超载负荷
	马达进出口压差不够,不能输出足够扭矩	检查系统压力,如有必要重新调整溢流阀压力
	没有足够液压油进入马达	检查液压系统,检查马达的外漏(T接头)
马达转向不正确	马达进出油管连接不正确	重新连接管路
马达爬行	供油压力或流量波动过大	在系统或供油单元中查找原因
马达噪声大	补油压力太低	重新调整补油压力,可在接头1处检查压力(如图5-5所示)
	马达内部故障	检查马达是否泄漏油
刹车扭矩不足	刹车片过度磨损	更换磨损的刹车片
刹车不能松闸	刹车松闸压力低	通过接头2检查油压(如图5-5所示)
	刹车油缸密封或活塞损坏	更换损坏元件,注意恢复弹簧预紧力
马达不能变量	控制油压太低	通过接头2检查油压(如图5-5所示)并调整
	由于油液污染,阀1221卡住	检查阀芯并清洁
	阀1221失电	检查电气系统

五、起重机注油润滑部位及加注时间

起重机注油润滑部位及加注时间执行详情见表5-5。

表5-5　起重机注油润滑部位及加注时间执行表

序号	部件名称	a	b	c	d	e	f
1	起升钢索滑轮				□		
2	吊臂定索滑轮				□		
3	吊臂顶索滑轮				□		
4	吊钩滑轮		□				
5	钢索玛卡		□				
6	吊钩回转轴承		□				
7	所有钢索				□		
8	电机				□		
9	操作室门铰链				□		
10	吊臂轴承			□			
11	油箱	▲					●

续表

序号	部件名称	a	b	c	d	e	f
12	空气滤清器					▲	
13	油滤器	▲					
14	回转齿轮箱	▲				●	
15	回转齿轮			□			
16	回转机构轴承		□				
17	起升、变幅绞车齿轮箱	▲				●	
18	吊臂梁轴承			●			
19	起升、变幅绞车轴承		□				

注：表中符号含义说明：

a——每天；b——每运行100 h；c——每运行200 h或每2个月；d——每运行500 h或每6个月；e——每运行1 000 h或每年；f——每运行2 000 h或每2年；□——加注牛油；▲——检查；●——更换油液。

第三节 自动绞缆机液压系统实例

如图5-15所示为船舶绞缆机液压系统原理图。该系统具有自动系缆工况。主泵1为轴向柱塞泵，用作人工绞缆工况；小功率泵2为内齿轮泵，用作自动绞缆工况；液压马达9为活塞连杆式低速大扭矩液压马达，用作人工／自动选择阀6控制绞缆机的工况。下面以图5-15中的下位机为例，描述绞缆机的工作过程。

一、人工绞缆工况

1. 收缆工况

人工/自动选择阀6工作在下位（手动位），手操纵阀10工作在下位（上位机的手操纵阀10处于中位）。主泵1工作，油液从主泵1出口，经手操纵阀10下位（交叉通）、人工/自动选择阀6下位、平衡阀7的单向阀进入液压马达9右侧，液压马达9左侧排油经手操纵阀10下位、冷却器11分两路，即滤器19、主泵1吸口或重力管13、示流镜18、油箱17。

2. 放缆工况

人工/自动选择阀6工作在下位（手动位），手操纵阀10工作在上位。主泵1工作，油液从主泵1出口，经手操纵阀10上位进入液压马达9左侧，液压马达9右侧排油经平衡阀7、人工/自动选择阀6下位、手操纵阀10上位、冷却器11分两路，即滤器19、主泵1吸口或重力管13、示流镜18、油箱17。

3. 停止工况

人工/自动选择阀6工作在下位（手动位），手操纵阀10工作在中位。主泵1工作，油液从主泵1出口，经手操纵阀10中位返回冷却器11，分两路，即滤器19、主泵1吸口或重力管13、示流镜18、油箱17。

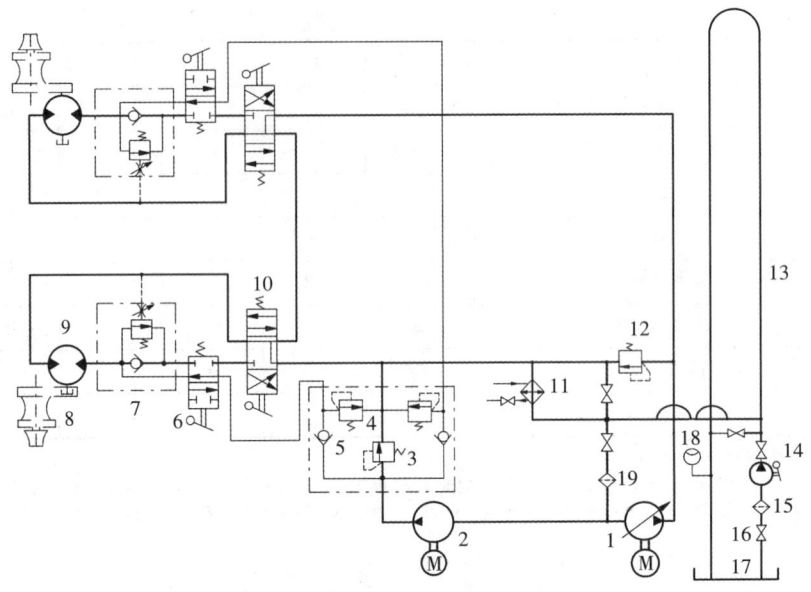

图5-15　船舶绞缆机液压系统原理图

1—主泵；2—小功率泵；3—低压溢流阀；4—高压溢流阀；5—单向阀；6—人工/自动选择阀；
7—平衡阀；8—绞车；9—液压马达；10—手操纵阀；11—冷却器；12—溢流阀；13—重力管；
14—手动应急泵；15，19—滤器；16—截止阀；17—油箱；18—示流镜

二、自动绞缆工况

1. 收缆及平衡工况

人工/自动选择阀6工作在上位（自动位），手操纵阀10工作在中位。小功率泵2工作，油液从小功率泵2出口，经单向阀5、人工/自动选择阀6进入液压马达9右侧，液压马达9左侧排油经手操纵阀10中位、冷却器11分两路，即滤器19、主泵1吸口或重力管13、示流镜18、油箱17。

液压马达9旋转，缆绳收紧，小功率泵2出口压力不断增大。

当缆绳张力达到160 kN时，液压马达9停转，低压溢流阀3开启，小功率泵2排油经低压溢流阀3、冷却器11分两路，即滤器19、主泵1吸口或重力管13、示流镜18、油箱17，系统处于平衡工况。

当缆绳张力继续增大到大于160 kN时，则系统进入放缆工况。

2. 放缆工况

此时系统工作油压升高到13.7 MPa，单向阀5截止，高压溢流阀4开启。人工/自动选择阀6工作在上位（自动位），手操纵阀10工作在中位。小功率泵2工作，油液经低压溢流阀3、冷却器11分两路，即滤器19、主泵1吸口或重力管13、示流镜18、油箱17，同时液压马达9在缆绳张力的作用下反转放缆，液压马达9右侧排油经人工/自动选择阀6上位、高压溢流阀4，返回液压马达9左侧，且当液压马达9转速高时，小功率泵2的排油可经低压溢流阀3、手操纵阀10的中位，部分输入液压马达9左侧以补充其高转速。

第六章 船舶液压特辅机械

第一节　调距桨液压系统

螺旋桨有定距桨与调距桨之分。调距桨通过螺旋桨桨叶转动机构改变其螺距，就能获得不同的推力。调距桨在船舶上除作为主推进器之外，还可用作侧推器。

1. 调距桨的特点

（1）船舶在各种航行条件下均能充分利用主机的功率。

（2）主机转向及转速不变的情况下，调距桨通过改变螺距就能改变船舶的航行状态，即加、减速或倒车等，使船舶的机动性显著提高。

（3）主机的起动、调速次数可显著减少，延长了主机的使用寿命。

2. 对调距桨液压系统的要求

调距桨螺距的改变，一般多采用液压系统驱动。因此，对调距桨液压系统提出以下要求：

（1）采用多套能源，并应防止能源间的相互干扰，设置安全保护装置等。

（2）调距桨液压系统外负载变化较大，在调距时需要泵的排量较大，而稳距时只需补充系统泄漏即可，因此，需设置卸荷回路，以减小系统的功率损失及油液发热。

（3）桨叶调到所需螺距时应能"锁紧"以"稳距"，故应设置锁紧回路。

（4）系统必须向中、高压发展（国外为6~15 MPa），以减小系统的重量、尺寸（特别是桨壳的尺寸）。

（5）对调距桨的调距范围、时间、精度等有一定的要求。

一、主推进器调距桨

1.调距桨液压系统原理

如图6-1所示是LIPS调距桨液压系统原理图，LIPS调距桨用作船舶的主推进器，图6-1中表明了其主要设备的相对位置关系，如要求重力油柜TA至少高出系统油箱4 m。系统主要由油箱、油泵、比例换向阀、调距液压缸及保护元件等组成。

当系统处于稳定状态时，从主油泵输出的液压油经过单向阀进入三位四通电磁阀，此时，电磁线圈未通电的电磁阀阀芯处于中位，本系统的三位四通电磁阀为M形，所以，此时的液压油又经过电磁阀的T口流经单向阀、液压油冷却器和滤器，回到油箱。当液压油出现异常把滤器堵塞时，液压油会从它的旁通单向阀流回油箱。

需要调距作业时，扳动操纵手柄使电位器向某方向转过一定角度，则若所需螺距角与实际螺距角间有偏差，即有某一极性的偏差信号$\mu0$输入系统，于是图中三位四通阀离开中位，向左或右换向，并与偏差信号呈正比，则液压泵P1、P2排出的油经三位四通阀4WVPROP、管路、动力油进出口接头C1或C2进入伺服活塞缸HC的左腔或右腔，伺服活塞缸HC的活塞杆移动，以推动转叶机构，使桨叶旋转，同时螺距角信号反馈，当桨叶调到所需的螺距角θ_1时，偏差信号$\mu0$消失，使三位四通阀回中位，设置在螺旋桨桨轴内的液控单向阀（见图6-4中的标注5）锁住伺服活塞缸HC的右腔以稳距。

当电气控制系统有故障的电磁线圈不能正常工作时，可操作应急变距按钮EC来控制桨角。如需要增加桨角到某一值时，手动按下按钮L，油泵输出2.0 MPa的液压油作用在三位四通电磁阀阀芯的左端，阀芯右端的液压油会通过按钮R端的泄油口回油箱。在液压油的推力作用下三位四通电磁阀阀芯向右移动，左位通，驱动动力活塞的液压油流程则与正常情况下相同。在桨角改变的时候要注意机械桨角反馈机构FK的桨角指示器读数，当达到要求的桨角时，迅速把应急变距按钮EC置回原始位置，这时三位四通电磁阀阀芯左端的压力油也会泄回油箱。此时在主阀芯的复位弹簧的作用下，主阀芯会回到中位，从而切断了桨叶转动机构的供油与回油管路，即锁住桨叶位置。当需要减小桨角时，则与上述相反。

由于系统设置了这个应急手动变距按钮，故要求当主阀芯处于中位时，从泵的输出口到比例阀的管路中要有一定的液压油压力，以便提供控制油压。这个大小为2.0 MPa的压力就是通过主阀芯中位的节流作用实现的，这个数值既不会对管路造成压力损坏，又可实现应急操作。但是，当此主阀芯的节流阀被堵塞或阀芯被卡死而堵塞时，在主定量泵的持续运转情况下，管路会形成超压，这会对管路及阀件造成破坏，故系统中安装了两个并联的安全阀PSV1、PSV2，这两个安全阀的启阀压力设定为12.5 MPa。当液压泵输出压力达到12.5 MPa时，安全阀PSV1会开启，高压油泄到油箱，实现系统的高压保护。而安全阀PSV2在此起到的作用就是作为安全阀PSV1出现故障时的备用安全阀，从而实现了"双保险"。系统中的另一个溢流阀PSV4可感受三位四通控制阀4WVPROP的进出口压差，所以，它还有稳定流量的作用。

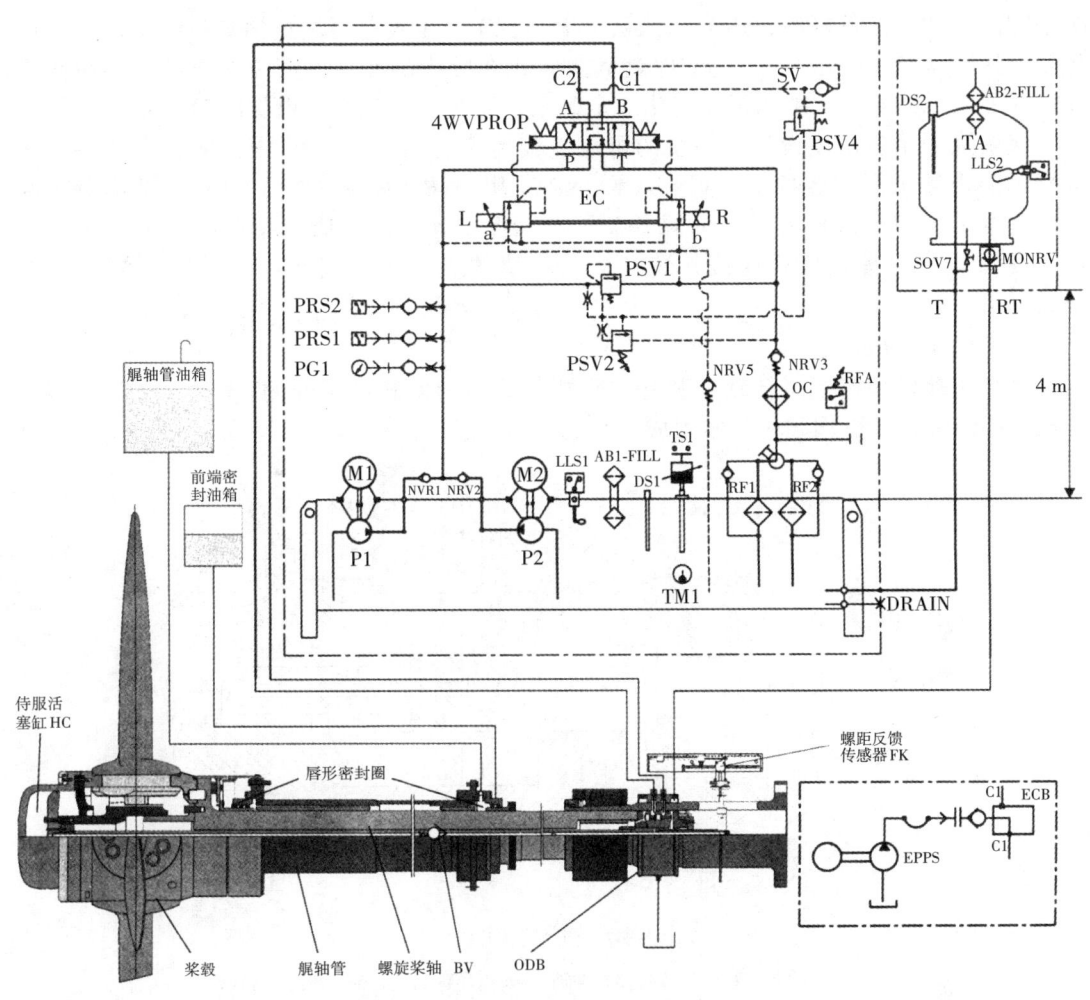

图6-1   LIPS调距桨液压系统原理图

4WVPROP—三位四通阀；AB1-FILL，AB2-FILL—空气呼吸阀；BV—液控单向阀；
C1、C2—动力油进出口接头；DRAIN—泄放接头；DS1、DS2—液位测量杆；ECB—应急桨角锁定机构；M1、M2—电动机；EPPS—应急油泵；HC—伺服活塞缸；LLS1、LLS2—低位开关；
MONRV—手动操作单向阀；NRV1、NRV2、NRV3、NRV5—单向阀；OC—油冷却器；
ODB—动力油分配接头；P1、P2—液压泵；PG1—压力表；PRS1、PRS2—压力开关；
PSV1、PSV2—安全阀；RF1、RF2—回油滤器；RFA—回油滤器报警器；RT—重力油柜回油管；
SOV7—截止阀；T—重力油柜泄油至系统油箱油管；TA—重力油柜；TM1—温度计；TS1—温度开关；
EC—应急变距按钮；FK—桨角反馈传感器

　　系统中还设置差动式溢流阀PSV4（负载感受阀），启阀压力设定为1.0 MPa。前置的梭阀是选择C1或C2中的高压，当系统工作时，阀PSV4和PSV1配合工作（相当于溢流节流型的流量调节阀），使三位四通阀4WVPROP进出口油压差稳定，以保证调节螺距的速率恒定。

　　当液压油系统完全瘫痪时，为了防止船舶出现桨叶不定的情况而失去动力，该系统设置有一套应急桨角锁定机构ECB。操作时将原系统的动力油进出口接头C1、C2与液压油配油机构分开，把应急桨角锁定机构的C1管接在原系统的C1接口上，准备容器接收C2管路中的液压油。准备好后，用应急油泵 EPPS 向 C1 中注入液压油直到桨角停留在最大正桨角处，这时系统中的液控单向阀 BV 起到阻止正车腔中的液压油回流的作用，从而使桨叶锁定在最大正桨角处，把调距桨转化成定距桨，使其正常工作，以保障船舶安全。

该系统采用多裕度设计，系统的可靠性较高。液压泵 P1、P2 中即使有一台泵损坏，系统仍能正常工作，这时单向阀 NRV1、NRV2 用于防止两泵干扰。另外，系统中还设置了压力开关、油箱液位开关、油温开关等安全保护元件。梭阀、单向阀等采用插装式结构，压力开关等都是板式连接，装在插装阀块的表面上。因此，该系统的集成化程度很高。

2. 桨叶转动机构

桨叶转动机构包括可转动的桨叶、桨毂和桨毂内部转动桨叶的转叶机构等。如图 6-2 所示为调距桨转叶机构结构基本组成。

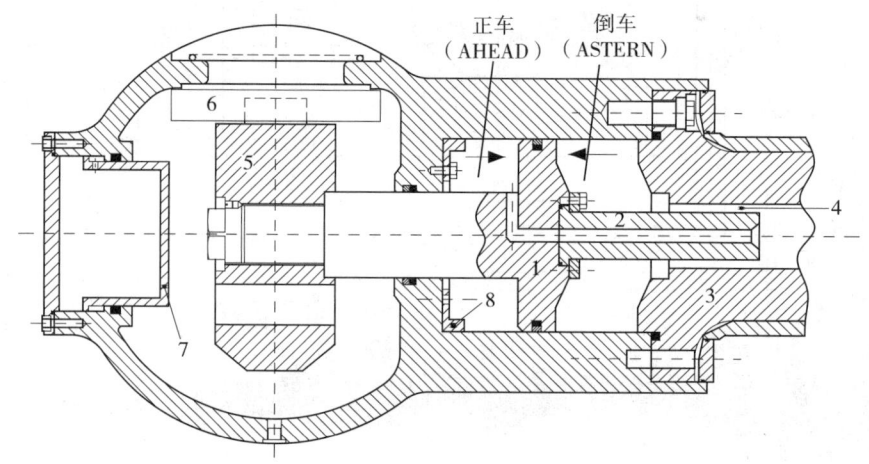

图 6-2　调距桨转叶机构

1—动力活塞；2—中空轴；3—艉轴；4—液压油通道；5—十字头滑块；
6—带偏心凹槽的桨叶；7—补偿活塞；8—限位法兰

桨毂内部被分成两个腔室。一个腔室是液压油所作用的双向液压缸，在这个腔室中设置有一个可往复运动的动力活塞 1，并由活塞和活塞密封圈把该液压腔分隔成正车腔与倒车腔。与活塞相连的中空轴 2 把液压油引入正车腔，同时支撑螺旋桨桨毂的艉轴 3 与中空轴 2 形成另一条环形液压油通道 4，它与倒车腔相通。这样就构成了正车与倒车的液压油回路。桨毂中的另一个腔室中设置了由动力活塞 1 驱动的转叶机构，包括十字头滑块 5 和带偏心凹槽的桨叶 6，这样的配合机构在这个腔室中一共有 4 个，即本例为四桨叶螺旋桨。在桨毂的末端还设置了一个补偿活塞 7，这是为了补偿当十字头滑块 5 运动时在桨毂内形成的瞬间容积变化，避免造成桨毂内的压力不平衡，保证了桨叶动作的准确性与灵活性。

本例调距桨的最大正车螺旋桨角为 25.9°，最大倒车桨角是 19.2°，其与正车上限桨角的偏差是通过限位法兰 8 调整的。

上述转叶机构就可以将伺服活塞缸 HC 的往复运动转变为桨叶的回转运动。目前，常用的有两种方式，如图 6-3 所示，其中，图 6-3（a）为十字头上开槽，槽中设滑块，图 6-3（b）为十字头上带销，而与其配合的桨叶根部开槽。本例采用图 6-3（b）的形式。

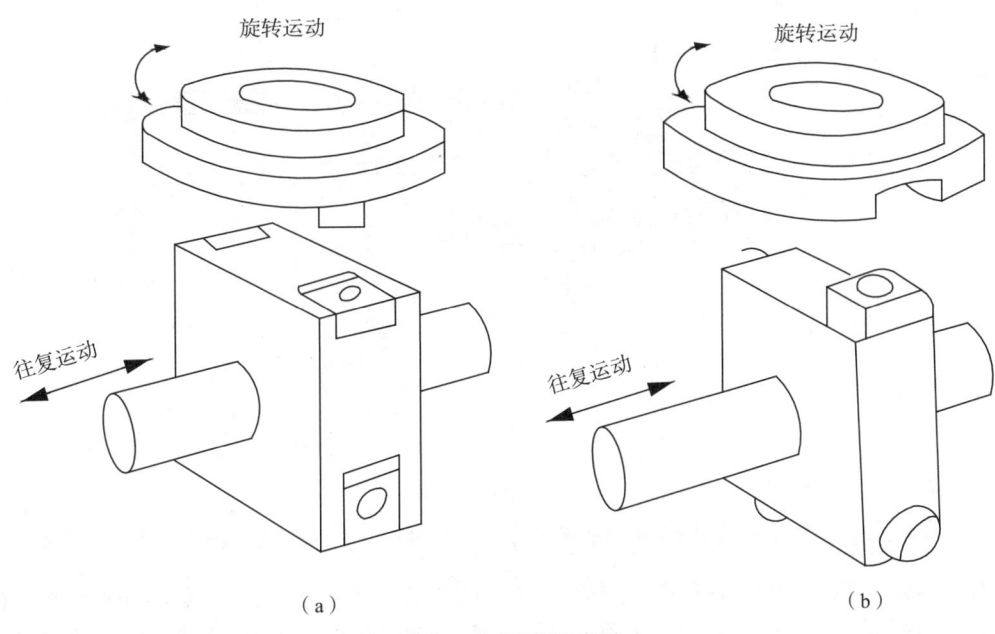

（a）　　　　　　　　　　　　　（b）

图6-3　转叶机构示意图

3.艉轴结构

艉轴是将主机发出的动力传递给螺旋桨的中间环节，如图6-4所示。艉轴末端与桨毂用法兰1连接，有螺栓和定位销固定，为了防止螺栓被海水腐蚀，在传动轴法兰外设置防腐板2。在防腐板的外圆设O形圈密封。艉轴3与中空轴4形成环形液压油通道。在中空轴4的中间设置了一个液控单向阀BV5，起锁紧桨叶的作用。

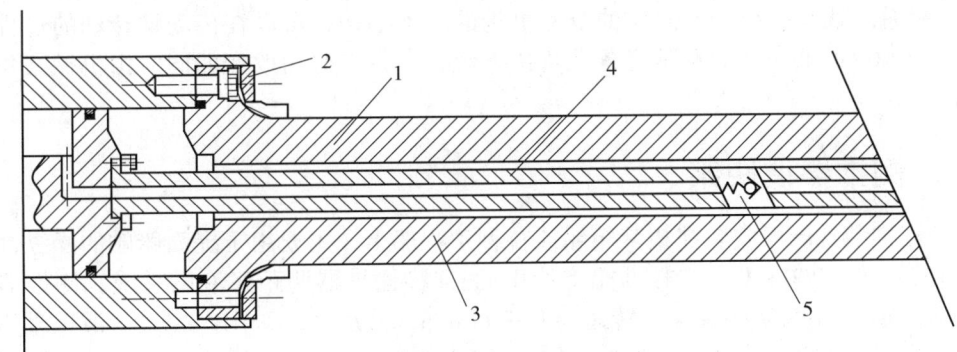

图6-4　艉轴结构示意图

1—法兰；2—防腐板；3—艉轴；4—中空轴；5—液控单向阀BV

4.配油及桨叶转角反馈机构

调距桨的转叶机构采用液压驱动，因此，液压油通过艉轴输入桨毂内的转叶机构，就必然存在静、动转换的部分，如图6-5所示为配油机构示意图。

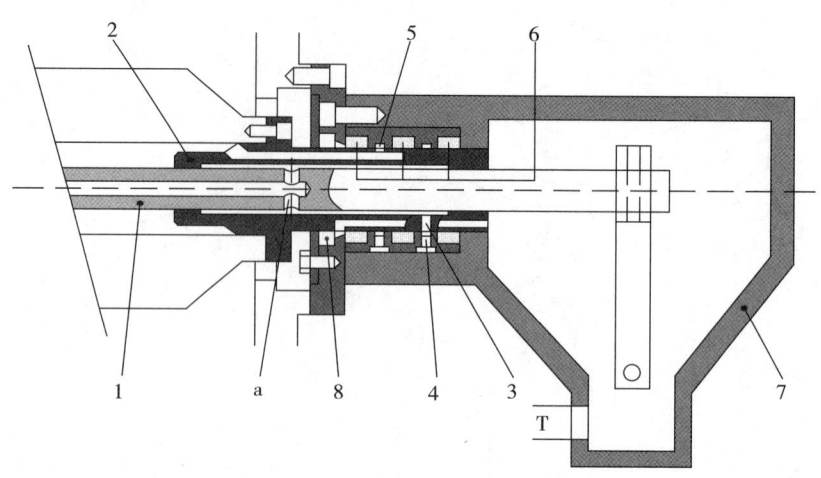

图 6-5　配油机构示意图

1—中空轴；2—配油轴；3—配油孔；4，5—配油槽；6—密封圈；7—桨角指示器；8—油封；a—径向通孔

由图 6-5 中可以看出，在艉轴与中空轴 1 的末端设置有配油轴 2，其配油轴是中空的，它的两端内径稍小于自身内部的直径，从而使配油轴 2 的两端与中空轴 1 的外径恰好组成密封配合，并且在中空轴 1 的外壁与配油轴 2 的内壁形成环形液压油通道，在配油轴 2 所包裹的那段中空轴 1 上设有一个径向通孔 a，在配油轴上设置配油孔 3，并与配油槽 4 相对应，这就构成了通向动力活塞正车腔的液压油通路。中空轴 1 的最末端与机械桨角指示机构相连，对外指示桨叶转角。在配油轴 2 的管壁上设置环槽与配油槽 5 相对应，该通道与艉轴和中空轴 1 之间的环形空间（见图 6-2 中的标注 4）相通，这就构成了通向动力活塞倒车腔的液压油通路。至此，艉轴、中空轴与配油轴形成了液压油分配机构的转动部分。静止部分主要是由配油槽 4 和 5 以及密封圈 6 组成。其中两个配油槽分别与两个液压油管路 C1 与 C2 相通。就此，组成了液压油分配机构的基本结构，可以在传动轴转动的过程中，把来自 C1 或 C2 的液压油顺利地送入或排出系统，并且在桨角改变的同时由机械桨角指针来指示。

二、侧推器调距桨

船舶侧推装置一般安装在集装箱船或特种工程船上，主要用于提高船舶的操纵性能。如图 6-6 所示为 8 000 kW 海洋救助船上使用的 KT 型侧推器调距桨液压系统。侧推器由电动机驱动，输入功率为 710 kW，转速为 1 490 r/min。液压系统采用阀控式，液压泵为卧式齿轮泵，排量为 17 L/min，排压为 4.9 MPa，转速为 1 450 r/min，采用电气闭环控制系统控制电液换向阀的动作，伺服液压缸位于桨壳内，采用回转接头与内套管输油。

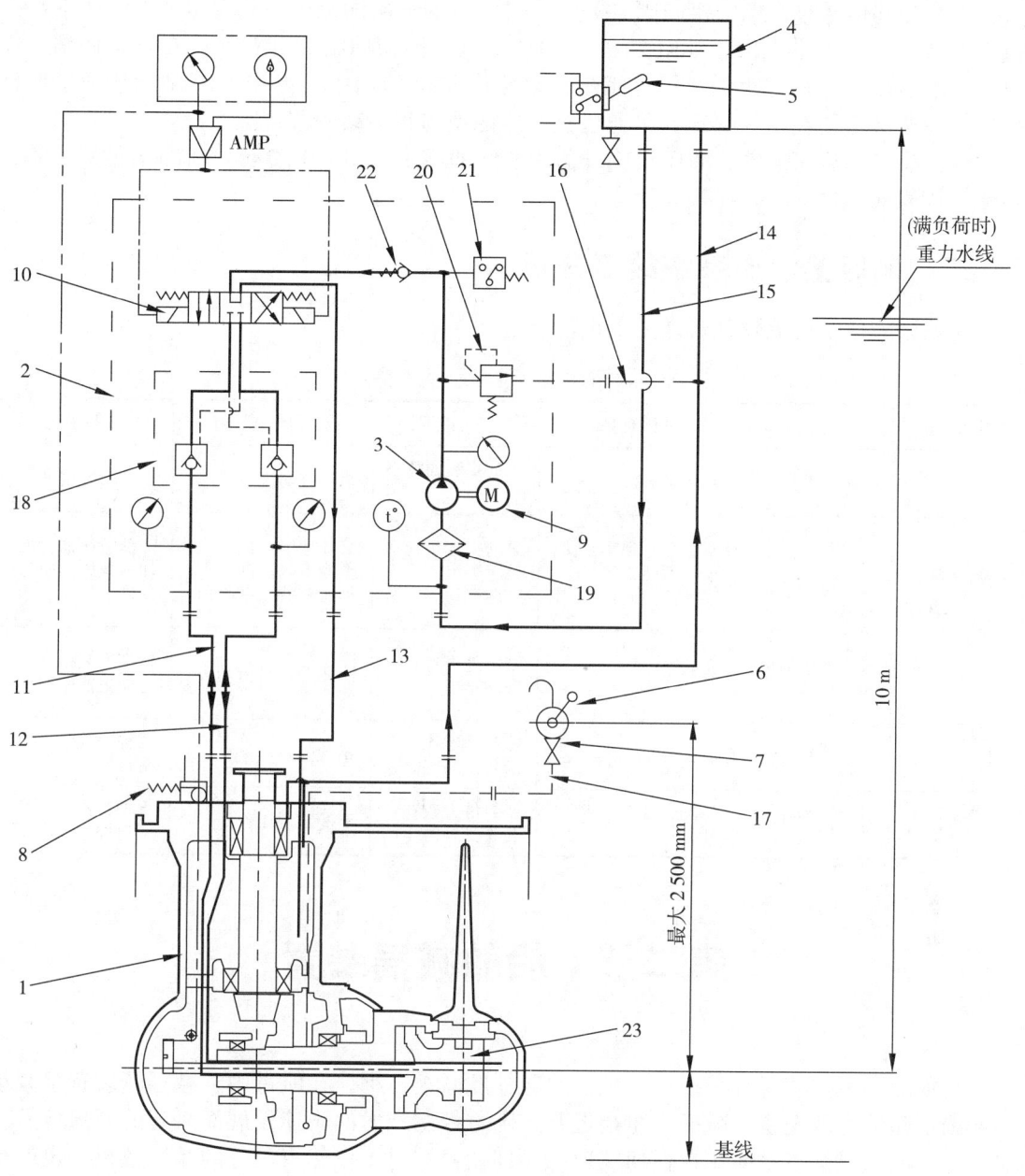

图6-6 **KT型侧推器调距桨液压系统**

1—侧推装置；2—液压装置；3—主泵；4—重力油箱；5—浮子开关；6—手动泵；7—截止阀；
8—桨角发信器；9—电机；10—电磁换向阀；11，12，13，14，15，16，17—管路；18—液控单向阀；
19—150目过滤器；20—安全阀；21—压力开关；22—单向阀；23—伺服油缸

无控制信号时，主泵3的供油经电磁阀中位、管路13进入桨壳，对传动机构进行润滑和冷却，然后经管路14返回重力油箱4。液控单向阀18锁紧调距桨的伺服油缸23，桨叶固定在所要求的螺距上。

当有控制信号时，电磁换向阀10动作，主泵3的输出油经电磁阀左位或右位（取决于螺距调节的方向）进入伺服油缸23的左侧或右侧，推动伺服油缸右移或左移，使桨叶按信号要求运动。一旦螺距到达指令螺距，电磁换向阀10回中，液控单向阀18锁紧伺服油缸23，使桨叶停留在指令螺距。可通过机旁电磁换向阀手动调节螺距。

重力油箱安装在产生的油压比侧推器中心线的海水压力高14.7~24.5 kPa的位置。管路14上不能安装阀件。

三、调距桨液压系统故障分析

调距桨液压系统故障分析详见表6-1。

表6-1　调距桨液压系统故障分析表

部件名称	功能	故障现象	故障可能原因	对系统的影响	预防措施
主泵	提供压力油	供油量下降	泵的安装间隙不当	桨叶转动慢	提高安装精度
电磁阀	控制桨叶螺距；控制桨叶的桨角方向；锁紧桨角	压力达不到额定值；桨叶不能锁定；桨叶控制失效	泵磨损严重；阀芯磨损；阀芯卡死	桨叶达不到最大值；不能有效控制桨角；不能有效操纵桨角	降低液压油污染；加强液压油净化处理
回转式接头	输送液压油至执行机构	泄漏	密封件失效；安装不当	桨叶转动慢；泄漏严重时传动失效	提高安装精度；定期更换密封件
伺服液压油缸	液压能转换成机械运动	泄漏	密封件老化；密封件磨损	系统失效	艉轴特检时更换密封件
内外套管式输油装置	输送液压油	泄漏；断裂	密封件失效；套管受外力作用	不能正常工作	艉轴特检时更换密封件

第二节　船舶减摇装置

目前船舶减摇装置有减摇鳍、减摇水舱、舵减摇三种。在航行中，减摇鳍装置是减小船舶横摇角的有效设备。减摇水舱是近几年随着控制技术的飞速发展而兴起的减摇技术及装置，它的最大优点是船舶在任何航速下（即使停泊时）依然有较好的减摇效果，也就是说减摇效果与航速无关，所以，它主要用于船舶在码头装卸货物时防止船舶的横摇。舵减摇是一项最新的减摇技术。舰船的横摇周期一般在7~15 s，而纵摇周期一般在20~40 s，可以利用舵对横摇和纵摇响应的差异，控制舵角，以达到一定的减摇效果。目前的实验研究表明，舵减摇的效果可达60%左右。由于它不需要一台专门的减摇装置，因此在船舶工程界备受关注。本节着重介绍"育鲲"轮上使用的减摇鳍装置。

一、减摇鳍装置

1.减摇鳍装置的工作原理

减摇鳍装置有非收放式和收放式两种。但工作时，一对减摇鳍必须如图6-7所示伸展在水中，当有船速时，便会产生稳定力矩 M_f，即

$$M_f = 2RP_r$$

式中：P_r 为升力，与减摇鳍面积、船速、减摇鳍转角有关；R 为船舶重心到鳍叶的水压力中心的距离。

该稳定力矩与波浪对船舶产生的横摇力矩方向相反，从而使船舶的横摇减轻。

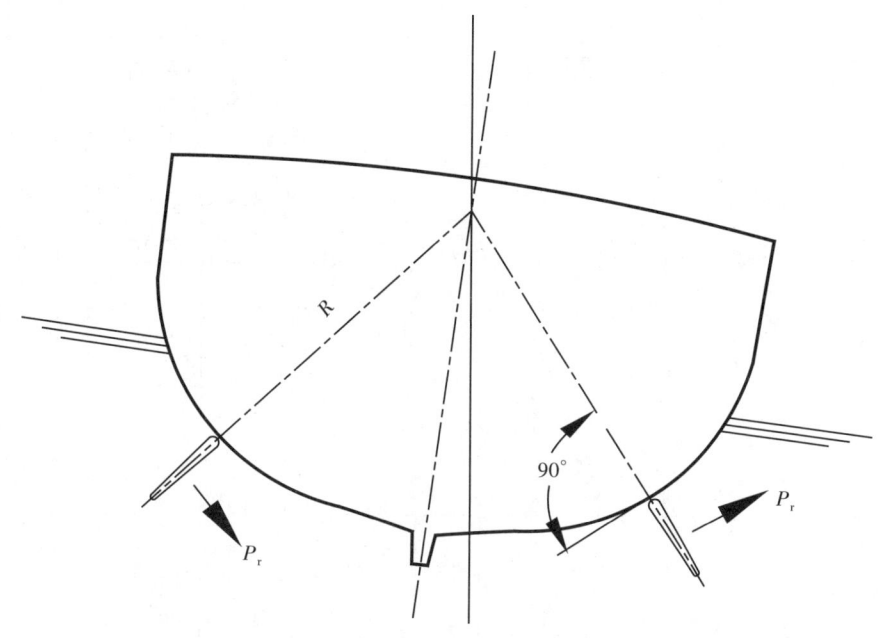

图6-7　减摇鳍工作原理

2.减摇鳍装置的主要组成

减摇鳍装置主要由控制系统、液压系统（液压机组）和机械系统（执行机构）三部分组成。

控制系统有起动箱、控制箱、显示器；液压机组左、右舷各一台；执行机构左、右舷各一台；除两个鳍为水下设备外，其余部分设备均装于船舱内。

3.减摇鳍装置实例——"育鲲"轮减摇鳍

"育鲲"轮减摇鳍的液压系统是一套电–液随动系统。电–液随动系统接收控制器信号，能快速、准确、稳定地工作。实现功率放大，电–液随动系统使鳍角跟踪控制信号。

减摇鳍液压系统由液压动力单元和内接管构成。液压系统提供的液压动力与控制信号交互作用，用油缸来驱动鳍的上升或下降以及收鳍和放鳍。液压系统可分为主油路、补油油路、收放油路、伺服油路、复位油路、锁紧油路。后5个油路是起辅助功能的辅助油路。另外，为安全起见，系统还设置了一个应急收放鳍回路和手动回路，如图6-8所示。

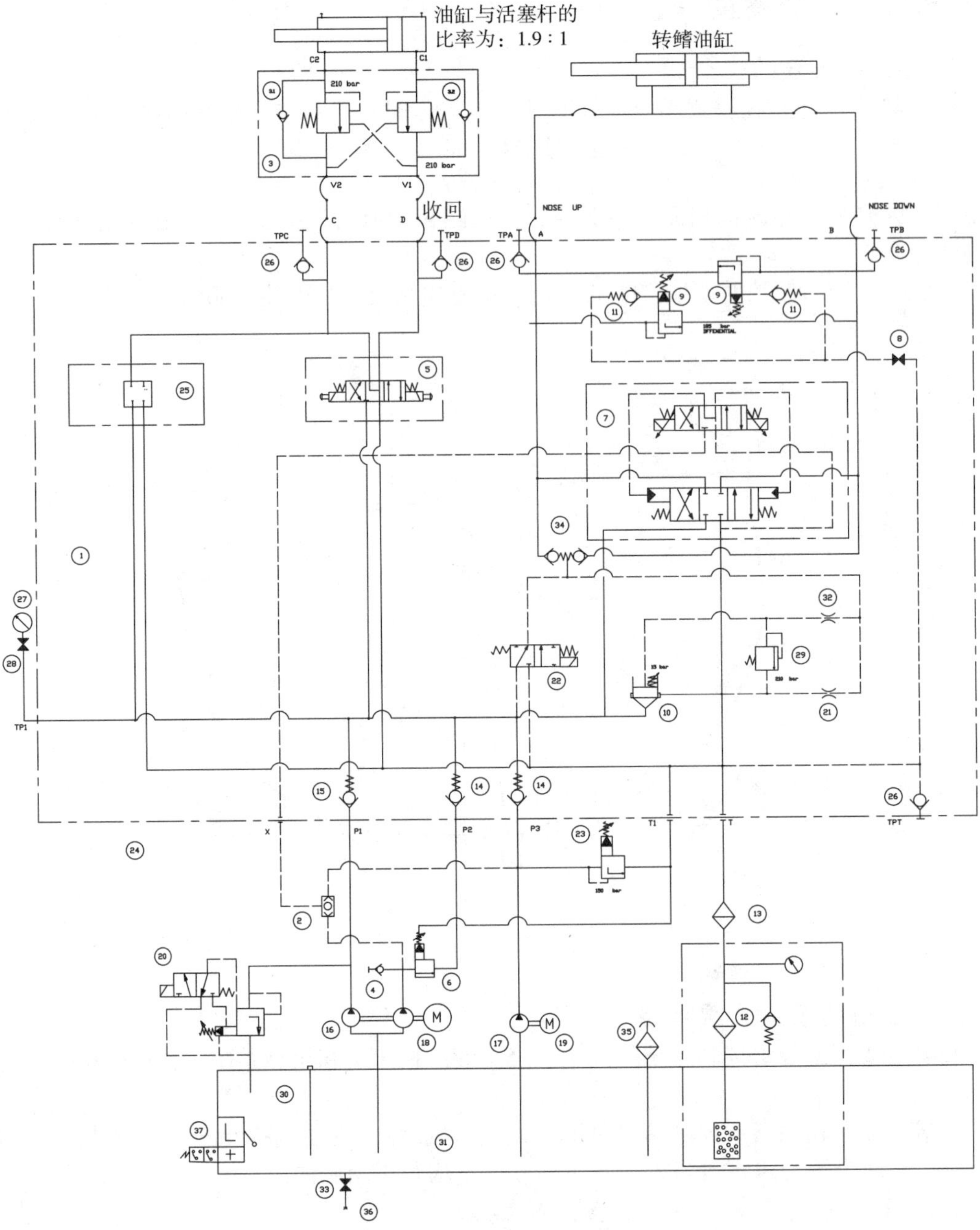

油缸与活塞杆的
比率为：1.9：1

转鳍油缸

收回

NOSE UP   NOSE DOWN

图 6-8 "育鲲"轮减摇鳍液压系统

1—总阀块；2，34—梭阀；3—平衡阀块；4—快速接头；5—收放鳍电磁换向阀；6—出口调压阀；
7—转鳍比例阀；8—旁通阀；9—溢流阀组；10—压力补偿器；11—单向阀；12—回油过滤器；
13—油冷却器；14，15—出口单向阀；16—主泵；17—应急齿轮泵；18，19—电动机；20—卸荷阀；
21—节流孔 0.8 mm；22—负载感应电磁换向阀；23—应急泵安全阀；24—手动应急按钮；25—盲板；
26—测试接头；27—压力计；28—截止阀；29—远程安全阀；30—油箱液位测量杆；31—液压油箱；
32—节流孔 1.2 mm；33—泄放阀；35—空气呼吸器；36—旋塞；37—油箱液位 / 温度检测计

"育鲲"轮减摇鳍液压系统包括：液压油箱31、主泵16和电动机18、应急泵17和电动机19、总阀块1、转鳍比例阀7、油冷却器13和回油过滤器12等。液压系统是一个开式系统，对流向转鳍或收放鳍机构的液压油实施闭环电-液压比例控制。

液压油箱31既是储油装置，又是液压系统的基础结构。泄放阀33安装在底部，需要时可以放空油箱，其他所有元件和设备都安装在油箱顶板上。检查油箱液位测量杆30的刻度，可了解液压油箱31内的油位高度。液压油箱31的低油位和高温，可以被油箱液位/温度检测计37自动监测，并发出报警信号。通过油箱顶部的空气呼吸器35可以为油箱注油。

主泵/电动机组由液压油泵16、电动机18和卸荷阀20构成。泵是双联泵结构，一个泵壳内有两组独立的叶片，共用吸油口，各有独立输出口。双联泵的流量比例是大流量单元，约为小流量单元的4倍。卸荷阀20得电时，工作左位，泵的流量全部用于鳍的操作。卸荷阀20断电时，工作右位，主双联泵较大一侧输出的流量在低压状态下直接回到油箱，较小一侧输出的流量用于鳍的收放。小流量单元送出的压力油通过出口调压阀6、出口单向阀14进入总阀块1，大流量单元输出的压力油通过另一个出口单向阀15进入总阀块1，或通过远程控制卸荷阀20回油箱。除稳定操作外，在起动及所有其他操作中，大流量单元都是卸载的，这可使电动机在最小负载状态下起动。由于小流量单元流量较小，这也使得收放鳍操作以及鳍对中操作时速度较低。

总阀块1里面有鳍控制所需的全部阀门。主泵和应急泵输出的压力油通过单向阀进入总阀块1里一个共同的压力总管，压力总管有多个出口，压力油在这里进行分配和输出。液压油一路进入收放鳍电磁换向阀5，一路进入转鳍比例阀7，一路通过压力补偿器10和远程安全阀29与回油管路连接。压力总管还通过一根管路连接压力计27，压力计27可以通过手动操作的截止阀28关闭。

同样，回油管路也是一个共用的总管，它将系统的多条回油汇总，然后通过油冷却器13、回油过滤器12，返回液压油箱31。

转鳍运动的速度和方向是通过转鳍比例阀7实现的，比例阀由一个先导阀和一个主阀构成。先导阀由比例电磁铁控制。主阀是一个弹簧回中的换向阀。比例阀出口与转鳍油缸相连，两个出口管路之间还设有旁通阀8和溢流阀组9。溢流阀组9使得转鳍油压超过溢流阀设置压力时，可以使两侧压力管路联通，避免系统内压力积累过高。在所有正常操作中，手动的旁通阀关闭。

在收放鳍操作中，如收放鳍电磁换向阀5右侧线圈得电，则为放鳍，液压油通过平衡阀块3中的平衡阀3.1的通道进入油缸左侧的环形区域，把活塞杆向右推，鳍伸出，液压作用力使得鳍保持外伸，鳍箱的限位块提供了拉力的反作用力。同时，油缸的无杆腔液压油经平衡阀3.2流回油箱。放鳍动作完成后，线圈断电。收鳍操作中，收放鳍电磁换向阀5左侧线圈得电，使得液压油通过平衡阀块3中的平衡阀3.2的通道进入油缸右侧，同时，液压油被送到平衡阀3.1，目的是打开平衡阀3.1，液压油缸左侧的液压油在油缸活塞的作用下流回油箱，活塞杆外伸，鳍被收回。

负载感应和压力补偿由压力补偿器10、负载感应隔离阀22和远程安全阀29组成，在以下各项操作中，会起到一个负载感应和安全阀的作用。

（1）转鳍工况

①转鳍比例阀7将电流信号成比例地转换为液压油的流量变化，实现转鳍的速度和方

向调节。

②压力补偿器10实质上是一个定差溢流阀，与液压油泵16配合使用，以防止产生过热（产生的热量等于流速与压力的乘积，在泵的最大流速固定的情况下，减小压力可以减少油液的发热），并在负载变化时，保证比例阀设定的开度下，转鳍速度稳定。其原理相当于一种溢流节流调速阀。对压力补偿器基本设置的调节是一项很重要的工作，因为它决定了压力补偿器的最小设置。比如，泵的输出为100 L/min，为了实现要求的转鳍动作速度，转鳍油缸需要的最大流量为90 L/min，那么压力补偿器10必须上调，直到通过的流量小于10 L/min。如果这种情况是在15 bar的压力下出现的话，那么整个系统的基本设定压力就是15 bar。

（2）收放鳍工况

①大流量泵卸荷

当卸荷阀有电时，大流量泵不卸荷，所有泵的输出都用来执行转鳍动作。当卸荷阀失电时，大流量泵卸荷，只有小流量泵的输出用于鳍的收放作业。

②取消负载感应

当负载感应电磁换向阀22得电时，换向阀工作右位，负载感应起动。转鳍油缸某一侧较高压力就通过梭阀34和远程安全阀29传递到压力补偿器10的控制腔。补偿器就在基本设定压力和负载感应的压力的合力下工作，即随着负载压力的变化，调整开度，以保证通过比例阀的流量稳定。

若将负载感应关闭，负载感应电磁换向阀22断电，泵压力可以传递至远程安全阀29。当压力升高到远程安全阀29的开启值，这时远程安全阀29就成为收放鳍系统里的安全阀了。

油冷却器13水平方向安装在支架顶端，支架固定在油箱的一端。冷却器接收从总阀块流回的油。油冷却器13是一种壳管式结构，回流的油经过冷却管外侧，而冷却水流经管内，并从端盖流出。冷却水进口必须有一个孔板，以限制流经冷却器的水的流速。高速水流将导致设备过早报废。孔板应该放置在冷却器前方约1 m处。

液压油从冷却器中流出，通过回油过滤器12回到油箱，过滤器安装在箱体上，过滤器上有观察镜和旁通阀。旁通阀的设置压力约为1.5 bar。回油过滤器的主过滤芯上装有磁铁，用来滤掉含铁杂质。主过滤芯的滤孔为10/25 μm，可以满足泵的最大流量。油从过滤器底部流出，这是一个孔洞结构，液压油流回油箱时可以减小湍流。

应急泵/电动机组由应急齿轮泵17和电动机19组成。泵/电动机组沿垂直轴定位，泵体完全浸没在油箱的油中。应急泵输出的液压油通过出口单向阀14送入总阀块1，随后压力油进入压力总管，出口单向阀14使得压力油可以从泵进入总阀块1，但阻止了压力油从分配阀箱进入泵内。

收放鳍电磁换向阀5和转鳍比例阀7可以手动操作，可在紧急情况下分别控制鳍转动及收放鳍。每个液压动力单元都有一个紧急停机按钮开关。按下按钮，电动机停转，按钮锁定在停机位置。

二、减摇鳍装置的维护与保养

1.常规检查

减摇鳍装置全过程自动控制，但设备长时间连续工作时，要求做适当巡检。巡检过程中，应重点注意以下内容：

（1）观察电气设备接地是否完好。

（2）平时多留意设备正常运转时的声音。

（3）观察油液状况，如泡沫太多或油液混浊，应视为故障，停机检查。

（4）观察设备是否有漏油、渗油现象。

（5）检查设备是否过热。如发现温度已高至用手不敢触摸，应视为故障，立即停机检查。

（6）确保设备动作范围内无任何障碍物。

（7）观察鳍转动是否正常。

（8）观察液压系统的压力是否在正常范围内。

2.定期保养

（1）运转100 h后，检查所有安装螺栓和内六角螺钉是否松动。

（2）检查驱动连接和管道连接。

（3）及时将检修操作后设备上的残油全部擦拭干净，方便以后判断系统是否漏油。

（4）定期清洗或更换滤器元件。

（5）定期对泵外壳泄油进行检查，可判断出泵性能是否已经变差。

（6）保持设备清洁，油缸活塞杆等运动部件外伸部分表面应涂润滑脂。

（7）执行机构各油杯润滑部位，应保持油杯内有润滑脂并按要求注润滑油脂。

（8）油箱里的液压油每两年化验一次理化指标，如不符合该液压油的理化指标，应换新油。加新油时，应经10 μm过滤器往油箱加油，加入新油后，应拆下伺服阀，换上清洗板，对油液进行循环式过滤，过滤时间不少于30 h。

（9）控制器、起动箱的箱盖应紧闭，以免电气设备严重受潮。

（10）定期检查箱中的接线端子是否处于良好的接触状态。

（11）设备不用时，每两周电气设备通电（生摇）20~30 min（如船在码头鳍不能放出时，仅对伺服回路通电）。

三、减摇鳍装置的常见故障、产生原因及排除方法

减摇鳍装置的常见故障、产生原因及排除方法见表6-2。

表6-2　减摇鳍装置的常见故障、产生原因及排除方法

常见故障	产生原因	排除方法
按起动按钮后，泵组不起动	(1)未接通电源； (2)相应断路器未合上； (3)操作部位选择开关的位置不对	(1)检查电源是否接通,如集控室控制器电源开关； (2)合上断路器； (3)将操作部位选择开关置于相应位置
起动后,收放鳍压力正常,但不放鳍	(1)销未拔出； (2)拔销行程开关故障或断线； (3)±3°微动开关故障或断线； (4)收放鳍电磁阀故障或断线	(1)检查销是否拔出； (2)检查拔销行程开关或线路； (3)检查±3°微动开关或线路； (4)检查收放鳍电磁阀或线路

续表

常见故障	产生原因	排除方法
泵组起动后,在有摇摆的情况下鳍仍不动作	(1)鳍未复位,锁紧销未拔出; (2)销已拔出,但未压住行程开关或行程开关损坏; (3)销拔出,信号线断路; (4)角速度陀螺损坏; (5)有关模块损坏; (6)用于接通信号的中间继电器损坏	(1)检查复位油路压力是否正常,过低时,调复位溢流阀,如调节无效,更换或修理溢流阀; (2)修理; (3)做相应处理; (4)查明后送修; (5)查明后更换模块; (6)更换中间继电器
鳍在运行过程中失去控制,飘忽不定,变量油泵的变量油缸活塞移动量较大	转鳍压力调节溢流阀压力调定值变小或溢流阀失效	调整溢流阀或修理、更换溢流阀
鳍偏转超过电气限位角但不复位	(1)鳍角发送器内微动开关安装位置变化; (2)微动开关损坏; (3)与微动开关有关电路断路; (4)复位油路压力过低或溢流阀失效	(1)调节微动开关位置,在28°±1°时碰微动开关; (2)更换微动开关; (3)查看线路是否接好; (4)调节溢流阀或修理、更换溢流阀
液压系统工作压力不正常或压力建立不起来	(1)溢流阀调整松动; (2)溢流阀故障	(1)调节溢流阀至压力设定值; (2)更换或修理溢流阀
工作时油液呈乳白色	(1)油液内进入空气; (2)油液内进入水	(1)检查伺服油泵和补油泵吸口管路、接头是否因松动而漏气; (2)检查冷却器的水、油通道是否互通,若互通应修理,化验油液、更换油液

第七章 挖泥船液压系统

挖泥船是用于航道疏浚的工程船舶。除同其他船舶一样配有动力、通信、生活等设施外，挖泥船还要配备水下土层挖掘、输送（或储存）、船体定位及移动系统。根据挖泥作业所采用的不同动力，可将挖泥船分为三大类，如图7-1所示。

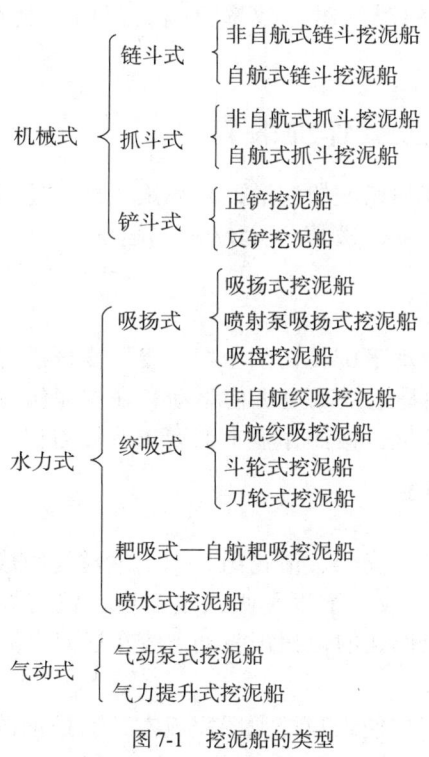

图7-1 挖泥船的类型

世界上约70%的疏浚工程量是由绞吸挖泥船完成的。其主要原因是，与链斗式、耙吸式、抓斗式、吸扬式相比，绞吸挖泥船具有施工费用低、适用工况宽等优点。故本章主要介绍绞吸挖泥船的液压系统。

第一节　绞吸挖泥船概述

绞吸挖泥船是20世纪80年代后期才被引进我国的一种比较先进的挖泥设备。它利用转动着的铰刀绞松土壤，与水混合成泥浆，然后，利用装在机舱中的泥浆泵通过上浮管和陆上的排泥管将泥浆输送至排泥区。它可以对水下作业面进行挖深与平整，或者自水下取土在岸边吹填成新的田地。

绞吸挖泥船常用的施工方法一般为钢桩定位横挖法。最简单的是利用两根钢桩轮流交替插入水底作为船体摆动中心，并利用铰刀前部的左、右摆动缆的交替收放，使船体来回摆动，进行挖泥，称为双桩前移横挖法。采用这种定位方法，由于铰刀挖泥时船体有两个摆动中心，会造成铰刀的挖泥轨迹重叠和遗漏。为克服上述缺点，可采用单桩前移横挖法，即以一根钢桩为主桩，始终对准挖槽中线，作为横挖的摆动中心，而另一根钢桩作为副桩，作为前移换桩之用。此方法可以有效避免重挖和漏挖。绞吸挖泥船具有生产效率高、作业时间短、所需挖泥沙管道输送辅助船只少等优点，适用于开挖沙土、沙壤土、淤泥等，尤其在开挖此类土质的滩涂时，效率更高。因而，其在疏浚作业中得到了广泛应用。

一、绞吸挖泥船的主要作业装置

为了挖出规定深度、宽度和长度的航道，除泥浆泵外，还须配备其他种类的工作机械装置，包括铰刀、铰刀起落架、横移、定位桩、起锚、绞盘等。其布置概况如图7-2所示。

1.铰刀系统

铰刀系统在动力装置的驱动下旋转切削土层，土层变形破碎，并与水形成泥浆，然后由泥浆泵吸走。铰刀由6台油马达经减速机构驱动。在挖泥作业中，它们是在水下运行，因此要求具有较高的水密可靠性。按照作业上的要求，铰刀仅做单方向旋转，并具有多级容积式调速的恒扭矩驱动特性。

2.铰刀桥架起落系统

铰刀桥架起落系统由绞车、支架、滑轮组、牵引钢丝绳组成，用以改变铰刀的切削深度，以获得适当的切削负荷、吸入浓度和吸入真空度。铰刀架绞车是由2台油马达驱动的，其采用两级容积式和分流调速的恒扭矩驱动。绞车还附有液压缸等锁紧设备。

3.横移系统

横移系统的作用是在施工中使绞吸挖泥船完成左、右摆动的挖宽。设备包括左、右横移锚和左、右横移绞车3和5。作业人员操作其中的一台绞车收缆而另一台绞车放缆的联合动作，使铰刀绕其中一个定位桩向收紧绞车侧摆动，以获得作业面的规定宽度。其中横移锚抛在开挖断面以外，作为横移缆的固定支撑点，通过锚艇或锚拔杆抛设。每一台横移绞车用2台油马达经一级平齿轮减速传动，驱动特性与铰刀架绞车相同。

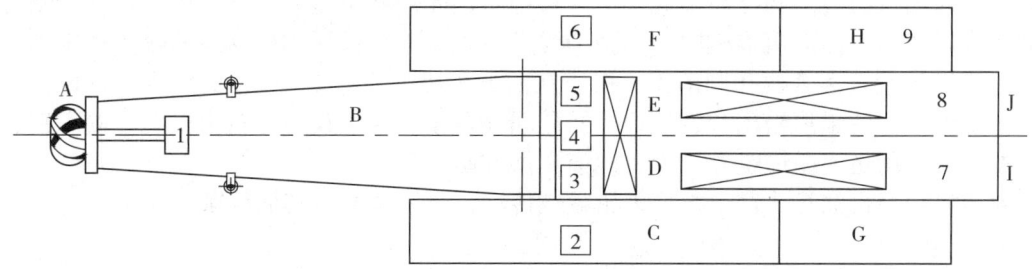

（a）外形

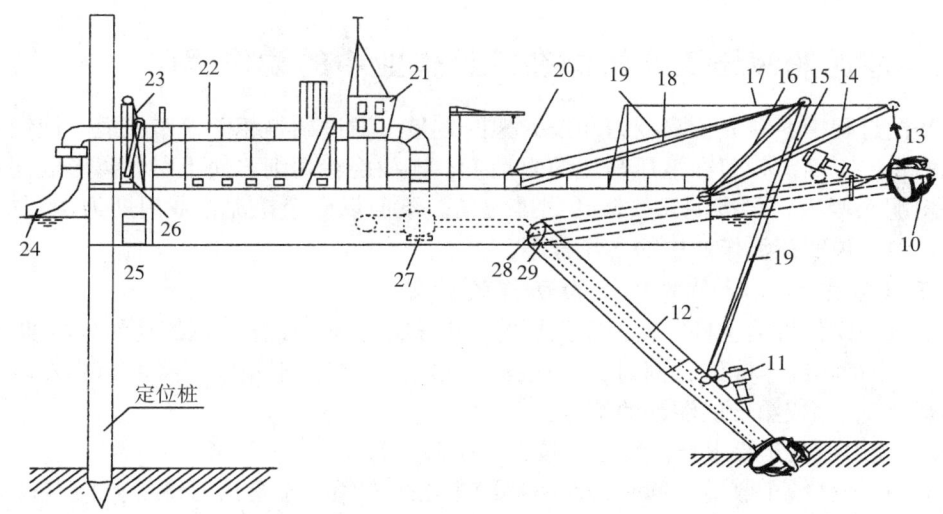

定位桩

（b）主要装置

图7-2 绞吸挖泥船外形及主要装置简图

A—铰刀；B—铰刀架；C、F—前左、右浮箱；D、E—左、右主浮箱；G、H—后左、右浮箱；
I、J—左、右定位桩；1—减速齿轮；2，6—左、右锚机；3，5—左、右横移绞车；4—铰刀架绞车；
7、8—左、右定位桩油缸；9—绞盘；10—吸泥口；11—铰刀液压马达；12—吸泥管；13—横移锚；
14—左、右横移锚缆；15—左、右抛锚拔杆；16—门架；17—抛锚拔杆支重缆；18—门架支重缆；
19—铰刀架起落钢丝绳；20—铰刀架起落绞车；21—驾驶室；22—船上排泥管；
23—定位桩起落钢丝绳；24—鹅颈管；25—左、右定位桩；26—定位桩起落油缸；
27—泥泵；28—铰刀架与船体铰接耳轴；29—吸泥胶管

4.定位桩起落系统

定位桩起落系统设备包括定位桩、定位桩抱箍、定位桩起落装置。绞吸挖泥船均配备2根定位桩，施工时，主桩位于开挖中心线上并保持插入状态，副桩保持悬空状态。当需要挖泥船前移、改变铰刀的纵向切削土层时，主、副桩交替下落。施工时，不允许2根桩同时下落。安装在船体尾部的定位桩抱箍，对定位桩起限制、固定作用。定位桩起落装置的作用是使定位桩完成起落动作，并予以悬吊。定位桩通常有两种类型：一种称为顶提式，另一种称为顶升式。

5.起锚装置

起锚装置包括左、右各一套横移锚、吊锚杆和起锚机。其中，横移绞车的缆索拴在锚柄环上，起锚机的缆索则拴在锚冠环上。移锚时，先用锚机起锚，再利用吊锚杆将锚向前侧的新位置摆动，然后用锚机的倒车把锚慢慢放入土中，最后靠横移缆的收紧使锚深入土中。起锚机不设置离合器和制动器。由于在同一只锚上栓有2台绞车的缆索，在挖泥过程中，为了不至于使锚缆松出长度过短而妨碍船体摆动，锚机设有"自由松缆"的工况。此工况的另一作用是为抛锚艇做长距离抛锚提供方便。

起锚机由一台油马达经一级平齿轮减速传动，驱动特性与其他绞车相同。

6.绞盘

绞盘是立式的，由一台油马达经减速器带动。它在系泊、移动排泥管或定位桩的竖起与放倒中，用来收放缆索。

二、挖泥船液压工作机械在挖泥作业中的动作程序

在开挖过程中，首先依靠铰刀和铰刀架的重量，通过调整相关绞车缆绳，使铰刀压在需开挖的土层上面。铰刀在液压马达的驱动下，连续旋转切削，使土层分离形成泥水混合物，并由泥泵吸入，经排泥管线输送到排泥场。下面以一个挖泥作业周期为例（如图7-3所示），简要说明挖泥作业中的动作程序。

1.在垂直方向S_1断面的挖掘为动作的开始

假定以左定位桩为主桩，铰刀从上层的点1开始挖掘，工作机械的动作程序如下：

（1）左横移绞车收缆，同时，右横移绞车松出右缆，于是铰刀绕A_1点向左以弧线a_1轨迹摆至点2，完成第一层泥沙的挖掘。

（2）铰刀架绞车松出一段缆索，铰刀于是降至点3。

（3）右横移绞车收缆，同时，左横移绞车松出左缆，于是铰刀绕A_1点向右以弧线a_1'轨迹摆至点4，完成第二层泥沙的挖掘。

与第一层挖掘动作类似，再挖第三层，直到S_1断面深度达到了规定的要求为止。

2.换桩的动作程序

假定铰刀在点6结束了S_1断面的挖掘，为了在另一个断面S_2继续挖掘，铰刀及船体需要向前移动一步。动作如下：

（1）左右横移绞车暂停。

（2）右定位桩在位置B_1插入土中。

（3）左定位桩拔升。

（4）铰刀架绞车和右横移绞车同时收缆，左横移绞车则以一定张紧力松出左缆，于是铰刀自点6升起，并绕B_1点向右摆动至点8。点8位于断面S_2的开挖起点$1'$，是原来起点1的上方。至此，挖泥船前移一个作业面。

（5）横移绞车停止，左定位桩在A_2位置插入土中，随后将右定位桩拔升。

（6）铰刀架绞车松出一段缆索，使铰刀下放至断面S_2的挖掘起点$1'$。铰刀动作过程与上述S_1断面挖掘过程一样。

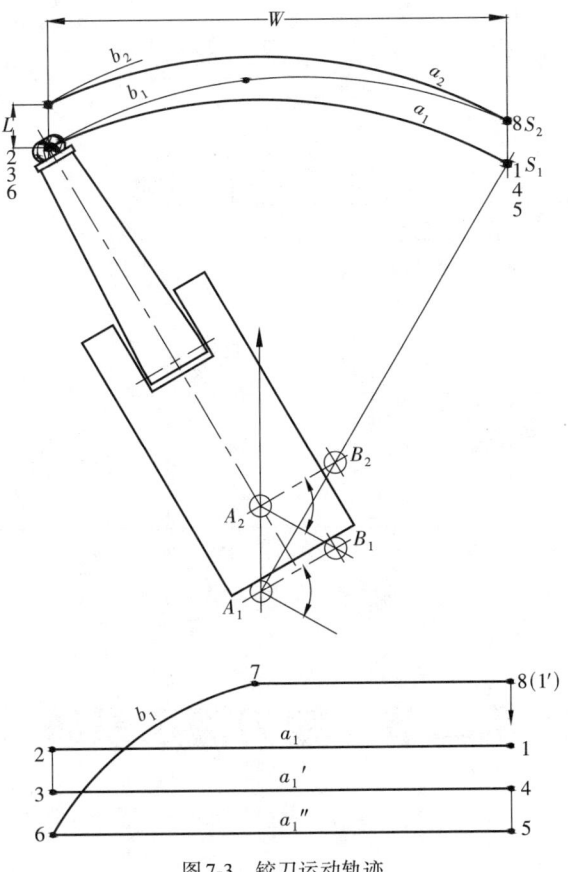

图 7-3 铰刀运动轨迹

$a_1{}'$—左定位桩在 a_1 的铰刀挖掘轨迹；b_1—右定位桩在 B_1 的铰刀移步轨迹；W—作业面宽度；L—步距

3. 移锚的动作程序

铰刀挖掘了若干个垂向断面以后，横移锚将会落在两舷较后的位置上，在横移缆张紧时，将会产生一个较大的分力作用于定位桩上并使之弯曲。因此，要根据左右横移缆的夹角及时地将锚移向两舷前侧。移锚的动作程序如下：

（1）借助于横移绞车，令船体摆向起锚的一侧，直到吊锚杆顶部滑车能够到达锚的上方为止。

（2）锚机收缆将锚拔升至水面以上。

（3）利用吊锚杆将锚摆动至前侧位置，锚机倒车放缆，使锚慢慢放入土中。

（4）将锚机操纵开关置于"自由松缆"位置，使锚机缆索自由松出而不至于妨碍船体的左右摆动。

在一个挖泥作业周期里，各种液压工作机械的动作程序，还可以用一个"动作程序"图来表达，如图 7-4 所示。图中纵坐标表示工作机械的运动方向，横坐标是动作的时间，数字代表图 7-3 中的对应迹点。

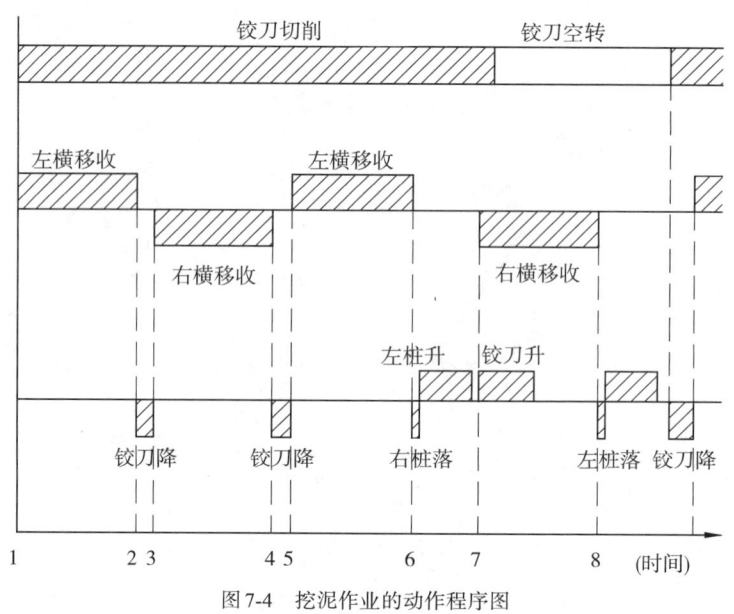

图7-4　挖泥作业的动作程序图

第二节　铰刀液压系统

一、系统工况要求

本节以巨人型4600挖泥船为例，描述其液压系统的原理。

如图7-5所示的铰刀液压系统，包括5台双联叶片泵，并联供给6台液压马达。铰刀的转速应能按照不同的土质调节。而在柴油机转速一定的情况下，铰刀转速的改变是由电控卸荷溢流阀来改变油泵进入供油状态的台数（否则油泵泄荷），即实现四级的容积式调速。

油泵在卸荷状态下起动柴油机，这样可以减轻柴油机的起动负荷。为了安装和拆卸，铰刀轴应能在正、反两个方向缓慢旋转。此外，为了清除缠绕在铰刀上的杂物，也要求铰刀能缓慢地反向旋转。此时工况是由应急泵供油。

二、液压系统原理

如图7-5所示为巨人型4600铰刀液压系统，铰刀动作时电磁阀的动作状态如表7-1所示。

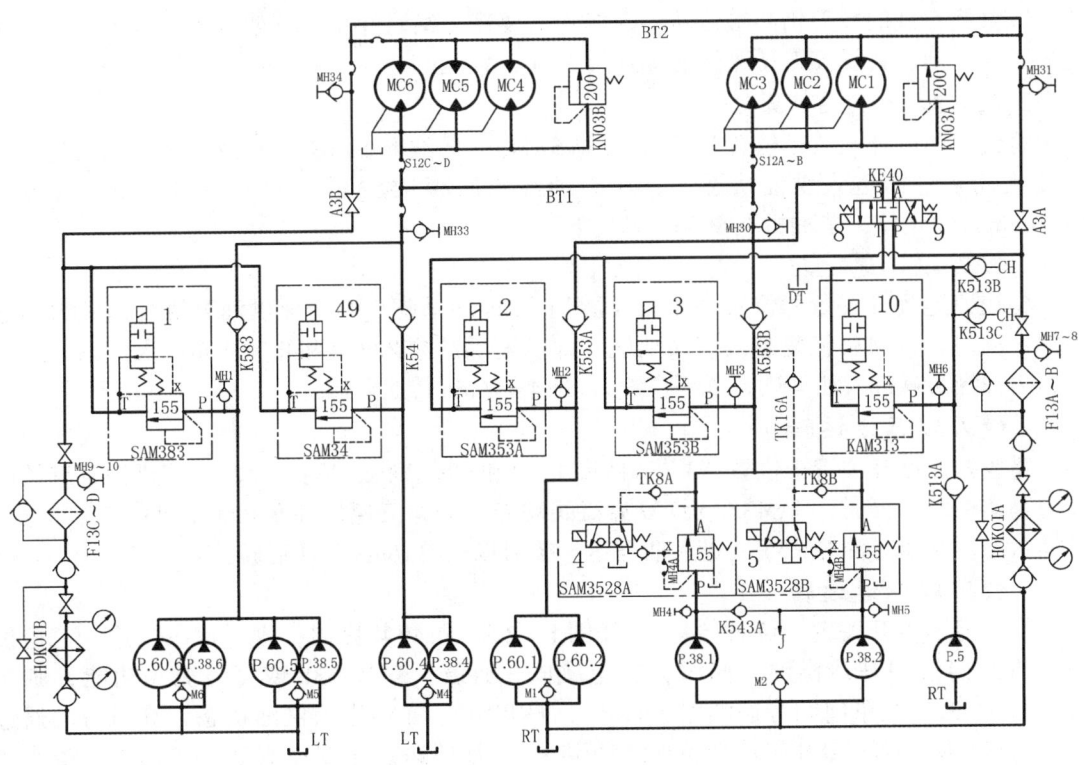

图7-5 巨人型4600铰刀液压系统

表7-1 铰刀动作时电磁阀的动作状态表

供油	工况	电磁阀编号（X表示有电）						
		1	2	3	8	9	10	49
主油泵	一速	X	—	—	—	—	—	—
	二速	X	—	—	—	—	—	X
	三速	X	X	—	—	—	—	X
	四速	X	X	X	—	—	——	X
应急泵	正转	—	—	—	—	X	X	—
	反转	—	—	—	X	—	X	—

下面分几种工况对液压系统进行分析。

1.铰刀暂停

将铰刀速度操纵开关置于"0"位置，铰刀的供油泵全部卸荷，铰刀暂时停止转动。此时，电控卸荷溢流阀SAM383、SAM34、SAM353A及B和SAM3528A及B等的电磁阀均不通电，所以它们的溢流阀均处于卸荷状态。这时，一速供油泵P.60.6、P.38.6、P.60.5、P.38.5；二速供油泵P.60.4、P.38.4；三速供油泵P.60.1、P.60.2；四速供油泵P.38.1、P.38.2的供油将返回泵的吸入侧或油箱。

在电控卸荷阀的卸荷压力较大的情况下，供油中的一部分可能经各路单向阀如K583

及K553B使空载的铰刀仍能缓慢转动。倘若需要铰刀绝对静止（例如派人去铰刀上清除缠绕物时），则应关闭铰刀马达回油截止阀A3A、A3B。

2. 铰刀以一速运转

将铰刀速度开关置于位置"1"，于是SAM383的线圈1励磁，则恢复其溢流阀功能，一速供油泵开始进入供油状态，其压力油经单向阀K583进入铰刀马达，于是铰刀以9.6 r/min转速运转（柴油机在800 r/min，下同）。

3. 铰刀以二速运转

将铰刀速度开关置于位置"2"，线圈1和49均励磁，则一速供油泵继续向铰刀马达供油，同时，SAM34恢复其溢流阀功能，即二速供油泵P.60.4和P.38.4亦进入供油状态，其压力油经K54进入油马达。于是，铰刀以14.4 r/min转速运转。

4. 铰刀以三速运转

将铰刀速度开关置于位置"3"，线圈1、2和49均励磁，则一速、二速供油泵继续向铰刀马达供油。同时，SAM353A恢复溢流阀功能，即，三速供油泵P.60.1和P.60.2亦进入供油状态，其压力油经K553A进入油马达。铰刀以20.3 r/min转速运转。

5. 铰刀以四速运转

将铰刀速度开关置于位置"4"，线圈1、2、3和49均励磁，则一速、二速、三速供油泵继续向铰刀马达供油。同时，因电磁阀3励磁，SAM353B恢复溢流阀功能，则泵P.38.1和P.38.2经单向阀旁通油路（TK8A，TK8B），亦将进入供油状态，其压力油通过SAM3528A及SAM3528B和单向阀K553B进入铰刀马达。于是，铰刀以24 r/min转速运转。此时，杂用系统不工作。

倘若杂用系统的某一负载（例如锚机）需要运转，则二位三通电磁阀5的线圈励磁，于是，SAM3528B的二位三通电磁阀进入另一种导通位置并产生三个结果：

（1）遮断自身的溢流阀的遥控口X，使它恢复溢流阀的职能，于是，P.38.2停止向铰刀供油（铰刀四速将缓慢运转），其压力油从支路改变为杂用系统供油。

（2）把SAM353B的遥控口X改由TK16A和二位三通电磁阀5而泄向油箱，强迫SAM353B开启，以便将来在杂用负载超载之时，从SAM3528B溢流出来的油可以经由SAM353B泄入低压侧。

（3）由于SAM353B已被SAM353B的二位三通电磁阀5强迫卸荷，所以，P.38.1的供油将经由SAM353B泄向低压侧，使其既不为铰刀四速供油，也不为杂用系统的快速运转供油。

杂用系统工作结束后，二位三通电磁阀5的线圈断电，SAM3528B的二位三通电磁阀恢复图7-5所示位置。同时，SAM353B恢复溢流阀功能，因为，它的X口经由TK16A泄向油箱的卸荷通路已被SAM3528B的二位三通电磁阀5所遮断。此后，P.38.1和P.38.2又自动恢复向铰刀四速供油。可见，铰刀四速运转时，杂用系统的某一负载（比如锚机）运转则被优先满足。

6. 用应急泵P.5使铰刀空载反转

应事先卸荷起动柴油机以驱动应急泵P.5。

反转的操作程序：将机舱的截止阀A3A~A3B关闭；铰刀应急倒顺车操纵开关置于"L"（反转）位置；应急泵操纵开关置于"ON"位置，则线圈8、10励磁，P5进入供油状态，其压力油通过KE40的P-A口从反方向进入铰刀马达，使铰刀马达反向旋转。回油则经由KE40的B-T口泄入定位桩油缸的副油箱DT。

7.安全保护

倘若遇到塌方或硬石，铰刀轴就可能堵转。这时，将会在铰刀马达的进油端出现一个液压冲击的压力峰值。为了降低液压冲击的压力峰值，在铰刀马达的进、回油总管之间跨接有安全阀KN03A~KN03B。但是，安全阀对系统的保护作用取决于压力峰值达到设定值时是否能够及时地开启并泄压。因此，开启动作的敏捷程度就成为安全阀区别于溢流阀的重要标志之一，所以，KN03A~KN03B采用单段式结构或者叫作直接作用式结构。

6台油马达在机械传动上是同步的。因此，在进、回油路上跨接平衡管BT1~BT2，以保证各马达具有相同的供油量和端点压力。

第三节　定位桩液压系统

一、系统工况要求

定位桩自土中拔起时，柱塞推力应能克服定位桩的重力和土壤的阻力。定位桩破土以后，柱塞推力只需克服定位桩的重力。定位桩举升速度主要取决于供油泵的台数。举升以后，定位桩仍然依靠柱塞的支撑而不至于自动往下滑移。

定位桩插入土中靠的是其自由坠落的冲量。这时，油缸处于卸荷状态，柱塞被定位桩推入油缸内。定位桩自由下坠途中不允许停顿，否则对机械和液压机构都会引起严重的冲击。

二、液压系统原理

定位桩液压系统各种工况下的电磁阀动作状态如表7-2所示。几种典型工况中的动作原理分述如下。如图7-6所示为巨人型4600定位桩液压系统。

表7-2　定位桩液压系统各种工况下的电磁阀动作状态

工况			电磁阀编号（X表示有电）						
			4	5	39	40	41	42	43
定位桩	左	慢升	—	X	X	—	X	—	—
		快升	X	X	X	—	X	—	—
		自由坠落	—	X	X	—	—	—	X
	右	慢升	—	X	X	X	—	—	—
		快升	X	X	X	X	—	—	—
		自由坠落	—	X	X	—	—	X	—

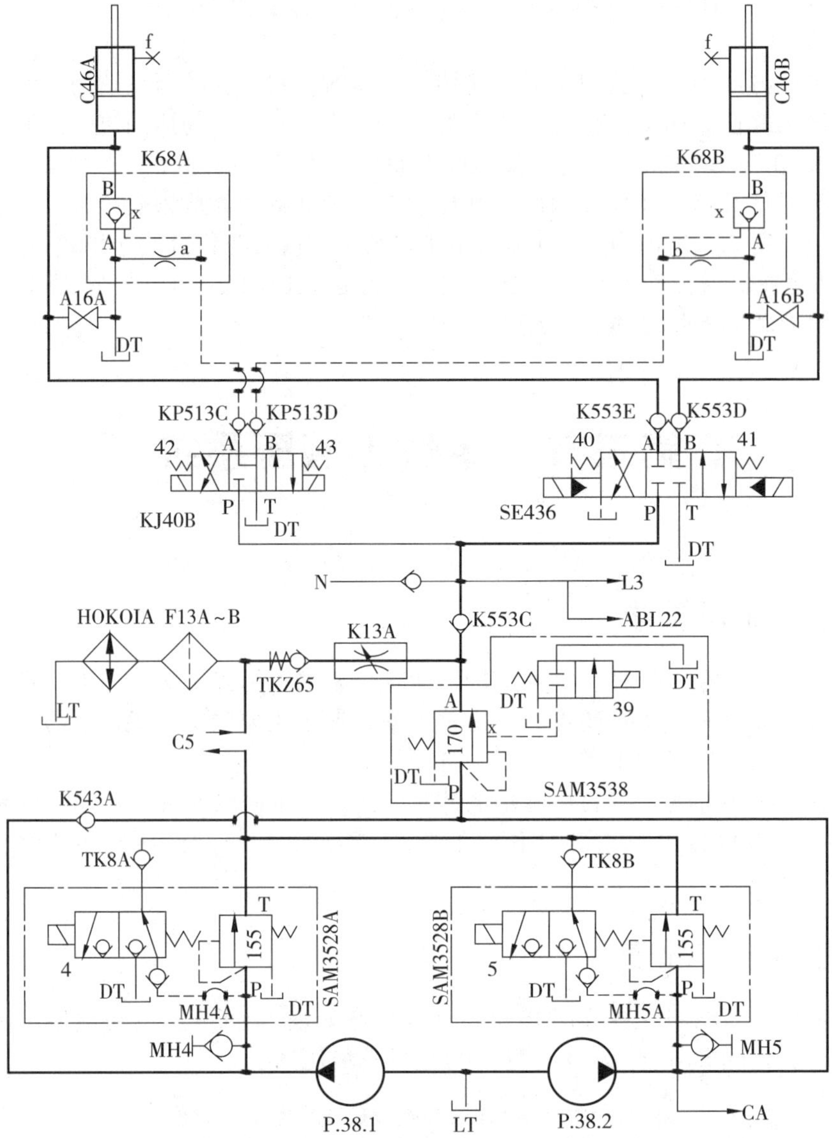

图7-6　巨人型4600定位桩液压系统

f—油缸放气堵头；DT—定位桩油箱；N—自应急泵来；C5—至铰刀四速回路；P.38.1—加速泵；
P.38.2—初速泵；CA—至绞盘回路；ABL22—至锚机回路；L3—至铰刀架绞车回路；LT—左主油箱

1. 左定位桩慢升

将左定位桩操纵开关置于"起升1"的位置。于是，线圈5、39和41励磁，则初速泵P.38.2进入供油状态；电控卸荷溢流阀SAM3538开启，则电液换向阀SE436的主油口按平行导通。压力油将经由K553E进入左定位桩油缸C46A。

2. 左定位桩快升

将操纵开关置于"起升2"的位置。于是，线圈5、39、41和4均励磁，则加速泵P.38.1亦向左定位桩油缸的起升进行供油，左定位桩的起升速度加快。

3. 左定位桩的支撑

定位桩到达所要求的举升高度后，应将操纵开关扳回至"0"位置。此时供油泵进入卸荷状态，同时，由于 SE436 的回中，左油缸柱塞借助于 K68A 和 K553E 阻断其回油通路而悬空停住。

若定位桩慢慢往下滑移，造成这种下滑的原因是与油缸连接着的几条应该关闭的支路发生了泄漏。应检查这些支路上阀的密封性，如 K68A、A16A、K553E 和 SE436（对左定位桩来说）。

4. 左定位桩自由下坠

将操纵开关置于"自由坠落"位置。于是，线圈 5、39 和 43 励磁，则初速泵 P.38.2 的压力油通过电磁换向阀 KJ40B 的平行导通侧，并经 KP513C 进入液控单向阀 K68A 的控制口 X，使单向阀 BA 方向导通，油缸 C46A 下腔连通油箱 DT。于是，左定位桩自重下降。在触及土壤前，左定位桩的运动将是自由落体的运动。所以，定位桩在自由坠落途中，倘若液控单向阀迅速关闭，则无论在机械上和液压系统内都会遭受大的冲击力。为了防止误操作（如将操纵开关突然扳回至"0"位置）所引起的液控单向阀迅速关闭，在 KJ40B 的 A、B 口设置了单向阀 KP513C~KP513D，并且利用液控单向阀中的推力活塞上的固定节流器 a 及 b，使单向阀的关闭时间延长至数秒钟（自由坠落全过程 1.3~2 s）。显然，a 或 b 的松落或未装上去都有可能发生装置被冲坏的危险。

5. 定位桩缓慢下降

定位桩插上横销以后，为了平稳地搁在导向箍上，或者是将定位桩的位置降至适当高度再开始坠入土中，都需要缓慢下降这种工况。利用位于甲板上油缸旁的手动截止阀 A16A~16B 可以控制定位桩缓慢地下降或中途停顿。这时，油缸的排油是经由 A16A~16B 进入定位桩油箱 DT 的。

定位桩系统是杂用系统的一部分，系统调定压力为 15.5 MPa，正常的工作压力为 13~15 MPa。倘若工作压力过高，则应注意当时的横移缆索是否过于张紧。

系统还设有旁路分流调速回路，利用流量阀 K13A 既可以调节定位桩油缸的举升速度，又可以调节铰刀架绞车（支路 L3）或锚机（支路 ABL22）的动作速度。

第四节　锚机液压系统

如图 7-7 所示为巨人型 4600 的锚机液压系统。

锚机系统是由杂用系统初速供油泵 P.38.2 供油的，然后利用流量阀 K13A 分流调速。左右锚机的平衡阀是由单向阀 K73A~K73B 和电控卸荷溢流阀 KBM338A~KBM338B 组装而成。当电磁阀 105 或 106 有电时，其溢流阀卸荷，平衡阀变成双向导通而失去作用，这是为自由松缆的工况而设计的。但当电磁阀 105 或 106 不通电时，其溢流阀与单向阀的并联起着内控外泄的平衡阀作用。下面对左锚机的动作进行分析。

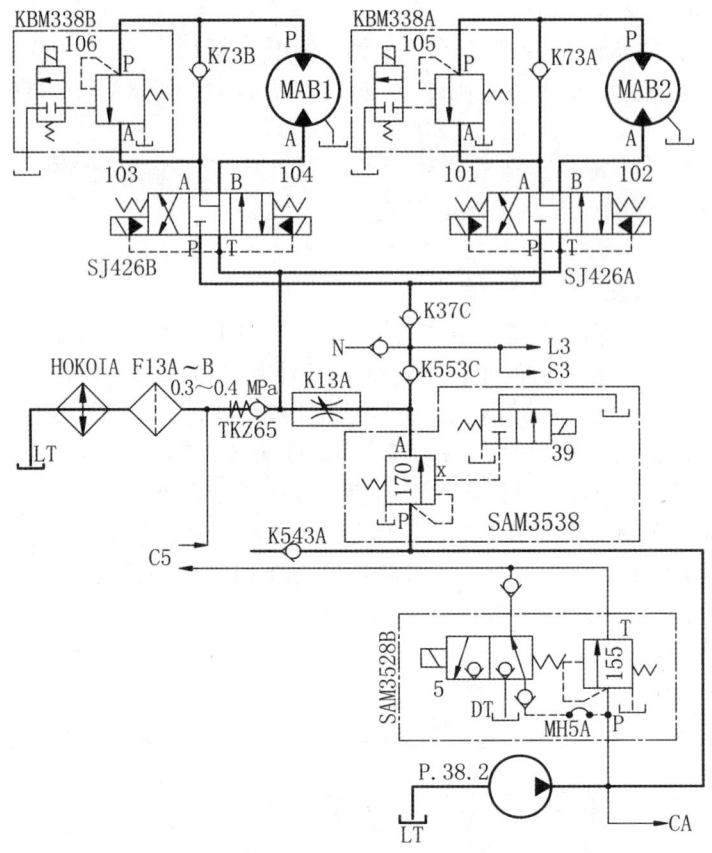

图 7-7 巨人型 4600 的锚机液压系统

N—自应急泵来；L3—至铰刀架绞车；S3—至定位桩油缸；C5—至铰刀四速回路；
K543A—自加速供油泵来的单向阀；CA—至绞盘

锚机液压系统各种工况下的电磁阀动作状态如表 7-3 所示。

表 7-3　锚机液压系统各种工况下的电磁阀动作状态

工况	电磁阀编号（X表示有电）							
	5	39	101	102	103	104	105	106
自由松缆	—	—	—	—	—	—	X	X
左起	X	X	—	—	—	X	—	—
左放	X	X	—	—	X	—	—	—
右起	X	X	—	X	—	—	—	—
右放	X	X	X	—	—	—	—	—

一、自由松缆工况

将左锚机操纵开关置于"自由松缆"位置，电磁阀 106 励磁。此时，供油泵 P.38.2 卸荷，电控截止阀SAM3538关闭，电控卸荷溢流阀KBM338B亦在卸荷。又因Y形电液换向阀SJ426B居于中位，所以左锚机马达MAB1的两端被KBM338B与SJ426B连通而呈浮动状态。此时，只要锚缆具有不大的拉力，就能倒拖锚机反转并松出缆索，同时，为了在浮动状态的回路上形成一个适当的正压力，需要在回油总管上设置一只开启压力为0.3~0.4 MPa的背压阀TKZ65。

二、起锚

将左锚机操纵开关置于"起升"位置，则电磁阀5、39与104同时有电，电控卸荷溢流阀SAM3528B恢复溢流阀功能，则泵P.38.2进入供油状态，压力油经SAM3538、电液换向阀SJ426B的PA通道和单向阀K73B进入左锚机马达MAB1的P口，使绞车按"起升"方向运转。回油经SJ426B的BT通道和背压阀TKZ65等返回左油箱LT。

三、放锚

将左锚机操纵开关置于"下放"位置，则电磁阀5、39与103同时有电，阀SAM3528B恢复溢流阀功能，阀SAM3538导通，阀SJ426B工作在左位，则泵P.38.2的供油经SJ426B的PB通道进入油马达的A口，使绞车按"下放"方向运转。回油则经电控卸荷溢流阀KBM338B的PA口、SJ426B的AT口和背压阀TKZ65等返回左油箱LT。

右锚的收起和施放动作与上述类似，只是以同样方式操作右锚机操纵控制开关即可。

第五节　铰刀架绞车液压系统

绞车通过缆索与A字架上的动滑轮组使铰刀架起升或下降，其最大拉力为24.5 t，卷扬速度为16.5~26.5 m/min，无离合器与制动器，但设有由小油缸推动的插销，在停车后能自动将绞车拴紧。系统中采用了两级容积式与分流调速回路，具有两级恒扭矩驱动特性，其系统动作原理如图7-8所示。

铰刀架绞车液压系统各种工况下的电磁阀动作状态如表7-4所示。

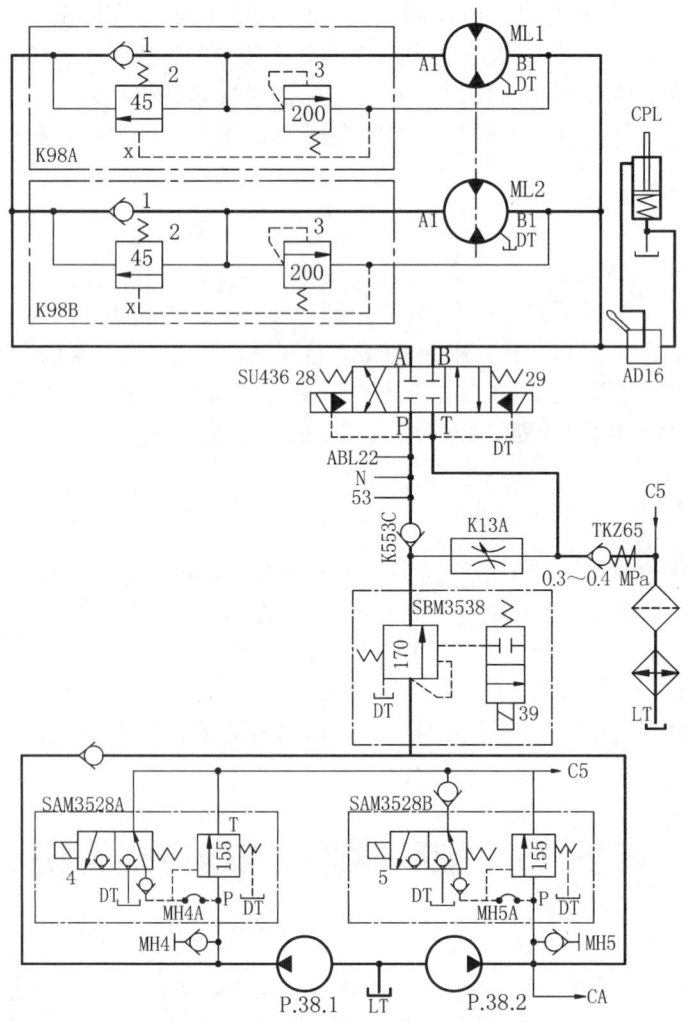

图7-8　铰刀架绞车液压系统动作原理图

K98A、B—外控式平衡阀；SU436—带可调双向阻尼阀的J型电液换向阀；

CPL—插销油缸；AD16—手动三通阀

表7-4　铰刀架绞车液压系统各种工况下的电磁阀动作状态

工况	电磁阀编号（X表示有电）				
	4	5	28	29	39
慢升	—	X	—	X	X
快升	X	X	—	X	X
慢降	—	X	X	—	X
快降	X	X	X	—	X

一、铰刀架慢升

将操纵开关置于起升"1"的位置，则电磁阀5、29和39有电。其中：电磁阀5和39有电使初速供油泵P.38.2进入供油状态，同时，阀SBM3538导通，压力油到达SU436的P口；线圈29有电，则SU436的油路按"平行"导通。其后，压力油经平衡阀K98A及K98B的单向阀1自A1端进入油马达，使之按起升方向运转，回油则自B1端经由SU436的BT通道、背压阀TKZ65等返回左油箱LT。

在快升时，电磁阀4亦有电，加速供油泵P.38.1也进入供油状态，出油与泵P.38.2汇合供入油马达，转速加快，铰刀架快升。

通过流量阀K13A可以对铰刀架的起升或降落速度进行调节。

二、铰刀架慢降

操纵开关置于下降"1"的位置，则电磁阀5、28和39有电，则SU436的油路按"交叉"导通。于是压力油从B1端进入油马达，同时还进入平衡阀K98A～K98B的滑阀型溢流阀2的外控口X。倘若B1端的压力高于阀2调定的开启压力（约4.5 MPa），马达的回油就可以从A1端经由阀2、SU436的AT通道和背压阀TKZ65等而返回油箱。于是，油马达ML1～ML2按铰刀架下降的方向以慢速驱动绞车。回油的背压力有两种作用：一是在负载的油马达被倒拖反转时，可以避免其进油端出现负压；二是以此低压油进入油缸CPL的有杆腔将锁紧铰刀架绞车的插销拔出。

第六节　横移绞车液压系统

横移绞车液压系统主要有两种作业方式：一是在移锚时，使用各自的"单独操纵"开关进行收缆或放缆操作；二是在挖泥作业中，使用"联合操纵"开关进行左向或右向摆动操纵。为此需要左、右两套系统，分布在船首两侧的对称位置。

一、横移绞车液压系统的组成及其作用

（1）横移绞车：通过挖泥船驾驶人员的操作，横移绞车产生正反转，对横移缆起收放作用。当要使挖泥船向一侧摆动时，收紧该侧的横移缆，放松另一侧的缆绳；反之亦然。

（2）横移缆：为钢丝绳，一端通过水下导向滑轮与横移绞车相连，另一端与横移锚相连。其长度约为船体长度的3倍，且必须为一整根，以便于通过水下滑轮和进入横移绞车。

（3）导向滑轮：连接在铰刀桥架上，对横移缆起变向作用。

（4）横移锚：抛放在开挖断面以外，作为横移缆的固定支撑点。如长度允许，可稍远一些，这样可较远控制挖泥船的前移距离。横移锚通过锚艇或抛锚扒杆抛设。

当挖泥船两侧水域较浅不能抛锚时，可在岸上埋放地锚解决固定支撑点。

（5）抛锚扒杆：常见于新型绞吸挖泥船上，安装在船首两侧。驾驶人员通过在驾驶台的操作完成抛设横移锚的工作，减少了锚艇的工作量和船员的劳动强度。

另外，要完成挖泥作业还需要锚艇的参与。锚艇又称抛锚艇或起锚艇，是绞吸挖泥船的辅助设备。它主要用于挖泥船工作用锚的抛放与起升，固定浮筒用锚的抛放与起升，也可使用锚艇进行挖泥船的近距离移位或转移。

横移绞车液压系统如图7-9所示。

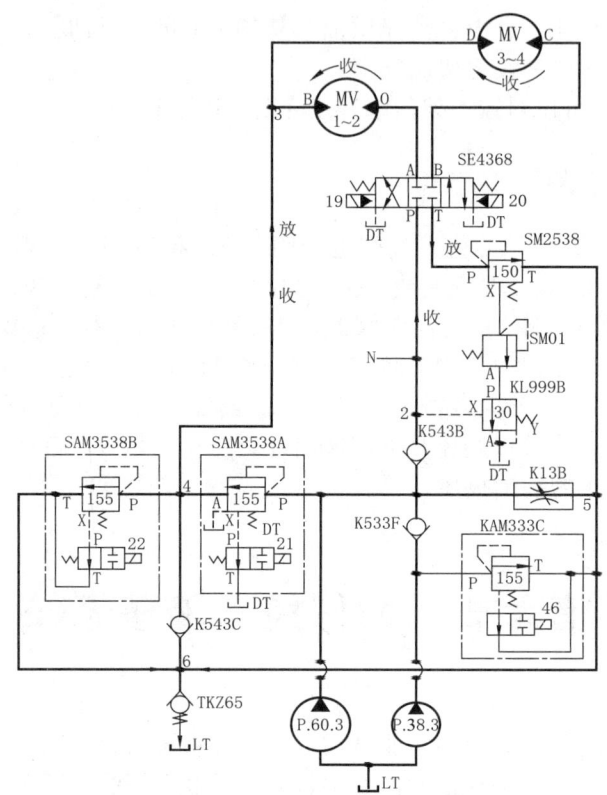

图7-9　横移绞车液压系统

P.60.3—初速供油泵；P.38.3—加速供油泵；MV1~2—左横移绞车的两台驱动油马达；

MV3~4—右横移绞车的两台驱动油马达；SE4368—带双向可调阻尼阀的O形电液换向阀；

SM2538—溢流阀；SAM3538A—电控溢流顺序阀；SAM3538B—电控溢流卸荷阀；KL999B—外控顺序阀

横移绞车各作业工况下的电磁阀的通电状态如表7-5所示。

表7-5　横移绞车各作业工况下的电磁阀的通电状态

工况		电磁阀编号（X表示有电）				
		19	20	21	22	46
左收	快	—	X	X	—	X
	慢	—	X	X	—	
左放	快	X	—	—	X	X
	慢	X	—		X	

续表

工况		电磁阀编号(X表示有电)				
		19	20	21	22	46
右收	快	X	—	X	—	X
	慢	X	—	X	—	—
右放	快	—	X	—	X	X
	慢	—	X	—	X	—
左摆	快	—	X	X	—	X
	慢	—	X	X	—	—
右摆	快	X	—	X	—	X
	慢	X	—	X	—	—

二、系统操作原理

1. 单独操作——收缆

假定需要单独使用右横移绞车做慢速收进右横移缆绳时，将其操纵开关置于"收缆1"位置，于是电磁阀19和21有电，则阀SAM3538A恢复其溢流阀功能，因而初速供油泵P.60.3开始为其负载系统供油，压力油经K543B、SE4368的PB通道而从C端进入右横移绞车马达MV3~4，使按收缆方向驱动绞车，回油则从D端经由点3及4、正在卸荷状态的SAM3538B以及背压阀TKZ65等返回左油箱LT。与此同时，左横移绞车马达MV1~2的O及B端均与低压的回油连通而呈浮动状态。

倘若单独使用左横移绞车做慢速收进左缆绳，即电磁阀20、21有电，则SE4368的油路改为"平行"导通，压力油从O端进入左横移绞车马达MV1~2，使之按收缆方向驱动绞车，此时，右横移绞车呈浮动状态。

需要快速收缆时，电磁阀46有电，则泵P.38.3也供油至马达，使转速增加。

2. 单独操作——放缆

缆索的放出有主动与被动两种情况，这里要介绍的是前者。假定使用左横移绞车单独操纵开关使之慢速放缆，则电磁阀19和22有电，则阀SAM3538B恢复其溢流阀功能，阀SE4368按"交叉"导通，泵P60.3的供油流经正在开启的SAM3538A、点4及3，从B端进入左横移绞车马达MV1~2并使之按放缆方向驱动绞车，回油则从O端经由SE4368的AT通道、溢流阀SM2538、点5、点6以及TKZ65等返回左油箱。此时，放缆的供油压力在点2的数值必须超过KL999B的调定开启压力（3 MPa）；以及回油在SM2538的P口或X口的压力必须超过远程调压阀SM01（又名张紧阀，位于操纵台旁）调定的开启压力（通常是3~4 MPa）。因此，主动放缆的供油压力通常是在3 MPa以上。

在左横移绞车放缆的同时，右绞车马达MV3~4的两端均与高压侧连通而呈浮动状态。

3. 联合操作——左向或右向摆动

在挖泥作业中，使用联合操纵开关，可以使铰刀及船首绕定位桩做左向或右向弧形摆动。在右向摆动时，右横移绞车收缆，左缆则因其绞车处于浮动状态而被外力拖出去。左向摆动的情形则与此相反。

假定需要铰刀做右向慢摆动，则将联合操作开关置于右慢位置，电磁阀19和21有电，随后，右绞车进入收缆状态，油路情况跟前述的右绞车单独收缆相同。然而，左绞车的反应可能有两种不同的情形，或者是让左缆松出去，或者是不让它松出去。

当左缆过分松弛时，右绞车收缆的负载油压就比较低。如果在点2的压力低于KL999B调定的开启压力，溢流阀SM2538将因其X口的断路而关闭左绞车马达MV1~2的回油通道，左缆就不能被外力拖出。这时表现为与右缆收进的同时，左缆逐渐被张紧。

当左缆的张紧已经达到以下的程度：

（1）右绞车负载油压在点2的数值足以使KL999B开启。

（2）左绞车马达所产生的油压在SM2538的P口或X口的数值，足以使SM01开启。那么，SM2538将因其X口的导通而开启MV1~2的回油通路。于是，在右缆收进的同时，左缆在一定张紧力的情况下被拖出。

张紧力应该适当，它的调节是在操纵台旁的SM01上进行，一般是3~4 MPa。

第七节　应急液压系统

巨人型4600液压装置的应急液压系统如图7-10所示。它可用来驱动任一液压工作机械，同时，还可以驱动铰刀反转，但是不能驱动横移绞车主动放缆。

应急液压系统的应急泵驱动的操作如下：

（1）将工作机械的操纵开关置于所需的操纵位置。

（2）将"应急泵操纵"开关置于"ON"，则电磁阀10有电，阀KAM313恢复其溢流阀功能，于是应急泵P.5开始向某一工作机械供油，使它按操纵开关所在的位置运转。

（3）应急泵不再使用时，勿忘将其操纵开关置于"OFF"；否则电磁阀10的线圈仍旧励磁。

（4）驱动铰刀反转之前，应先关闭铰刀回油总管上的截止阀A3A（见图7-5）~A3B，用后重新开启。这两个阀分别位于左、右机舱首部。

P.5是一台普通结构的单级叶片泵，最高工作压力为13.6 MPa，在1 200 r/min时的流量为10.26 L/min。

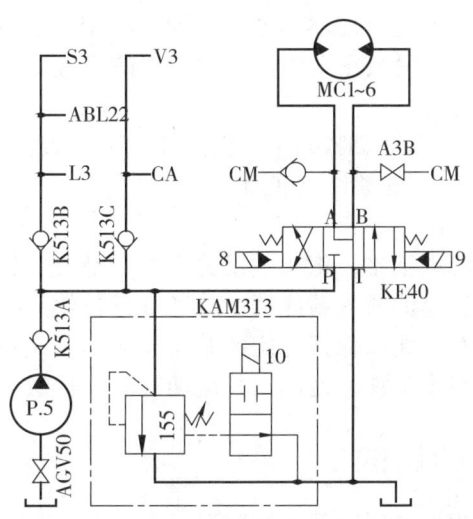

图7-10 巨人型4600液压装置的应急液压系统

S3—至定位桩油缸；ABL22—至锚机；L3—至铰刀架绞车；V3—至横移绞车；CA—至绞盘；
CM—至铰刀主油路；P.5—应急泵

第八节 耙吸挖泥船耙头液压系统波浪补偿器原理

耙吸挖泥船是一种具有自航能力的挖泥船，它有三种作业模式：

挖泥作业：船舶自航（航速3~4 kn），泥浆泵将从耙头处吸入的泥浆经排泥管送入泥舱，待满舱后，船舶航行至抛泥区。

吹填作业：泥浆泵将从耙头处吸入的泥浆经排泥管送入泥舱，待满舱后，船舶航行至吹填区。

边挖边抛作业：泥浆泵将吸上的泥浆水直接经船上吹填管吹至舷外。

耙吸挖泥船控制耙头和泥管升降的绞车液压系统比较常见，这里不再赘述。本节主要介绍耙吸挖泥船耙头液压系统波浪补偿器的工作原理。

为了完成上述各种挖泥作业，其耙头和泥管需要用液压绞车控制它们的升降。但在河床高低不平或有风浪的情况下挖泥的时候，如果耙头钢缆的放出长度固定不变，当船体位于波峰或者是耙头位于河床凹下的地段时，耙头就会被吊离泥面；当船体位于波谷或者是耙头位于河床凸起的地段时，耙头则会陷入土中过深。因此，近代耙吸挖泥船都增设了波浪补偿器，使其在浪高2~3 m的范围挖泥作业能够正常进行。

一、波浪补偿器的工作原理

波浪补偿器的工作原理如图7-11所示。其主要由柱塞式油缸和蓄能器组成。油缸布置在甲板上，其余是在泥浆泵舱内。连接耙头的钢缆通过滑轮与油缸的柱塞顶端相连。波浪补偿器在使用之前，先向蓄能器充入适当压力的压缩空气（最好是氮气），再充入液压油并达到某一适当的压力，然后使蓄能器与油缸连通，在耙头绞车不工作的时候，钢缆的拉力将由柱塞经动滑轮提供，力的大小则取决于蓄能器的充液压力。在正常的工况下，即：

（1）河床平整且无风浪。

（2）耙头绞车放缆长度和耙头紧贴于泥面的作用力适宜。

（3）泥浆泵吸入真空度与泥浆浓度正常。

那么柱塞应当伸出半个行程。

如果由于风浪或者是河床不平，耙头被吊离泥面，那么，钢缆拉力的增大将会把柱塞推入油缸里。这时，油缸的排油流入蓄能器。柱塞在维持钢缆原定拉力的同时，把钢缆放出某一长度，使耙头下降并与泥面保持原定的紧贴状态。若是钢缆松弛，缓冲瓶将向油缸充油，使得柱塞伸出并把钢缆张紧，这是一种被动式波浪补偿器。

二、波浪补偿器的调试

在挖泥作业过程中，如果遇到以下几种工况：

（1）挖泥区的土质软硬程度有了变化。

（2）挖泥深度有了变化。

（3）挖泥航速有了改变。

（4）波浪补偿器有泄漏并导致调定压力的下降。

应该重新调整蓄能器的充液压力。具体调整操作如下（参看图7-11）：

（1）波浪补偿器油缸放油——使柱塞降落到下止点位置。先打开截止阀17、20和21，关闭阀23、19和22。然后按下泥泵舱内的蓄能器旁的"放油"按钮。于是三位四通电磁换向阀5和10的线圈S5、S25D通电励磁（换向阀10"交叉"接通），泵D1结束卸荷，其排油经阀7、10顶开液控单向阀11，使液控单向阀11打开，则波浪补偿器油缸的油即可经单向节流阀13的节流阀通道、液控单向阀11和换向阀10流回油箱。应当注意：①当柱塞到达下止点就应立即关闭截止阀21，以免空气进入管道及油缸；②放油速度要慢。

（2）放空蓄能器——保持上述最后操作状态并打开截止阀23，再按下"放油"按钮即可放空蓄能器。蓄能器放空后，松开按钮并保持截止阀23的现有启闭状态。

（3）充气——将压缩空气快速接头16接入管道，再打开截止阀23接通压缩空气源，当蓄能器充气至规定压力值后，关闭截止阀14，卸下充气接头并保持截止阀23现有的启闭状态。

（4）向蓄能器充油至调整压力值——装好充油快速接头后，按下蓄能器旁的"充油"按钮，于是换向阀5和10的线圈S5、S25F通电励磁（换向阀10"平行"接通），则泵D1排油经阀10、11、13等充入蓄能器中，一直到所需的调整压力为止。

（5）充油结束后，关闭阀17、20和23（阀19、21原已关闭）。最后打开阀22，使蓄能器和波浪补偿器油缸连通，波浪补偿器即可处于正常的工作状态。

上述调整步骤是针对初始调整或因蓄能器内含气量不够而需充气时的情况而言的。如果含气量足够亦即系统弹性尚能满足要求，只要向系统充油或放油即可改变调整压力。

波浪补偿器液压系统中的溢流阀12，作为充油时的限压安全阀，该系统设定为7.5 MPa。

波浪补偿器油缸底部有一个可调节流阀25，在油缸端部形成缓冲装置，可避免因柱塞快速下行引起的撞击。

　　系统中的易熔塞24是装于管接头里面的金属片。它的作用是防止在机舱失火等事故发生时，蓄能器（高压容器）因受高温而发生爆炸。

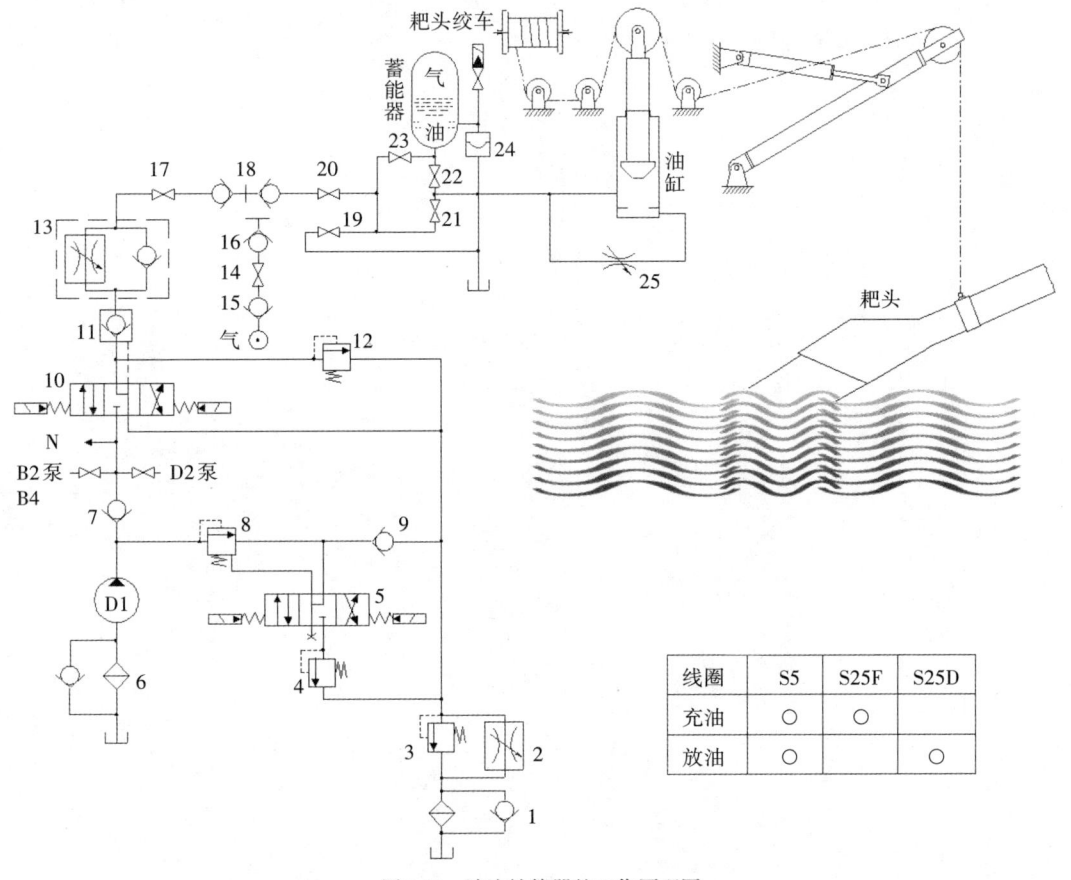

图 7-11　波浪补偿器的工作原理图

1，7，9—单向阀；2—可调节流阀；3，4，8，12—溢流阀；5，10—三位四通电磁换向阀；
6—吸油滤器；11—液控单向阀；13—单向节流阀；14，17，19，20，21，22，23—截止阀；
24—易熔塞；25—可调节流阀；15，16，18—快速接头

线圈	S5	S25F	S25D
充油	○	○	
放油	○		○

附录1 常用液压元件图形符号
（GB/T 786.1—2021）

一、管路及连接

描述	图形符号	描述	图形符号
两条管路的连接应标出连接点	0.75 M	两条管路交叉但没有连接点,表明它们之间没有连接	

注：M为模数尺寸符号，基本模数规定为100 mm，即1M=100 mm。

二、动力源及执行机构

描述	图形符号	描述	图形符号
变量泵(顺时针单向旋转)		变量泵(双向流动,带有外泄油路,顺时针单向旋转)	
定量泵/马达(顺时针单向旋转)		变量泵/马达(双向流动,带有外泄油路,双向旋转)	
液压油源	4 M	摆动执行器/旋转驱动装置(带有限制旋转角度功能,双作用)	

续表

描述	图形符号	描述	图形符号
单作用单杆缸（靠弹簧回程，弹簧腔带连接油口）		双作用双杆缸（左终点带有内部限位开关，内部机械控制，右终点带有外部限位开关，由活塞杆触发）	
单作用多级缸		双作用多级缸	

三、控制方式

描述	图形符号	描述	图形符号
用于单向行程控制的滚轮杠杆		带有一个线圈的电磁铁（动作指向阀芯）	
带有一个线圈的电磁铁（动作背离阀芯）		带有一个线圈的电磁铁（动作指向阀芯，连续控制）	
带有一个线圈的电磁铁（动作背离阀芯，连续控制）		外部供油的电磁先导控制机构	

四、压力控制阀

描述	图形符号	描述	图形符号
溢流式（直动式，开启压力由弹簧调节）		防气蚀溢流阀（用来保护两条供压管路）	
电磁溢流阀（由先导式溢流阀与电磁换向阀组成，通电建立压力，断电卸荷）		比例溢流阀（直动式，通过电磁铁控制弹簧来控制）	

续表

描述	图形符号	描述	图形符号
比例溢流阀(直动式,电磁铁直接控制,集成电子器件)		比例溢流阀(直动式,带有电磁铁位置闭环控制,集成电子器件)	
比例溢流阀(带有电磁铁位置反馈的先导控制,外泄型)		二通减压阀(直动式,外泄型)	
二通减压阀(先导式,外泄型)		三通比例减压阀(带有电磁铁位置闭环控制,集成电子器件)	
顺序阀(直动式,手动调节设定值)		顺序阀(带有旁通单向阀)	
压力开关(机械电子控制,可调节)		电调节压力开关(输出开关信号)	

五、流量控制阀

描述	图形符号	描述	图形符号
节流阀		单向节流阀	
二通流量控制阀(开口度预设置,单向流动,流量特性基本与压降和黏度无关,带有旁路单向阀)		三通流量控制阀(开口度可调节,将输入流量分成固定流量和剩余流量)	
分流阀(将输入流量分成两路输出流量)		集流阀(将两路输入流量合成一路输出流量)	

六、方向控制阀

描述	图形符号	描述	图形符号
单向阀（只能在一个方向自由流动）		液控单向阀（带有弹簧，先导压力控制，双向流动）	
双液控单向阀		梭阀（逻辑为"或"，压力高的入口自动与出口接通）	
二位二通方向控制阀（双向流动，推压控制，弹簧复位，常闭）		二位二通方向控制阀（电磁铁控制，弹簧复位，常开）	
二位三通方向控制阀（单电磁铁控制，弹簧复位）		二位三通方向控制阀（单电磁铁控制，弹簧复位，手动越权锁定）	
二位四通方向控制阀（电磁铁控制，弹簧复位）		二位四通方向控制阀（电磁铁控制，弹簧复位，手动越权锁定）	
二位四通方向控制阀（电磁先导控制，弹簧复位）		二位四通方向控制阀（液压控制，弹簧复位）	
二位五通方向控制阀（双向踏板控制）		三位四通方向控制阀（液压控制，弹簧对中）	
三位四通方向控制阀（电磁先导控制，先导级电气控制，主级液压控制，先导级和主级弹簧对中，外部先导供油，外部先导回油）		比例方向控制阀（直动式）	
比例方向控制阀（主级和先导级位置闭环控制，集成电子器件）		伺服阀（主级和先导级位置闭环控制，集成电子器件）	

七、辅件和其他装置

描述	图形符号	描述	图形符号
隔膜式蓄能器		气囊式蓄能器	
活塞式蓄能器		温度调节器	
加热器		不带有冷却方式指示的冷却器	
采用液体冷却的冷却器		采用电动风扇冷却的冷却器	
带有压力表的过滤器		带有旁路节流的过滤器	
带有旁路单向阀的过滤器		带有光学压差指示器的过滤器	
流量指示器		流量计	
数字流量计		温度计	
电接点温度计(带有两个可调电气常闭触点)		转速计	

附录2　液压执行元件术语

术语	解释	术语	解释
液压执行元件	利用流体能量做机械功的液压元件	带缓冲装置的液压缸	具有缓冲机能的液压缸
液压马达	用于液压回路的、能做连续旋转运动的执行元件	定量马达	每转的理论输入排量不变的液压马达
容积式马达	由于流体从进口侧向排油侧流动，与壳体内接的可动部件间的密闭空间发生移动或变化，从而实现连续旋转运动的执行元件	变量马达	每转的理论输入排量可变的液压马达
		齿轮马达	输入压力流体，使泵壳内相互啮合的两个（或两个以上）齿轮转动的液压马达
叶片马达	转子槽内的叶片与壳体（定子环）相接触，在流入的液体作用下使转子旋转的液压马达	柱塞马达	流入液体的压力作用于活塞或柱塞的端面，通过斜盘、凸轮、曲柄等使马达轴转动的液压马达
液压缸	输出力和活塞有效面积及其两边的压差成正比的直线运动式执行元件	摆动式执行元件	回转角度限制在360°以内的、进行往复转动的执行元件
双作用液压缸	能由活塞的两侧输入压力油的液压缸	伸缩式液压缸	可以得到较长工作行程的、具有多级套筒形活塞杆的液压缸
单作用液压缸	只能由活塞的一侧输入压力油的液压缸	液压缸推力	作用于活塞面积上的理论流体力
单杆液压缸	活塞的一侧有活塞杆的液压缸	液压缸行程	指活塞杆的动作长度，带有缓冲装置的液压缸，包括缓冲长度
双杆液压缸	活塞的两侧都有活塞杆的液压缸	伺服执行元件	用于自动控制系统的伺服阀和执行元件的组合体
差动液压缸	利用液压缸两侧的有效面积差的液压缸	增压器	能将输入压力改变，以较高压力输出的液压元件

附录3　液压辅件及其他专业术语

术语	解释	术语	解释
过滤器	利用过滤作用将流体中的固体颗粒清除的元件	油箱	储存液压油的容器
管道过滤器	用于管路中的过滤器	底板	与管道的连接口集中在一面,控制阀用密封件安装在它上面,进行配管的辅助板
油箱用过滤器	除用于压力管路和通气管路中的过滤器外,都属此类		
蓄能器	将液体在加压状态下储存起来的容器,这种储存的液体可作为临时的动力源等	油路板(集成块)	内部有起管路作用的通道,外部安装有液压件,还有很多连接口的安装板
压力继电器	当流体压力达到预定值时,使电接点动作的元件	工作油	用于液压设备或液压系统中的液体
软管组件	两端装有软管接头的耐压软管	液压油	用于液压设备中功率传递的油液或其他液体
管接头	连接管路或将管路装在液压元件上,这是一种在流体通路中能装拆的连接件的总称	抗燃性液压油	这是一种难燃的液压油,可以最大限度地预防火灾

附录4 常用液压术语（摘自ISO 1219）

术语	解释	术语	解释
液压回路	由各种液压元件组成的具有某种机能的液压装置构成部分	滑阀式阀芯（圆柱阀芯）	与圆柱形滑动面配合,当它沿轴向移动时,进行流路开闭的零件
回路图	用液压图形符号表示的液压回路图	泄油	从液压元件中的通道(或管道)向油箱或集流器等返回的油液或这种油液返回现象
液压站	由原动机、液压泵、油箱、溢流阀等构成的液压源装置或包括控制阀在内的液压装置	漏油	从正常状态下应该密封的部位流出来的少量油液
额定压力	系统能正常连续工作的最高压力	静密封	用于静止部分的密封,防止液体泄漏
背压	在液压回路的回油侧或压力作用面的相反方向,所作用的压力	动密封	用于相对运动部分的密封,防止液体泄漏
冲击压(力)	在过渡过程中上升压力的最大值	流体卡紧现象	在滑阀式阀等的内部,由于流动的不均匀性,产生对中心轴的压力分布不平衡,将阀芯压向阀体(或阀套),使它不能动作的现象
开启压(力)	如单向阀或溢流阀等,当压力上升到阀开始打开,达一定流量时的压力	气穴现象	流动液体的压力,在局部范围内,下降到饱和蒸气压或空气分离压,由于蒸气的产生和溶解空气等的分离而生成气泡的现象,即为气穴现象。当气泡在流动中溃灭时,会在局部范围内出现超高压,并产生噪声等
关闭压(力)	如单向阀或溢流阀等,当阀的进口压力下降到阀开始关闭,流量减少到某规定量以下时的压力		
额定流量	在额定工况下,元件通过的流量	流量跳跃现象	在调速阀(带压力补偿的流量控制阀)中,当流体开始流过时,出现流量瞬时超过设定值的现象
流量	一般指液压泵在单位时间内输出液体的体积	颤振	为减少摩擦和流体卡紧现象等对滑阀式阀的影响,改善其特性,所加的较高频率的振动
排量	容积式液压泵(或马达)每转输出(或输入)的液体体积	液压平衡	用液压来平衡负载(包括设备自身)
流体功率	流体所具有的功率,对液压来说实际是用流量和压力的乘积表示	流体传动装置	用流体作介质传递动力的装置
管路	传导工作流体的管道和管系	进口节流方式	节流阀装在执行元件进口侧管路中,通过节流调节动作速度的方式
主管路	包括吸油管路、压力管路和回油管路	出口节流方式	节流阀装在执行元件出口侧管路中,通过节流调节动作速度的方式
泄油管路	指泄油的回油管,或将它导入油箱的管路	旁路节流方式	将流向执行元件的一部分流量,通过装在旁通管路中的节流阀流回油箱,以调节执行元件动作速度的方式
通道	通过元件内部或其内部的、用机器加工方法或铸出的传导流体的通道	电-液方式	将电磁铁等电气元件组合到液压操纵器中的方式
油口、连接口	元件上传导流体的通道的开口处	先导控制方式	由先导阀等导入的压力进行控制的方式
节流	减少流通断面积,使管路或通道内部产生阻力的机构,有长孔道节流和薄刃节流	液压传动装置	利用流体的压力能传递动力的装置。在这种装置中使用容积式液压泵和液压执行元件(液压缸或液压马达)

附录5　常用液压公式

一、常用公式

（泵和马达）几何流量（L/min）= $\dfrac{\text{几何排量（cm}^3\text{/r）}\times\text{轴转速（r/min）}}{1\,000}$

（泵和马达）理论轴转矩（N·m）= $\dfrac{\text{几何排量（cm}^3\text{/r）}\times\text{压力（10}^5\text{Pa）}}{20\pi}$

轴功率（kW）= $\dfrac{\text{轴转矩（N·m）}\times\text{轴转速（r/min）}}{9\,550}$

液压功率（kW）= $\dfrac{\text{流量（L/min）}\times\text{压力（10}^5\text{Pa）}}{600}$

液压功率热当量（kJ/min）= $\dfrac{\text{流量(L/min)}\times\text{压力(10}^5\text{Pa)}}{10}$

管内油液流速（m/s）= $\dfrac{\text{流量(L/min)}\times21.22}{D^2}$ （式中，D 为管子内径，mm）

薄壁孔流量公式 $Q=C_{q}A_{T}\sqrt{\dfrac{2}{\rho}}\,\Delta p$

二、液压泵计算公式

$Q=\dfrac{v\cdot n\cdot\eta_{vol}}{1\,000}$ （L/min）

$P_{an}=\dfrac{p\cdot Q}{600\cdot\eta_{ges}}$ （kW）

$M=\dfrac{1.59\cdot v\cdot\Delta p}{100\cdot\eta_{mh}}$ （N·m）

$\eta_{ges}=\eta_{vol}\cdot\eta_{mh}$

Q = 流量(L/min)

v = 排量（cm^2）

n = 泵的主轴转速（r/min）

P_{an} = 驱动功率（kW）

p = 系统压力（bar）

M = 驱动扭矩（N·m）

η_{ges} = 总效率（0.8~0.85）

η_{vol} = 容积效率（0.9~0.95）

η_{mh} = 机械效率（0.9~0.95）

三、液压马达计算公式

$$Q = \frac{v \cdot n}{1\,000 \cdot \eta_{vol}} \, (\mathrm{L/min})$$

$$n = \frac{Q \cdot \eta_{vol} \cdot 1\,000}{v}$$

$$P_{ab} = \frac{\Delta p \cdot Q \cdot \eta_{ges}}{600}$$

$$M_{ab} = \frac{\eta_{mh} \cdot v \cdot \Delta p}{20 \cdot \pi} \, (\mathrm{N \cdot m}) = 1.59 \cdot v \cdot \Delta p \cdot \eta_{mh} \cdot 10^{-2}$$

Q = 流量（L/min）

v = 排量（cm²）

n = 马达的主轴转速（r/min）

P_{ab} = 马达输出功率（kW）

Δp = 输入和输出油口压力差（bar）

M_{ab} = 输出扭矩（N·m）

η_{ges} = 总效率（0.8~0.85）

η_{vol} = 容积效率（0.9~0.95）

η_{mh} = 机械效率（0.9~0.95）

四、马达变量系统

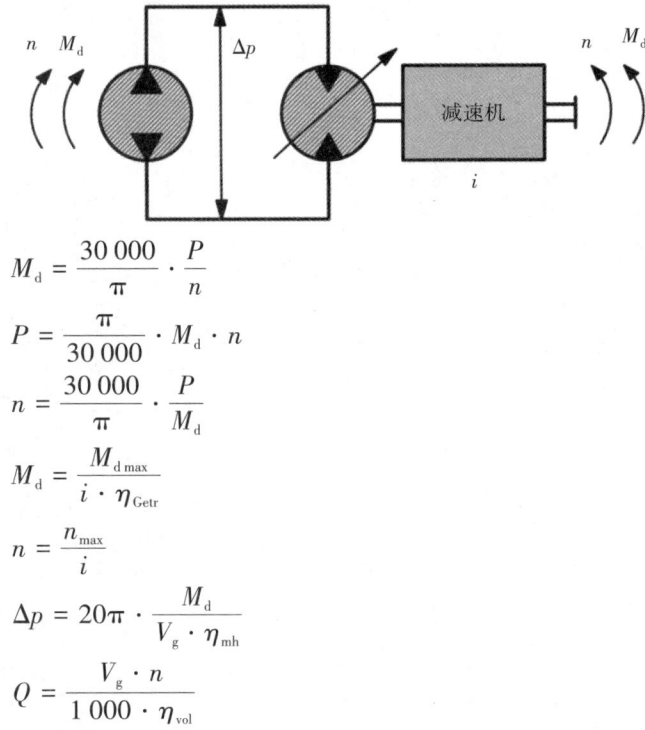

$$M_d = \frac{30\,000}{\pi} \cdot \frac{P}{n}$$

$$P = \frac{\pi}{30\,000} \cdot M_d \cdot n$$

$$n = \frac{30\,000}{\pi} \cdot \frac{P}{M_d}$$

$$M_d = \frac{M_{d\,max}}{i \cdot \eta_{Getr}}$$

$$n = \frac{n_{max}}{i}$$

$$\Delta p = 20\pi \cdot \frac{M_d}{V_g \cdot \eta_{mh}}$$

$$Q = \frac{V_g \cdot n}{1\,000 \cdot \eta_{vol}}$$

$$Q_P = \frac{V_g \cdot n \cdot \eta_{vol}}{1\,000}$$

$$P = \frac{\Delta p \cdot Q}{600 \cdot \eta_{ges}}$$

五、马达定量系统

$$M_d = \frac{30\,000}{\pi} \cdot \frac{P}{n}$$

$$P = \frac{\pi}{30\,000} \cdot M_d \cdot n$$

$$n = \frac{30\,000}{\pi} \cdot \frac{P}{M_d}$$

$$M_d = \frac{M_{d\,max}}{i \cdot \eta_{Getr}}$$

$$n = \frac{n_{max}}{i}$$

$$\Delta p = 20\pi \cdot \frac{M_d}{V_g \cdot \eta_{mh}}$$

$$Q = \frac{V_g \cdot n}{1\,000 \cdot \eta_{vol}}$$

$$Q_P = \frac{V_g \cdot n \cdot \eta_{vol}}{1\,000}$$

$$P = \frac{\Delta p \cdot Q}{600 \cdot \eta_{ges}}$$

六、液压缸计算公式

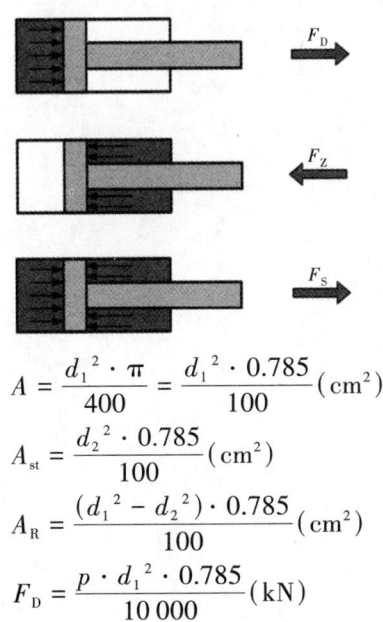

$$A = \frac{d_1^{\,2} \cdot \pi}{400} = \frac{d_1^{\,2} \cdot 0.785}{100}\,(\mathrm{cm}^2)$$

$$A_{st} = \frac{d_2^{\,2} \cdot 0.785}{100}\,(\mathrm{cm}^2)$$

$$A_R = \frac{(d_1^{\,2} - d_2^{\,2}) \cdot 0.785}{100}\,(\mathrm{cm}^2)$$

$$F_D = \frac{p \cdot d_1^{\,2} \cdot 0.785}{10\,000}\,(\mathrm{kN})$$

$$F_z = \frac{p \cdot (d_1^2 - d_2^2) \cdot 0.785}{10\,000} (\text{kN})$$

$$v = \frac{h}{t \cdot 1\,000} = \frac{Q}{A \cdot 6} (\text{m/s})$$

$$Q_{th} = 6 \cdot A \cdot v = \frac{V}{t} \cdot 60 (\text{L/min})$$

$$Q = \frac{Q_{th}}{\eta_{vol}}$$

$$V = \frac{A \cdot h}{10\,000}$$

$$t = \frac{A \cdot h \cdot 6}{Q \cdot 1\,000} (\text{s})$$

d_1 = 活塞直径(mm)

d_2 = 活塞杆直径(mm)

p = 工作压力(bar)

v = 行程速度(m/s)

V = 行程容积(L)

Q = 考虑泄漏的体积流量(L/min)

Q_{th} = 体积流量，不考虑泄漏(L/min)

η_{vol} = 容积效率（约0.95）

h = 行程(mm)

t = 行程时间(s)

七、差动缸的全部计算

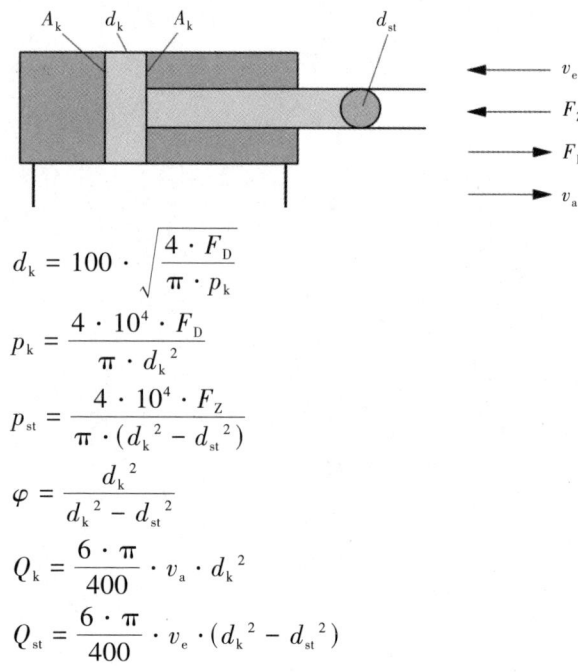

$$d_k = 100 \cdot \sqrt{\frac{4 \cdot F_D}{\pi \cdot p_k}}$$

$$p_k = \frac{4 \cdot 10^4 \cdot F_D}{\pi \cdot d_k^2}$$

$$p_{st} = \frac{4 \cdot 10^4 \cdot F_Z}{\pi \cdot (d_k^2 - d_{st}^2)}$$

$$\varphi = \frac{d_k^2}{d_k^2 - d_{st}^2}$$

$$Q_k = \frac{6 \cdot \pi}{400} \cdot v_a \cdot d_k^2$$

$$Q_{st} = \frac{6 \cdot \pi}{400} \cdot v_e \cdot (d_k^2 - d_{st}^2)$$

$$v_e = \dfrac{Q_{st}}{\dfrac{6\pi}{400} \cdot (d_k{}^2 - d_{st}{}^2)}$$

$$v_a = \dfrac{Q_k}{\dfrac{6\pi}{400} \cdot d_k{}^2}$$

$$V_{olp} = \dfrac{\pi}{4 \cdot 10^6} \cdot d_{st}{}^2 \cdot h$$

$$V_{olf} = \dfrac{\pi}{4 \cdot 10^6} \cdot h \cdot (d_k{}^2 - d_{st}{}^2)$$

d_k = 活塞直径（mm）

d_{st} = 杆直径（mm）

F_D = 压力（kN）

F_Z = 牵引力（kN）

p_k = 活塞侧的压力（bar）

φ = 纵横比

Q_k = 活塞侧容积流量（L/min）

Q_{st} = 杆侧容积流量（L/min）

v_a = 延伸速度（m/s）

v_e = 收回速度（m/s）

V_{olp} = 工作体积（L）

V_{olf} = 填充体积（L）

h = 行程（mm）

八、验算执行元件的工作压力

单杠油缸，工作压力 p：

无杆腔进油：

$$p = \dfrac{F}{A_1} + \dfrac{A_2}{A_1} p_b$$

有杆腔进油：

$$p = \dfrac{F}{A_2} + \dfrac{A_1}{A_2} p_b$$

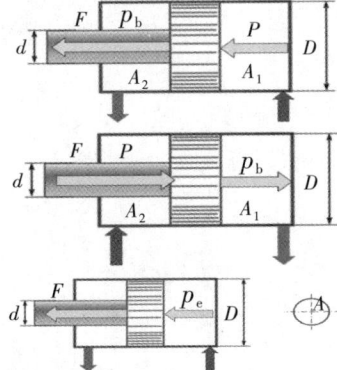

$$A = \frac{1}{4}\pi d^2$$

$$F = 10 \cdot P \cdot A \qquad F = 10 \cdot P \cdot A \cdot \eta$$

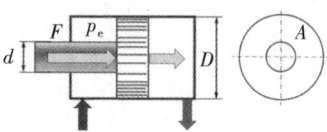

$$A = \frac{1}{4}\pi \cdot (D^2 - d^2)$$

$F =$ 活塞压力 $A = N$

$p =$ 进油压力（bar）

$A =$ 活塞面积（cm^2）

$\eta =$ 油缸容积效率

九、油缸速度计算

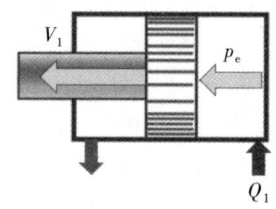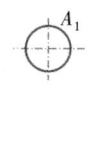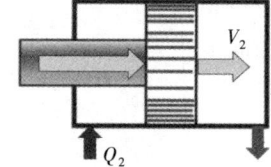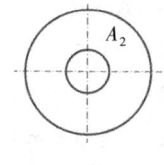

$$V_1 = \frac{Q_1}{A_1}$$

$$A_1 = \frac{1}{4}\pi d^2$$

$$V_2 = \frac{Q_2}{A_2}$$

$$A_2 = \frac{1}{4}\pi \cdot (D^2 - d^2)$$

十、增压缸的计算

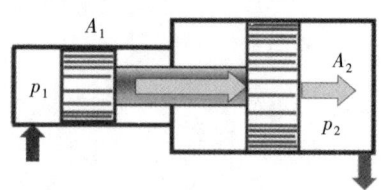

$$p_1 \cdot A_1 = p_2 \cdot A_2$$

$A_1 =$ 小活塞面积（cm^2）

$p_1 =$ 小活塞腔压力（bar）

$A_2 =$ 大活塞面积（cm^2）

$p_2 =$ 大活塞腔压力（bar）

附录6 单位换算

一、力

牛顿(N)	达因(dyn)	千克力(kgf)	磅力(lbf)	磅达(pdl)
1	10^5	0.101 972	0.224 8	7.233
10^{-5}	1	$1.019\ 72\times10^{-5}$	2.248×10^{-6}	7.233×10^{-5}
9.806 65	$9.806\ 65\times10^5$	1	2.205	70.93
4.448 22	$4.448\ 22\times10^5$	0.453 6	1	32.17
0.138 255	$1.382\ 55\times10^5$	0.014 1	0.031 08	1

注：1 dyn=10^{-5} N；1 pdl=1 ft.1b/sec^2。

二、压力（压强）

帕斯卡(Pa)	巴(bar)	千克力/厘米^2(kgf/cm^2)	大气压(atm)	汞柱高		水柱高	
				毫米(mm)	英寸(in)	米(m)	英尺(ft)
1	10^{-5}	$1.019\ 7\times10^{-5}$	$0.986\ 9\times10^{-5}$	7.501×10^{-3}	29.53×10^{-5}	$1.019\ 7\times10^{-4}$	33.46×10^{-5}
10^5	1	1.019 7	0.986 87	750.1	29.53	10.197	33.46
$0.980\ 7\times10^5$	0.980 7	1	0.967 8	735.6	28.96	10.000	32.81
$1.013\ 25\times10^5$	1.013 3	1.033 2	1	760	29.92	10.33	33.90
$1.333\ 2\times10^2$	$1.333\ 2\times10^{-3}$	$1.359\ 5\times10^{-3}$	$1.315\ 8\times10^{-3}$	1	39.37×10^{-3}	13.60×10^{-3}	44.64×10^{-3}
$0.033\ 85\times10^5$	0.033 86	0.034 53	0.033 42	25.4	1	0.345 3	1.133
0.101×10^5	0.098 09	0.100 00	0.096 78	73.6	2.896	1	3.281
2 994	0.029 89	0.030 48	0.029 50	22.4	0.882 7	0.304 8	1

注：1 Pa=1 N/m^2；1 bar=10^5 Pa=10^5 N/m^2；1 atm=1 kgf/cm^2。

三、流量

毫升/秒(mL/s)	升/分(L/min)	立方米/时(m^3/hr)	英加仑/分(gal/min)	美加仑/分(gal/min)	立方英寸/秒(in^3/s)	立方英尺/时(ft^3/hr)
1	60×10^{-3}	3.6×10^{-3}	13.197×10^{-3}	15.851×10^{-3}	61.024×10^{-3}	127.14×10^{-3}
16.66	1	0.060	0.220 0	0.264 2	1.017 1	2.123
277.80	16.66	1	3.664 2	4.403 2	1.695 1	35.315
75.750	4.546	272.76×10^{-3}	1	1.201 1	4.620 0	9.634 2
63.040	3.785	227.10×10^{-4}	0.832 5	1	3.845 0	8.020 3
16.345	0.983 2	59.00×10^{-3}	0.216 3	0.260 0	1	2.082
78.650	0.471 0	2.832×10^{-2}	103.8×10^{-3}	124.7×10^{-3}	0.480 0	1

四、扭矩

牛顿·米(N·m)	千克力·米(kgf·m)	千克力·厘米(kgf·cm)	磅力·英寸(lbf·ft)
1	0.101 972	10.197 2	7.377 66
9.806 65	1	100	7.233
0.098 07	0.01	1	0.072 33
1.356	0.138 3	13.825 5	1

五、功、能和热量

焦耳(J)	千瓦时(kW·h)	千克力·米(kgf·m)	磅力·英尺(lbl·ft)	千卡(kcal)	英热单位(BTU)
1	$2.777\ 8\times10^{-7}$	0.102 0	0.737 6	2.389×10^{-4}	9.480×10^{-4}
36×10^{5}	1	367.097×10^{3}	$2\ 655.225\times10^{9}$	860.0	3 413
9.806 7	$2\ 724\times10^{-9}$	1	7.233 0	2.343×10^{-3}	9.297×10^{-3}
1.355 8	$3\ 765\times10^{-10}$	0.138 3	1	3.239×10^{-4}	1.285×10^{-3}
4 186	1.163×10^{-3}	426.9	3 087	1	3.968
1 055	2.930×10^{-4}	107.6	778	0.252	1

注：1 J=1 W·s；1 kgf·m=9.806 65 J；1 W·h=3 600 W·s；1 cal=4.186 05 J。

六、功率

瓦特(W)	千瓦(kW)	公制马力(PS)	千克力·米/秒(kgf·m/s)	英制马力(Hp)
1	10^{-3}	1.36×10^{-3}	0.101 97	0.001 34
10^{3}	1	1.359 6	101.972	1.341 1
735.45	0.735 5	1	75	0.986 3
9.806 6	9.806×10^{-3}	0.013 33	1	0.013 15
745.65	745.65×10^{-3}	1.013 87	76.040 4	1

七、长度

米(m)	厘米(cm)	毫米(mm)	码(yd)	英尺(ft)	英寸(in)
1	100	1 000	1.093 6	3.280 84	39.370 1
0.01	1	10	0.010 9	0.032 81	0.393 7
0.001	0.1	1	0.001 09	0.003 28	0.039 4
0.914 4	91.439	914.411	1	3	36
0.030 48	30.48	304.8	1/3	1	12
0.025 4	2.54	25.4	1/36	1/12	1

八、面积

平方米(m²)	平方厘米(cm²)	平方毫米(mm²)	平方码(yd²)	平方英尺(ft²)	平方英寸(in²)
1	10^4	10^5	1.196 0	10.763 9	1 550.0
0.000 1	1	100	$1.196\ 0\times10^{-4}$	$10.763\ 9\times10^{-4}$	0.155 0
0.000 001	0.01	1	$1.196\ 0\times10^{-6}$	$10.763\ 9\times10^{-6}$	0.001 55
0.836 1	8 361.3	836 130	1	9	1 296
0.092 903	929.03	92 903	1/9	1	144
$6.451\ 6\times10^{-4}$	6.451 6	645.16	$7\ 716\times10^{-7}$	$6\ 944\times10^{-6}$	1

九、体积

立方米(m³)	立方厘米/毫升(cm³/mL)	升(L)	英加仑(gal)	美加仑(gal)	立方英尺(ft³)	立方英寸(in³)
1	10^6	1 000	220.09	264.20	35.315	61 023.8
10^{-6}	1	0.001	$0.220\ 1\times10^{-2}$	$0.264\ 2\times10^{-8}$	35.315×10^{-6}	0.061
10^{-3}	1 000	1	0.220 1	0.264 2	0.035 3	61.03
0.004 546	4 543	4.545 9	1	1.200 9	0.160 5	277.42
0.003 785	3 785	3.785 4	0.832 6	1	0.133 8	231.00
0.028 32	28 317	28.317	6.230 5	7.480 5	1	1 728
0.000 016	16.39	0.016 4	0.003 6	0.004 3	0.000 58	1

十、质量

吨(t)	千克(kg)	英吨(T)	美吨(shT)	英磅(lb)
1	1 000	0.984 2	1.102 3	2 204.62
0.001	1	0.000 984	0.001 102	2.204 62
1.016 046	1 016.046	1	1.12	2 240
0.907 185	907.185	0.892 86	1	2 000
0.000 454	0.453 59	0.000 446	0.000 5	1

参考文献

［1］吴晓明，高殿荣.液压变量泵（马达）变量调节原理与应用[M].2版.北京：机械工业出版社,2018.

［2］张利平.液压阀原理使用与维护[M].4版.北京：化学工业出版社,2022.

［3］刘守金.绞吸式挖泥船施工与管理[M].北京：中国水利水电出版社,2005.

［4］黎树明，方志良.工程船液压传动装置[M].北京：人民交通出版社,1984.

［5］周计明，卢光贤.机床液压传动与控制 [M].4版.西安：西北工业大学出版社,2022.

［6］施绍宁，侯红玲，常红梅，等.流体力学与液压传动[M].天津：天津大学出版社,2020.

［7］谢苗，毛君.液压传动[M].北京：北京理工大学出版社,2016.

［8］王洁，苏东海，官忠范.液压传动系统[M].北京：机械工业出版社,2022.

［9］周小鹏，丁又青.液压传动与控制[M].重庆：重庆大学出版社,2020.

［10］陈海泉.船舶辅机[M].大连：大连海事大学出版社,2016.

［11］高殿荣，王益群.液压工程师技术手册[M].北京：化学工业出版社,2016.

［12］张利平.现代液压气动系统结构原理使用维护故障诊断[M].北京：化学工业出版社,2023.

［13］周乐峰.液压与气压传动[M].重庆：重庆大学电子音像出版社,2022.

［14］郑士君.船舶液压系统故障诊断与维修技术[M].北京：人民交通出版社,1999.

［15］黄志坚.图解液压元件使用与维修 [M].2版.北京：中国电力出版社,2015.

［16］刘银水，李壮云.液压元件与系统[M].北京：机械工业出版社,2019.

［17］崔卫星，马皓，史彬锋.液压传动技术与应用[M].长春：吉林科学技术出版社,2021.

［18］宋俊，王淑莲，王洁，等.液压元件优化[M].北京：机械工业出版社,1999.

［19］闻德生.液压元件的创新与发展[M].北京：航空工业出版社,2009.

［20］李新华.密封元件选用手册[M].北京：机械工业出版社,2018.